푸드인더시티
Food in the City

무드인더시티

초판 1쇄 인쇄 | 2016년 9월 22일
초판 1쇄 발행 | 2016년 9월 29일

지은이 | 박정배
펴낸이 | 박영욱
펴낸곳 | 깊은나무

편 집 | 이소담
마케팅 | 최석진·임동건
표지 및 본문 디자인 | 서정희·심재원

주 소 | 서울시 마포구 월드컵로 14길 62, 4층
이메일 | bookrose@naver.com
페이스북 | facebook.com/bookocean21
블로그 | blog.naver.com/bookocean
전 화 | 편집문의: 02-325-9172   영업문의: 02-322-6709
팩 스 | 02-3143-3964

출판신고번호 | 제313-2007-000197호

ISBN 978-89-98822-25-5 (13980)

이 도서의 국립중앙도서관 출판예정도서목록(CIP)은 서지정보유통지원시스템
홈페이지(http://seoji.nl.go.kr)와 국가자료공동목록시스템
(http://www.nl.go.kr/kolisnet)에서 이용하실 수 있습니다.
(CIP제어번호: CIP2016020995)

*이 책은 깊은나무가 저작권자와의 계약에 따라 발행한 것이므로 내용의 일부 또는
 전부를 이용하려면 반드시 스코프의 서면 동의를 받아야 합니다.
*책값은 뒤표지에 있습니다.
*잘못 만들어진 책은 구입하신 서점에서 교환해 드립니다.

푸드 인 더 시티

Food in the City

박정배 지음

머리말

　도시마다 사람들이 살고 먹는다. 작은 한반도지만 기후의 편차가 심하고 강과 산과 바다가 있는 탓에 식재료가 풍부하고 먹는 방식도 다르다. 조선 최초의 음식평가서인 도문대작(屠門大嚼, 1611년)에서 허균은 '우리나라는 외진 곳에 있기는 하지만 바다로 둘러싸였고 높은 산이 솟아 물산이 풍부하다. 만일 하 씨(何氏)나 위 씨(韋氏) 두 사람의 예(例)를 따라 명칭을 바꾸어 구분한다면, 아마 역시 만(萬)의 수는 될 것이다.'고 적고 있다.

　중국의 4대 요리니 8대 요리니 하는 커다란 구분도 깊게 들여다보면 별로 의미가 없다. 도시마다 지역 음식이 엄청난 차이를 보이기 때문이다. 대한민국도 예외가 아니다. 포항의 과메기나 장흥의 된장물회, 제주도의 돼지 두루치기, 서울의 설렁탕, 부산의 돼지국밥 등 다른 지역으로 넘어가면 그 맛을 제대로 낼 수 없는 지역의 음식 문화가 깊게 뿌리내리고 있기 때문이다.

　2013년 9월, 주간동아에 〈박정배의 Food in the City〉를 연재한 목적은 지역의 음식 이야기를 식당들을 통해서 해보고 싶었기 때문이었다. 왜 전라도에는 피순대 문화가 다른 지역보다 강하게 남아있는 것일까. 통영의 다찌문화 마산의 통술, 진주의 실비 같은 독특한 음식 문화는 어

떻게 탄생하고 변형돼 오늘날 살아남았을까? 궁금증으로 시작한 연재는 만 4년이 다 되어가지만 끝나지 않는다. 그만큼 이 땅의 음식은 생각보다 다양하고 깊고 풍부하다.

2013년 전후로 대한민국의 외식 시장은 변화의 소용돌이 속에 있다. 밍글스, 정식당 같은 한식과 양식이 결합된 새로운 요리들이 등장하고 화교 왕육성 셰프의 진진 같은 새로운 형태의 중식당에 일본에서도 충분히 경쟁력이 있는 카덴같은 식당들이 제대로 꽃을 피우면서 한국의 미식은 확대 재생산되고 있다. 2016년 가을에 미쉐린 서울의 리스트가 발표될 예정이다. 서울을 중심으로 한 대한민국의 음식은 이제 세계적인 기준에도 손색이 없을 정도의 다양성과 세련미를 확보했다. 하지만 음식과 식당에 관한 정보가 풍부해지고 다양해지면서 오히려 음식 이야기가 어려워지고 식당 고르기가 힘들어진 것도 사실이다.

10년 넘게 현장과 자료를 오간 고민들을 비교적 쉽게 정리한 결과물을 세상으로 보낸다. 이 땅의 음식 문화를 이해하는데 조그만 밑거름이 되었으면 하면서 쓴 반성문이다.

2016. 9
박정배

차례

머리말 • 4

1장 푸드 인 서울

- 01 | 마포와 고기 | "구워라, 마셔라" 육식문화의 진원지 • 14
- 02 | 경리단길 수제 맥주 | 깊은 향, 진한 맛 에일 맥주 한잔할까요? • 18
- 03 | 서울 홍대 주변의 라멘집 | 한국화된 일본식 돈코쓰가 뜬다 • 22
- 04 | 을지로 3가 오래된 맛집 | 그 골목 음식은 맛 깊이가 달라 • 25
- 05 | 서울 설렁탕 | 뜨끈한 고깃국물 "추위 물렀거라" • 28
- 06 | 서울 북엇국 | 깊고 진한 생선국의 신세계 • 31
- 07 | 서울의 딤섬 | 쫄깃함과 감칠맛, 다양한 교자의 세계 • 35
- 08 | 서울 충무로 맛집 | 살아 숨 쉬는 1960년대 맛 • 39
- 09 | 서울 수제비 | 어머니 손맛 깃든 영혼의 음식 • 43
- 10 | 서울 돈가스 | 서양, 일본을 거친 오묘한 변주곡 • 46
- 11 | 서울 여의도의 새로운 식당들 | 실력 검증된 곰탕, 냉면, 이탤리언 요리 • 49
- 12 | 서울 추어탕 | 지방별로 구수함도 다르다 • 52
- 13 | 서울의 순대 | 쫄깃, 구수한 서민 보양식 • 55
- 14 | 서울 함흥냉면 | 질기고 매운 이열치열 음식 • 58
- 15 | 서울의 변형 냉면 | 달콤, 매콤, 쫄깃… 자극의 경연장 • 61
- 16 | 서울의 콩국수 | 고소, 시원한 맛에 더위가 훅~ • 64
- 17 | 서울에서 먹는 소 양 | 쫄깃하고 고소한 내장 음식의 왕 • 67

18 | 서울 칼국수 | 환상의 면발과 국물, 넋을 잃다 • 70
19 | 서울 짬뽕 | 꽃샘추위 이기는 매콤한 맛 • 73
20 | 홍대 부근 일본식 고깃집 | 양고기 칭기즈칸과 닭고기 야키토리 • 77
21 | 여의도 떡만둣국 | 남북한 하나로 만난 새해맞이 음식 • 80
22 | 서울 강북의 우설(牛舌) | 오감 만족 소주와 환상 궁합 • 83
23 | 서울 짜장면 | 세월 따라 입맛 따라 변신은 무죄 • 87
24 | 서울의 김치찌개 | 따뜻한 쌀밥에 김치찌개 한 숟갈 살맛 난다 살맛 나 • 90
25 | 서울 남대문 | 그곳에 가면 맛과 추억이 언제든 반긴다 • 93
26 | 서울 삼계탕 | 땀 뻘뻘 흘리며 삼계탕 한 그릇 여름 무더위 거뜬 • 96
27 | 광장시장 | 쳇바퀴 같은 일상에 허기가 지면 그곳에 간다 • 99
28 | 서울 곰탕 | 진한 고깃국물 하얀 쌀밥 끼니 아닌 약 • 103
29 | 서울 돈암동 | 대를 이어온 변함없는 손맛 발길이 저절로 • 106
30 | 서울 통닭과 프라이드치킨 | 닥치고 맛있게 치킨전쟁 입은 즐거워! • 109
31 | 서울 청담동 스타 셰프 레스토랑 | 한국인 정체성 담은 요리 신세계 • 112
32 | 서울의 감자탕 | 얼큰한 국물과 푸짐함에 추억이 솔솔~ • 116
33 | 서울 무교동의 밤과 낮 | 환상적 술잔치 뒤 해장 천국 • 119
34 | 서울 강남의 신조류 일식당 | 생참치 사시미에 와인식 사케 한 잔, 캬~ • 123
35 | 서울의 동남아 쌀국수 | 깊고 진한 국물맛에 속이 확~ • 126
36 | 서울 쌍문동 추억의 먹거리 | 매운갈비찜과 손칼국수, 함께 먹어야 더 맛있어 • 129
37 | 서울 햄버거 | 수제 햄버거에 맥주 한 잔, 카 좋다! • 133
38 | 서울 보쌈집 | 허름하지만 그 맛 그대로 • 137

2장 푸드 인 경기

01 | 광명시장 | 그 골목에 가면 허리띠 풀고 포식 • 142
02 | 안성의 국물 음식들 | 투박하지만 속 깊은 전통의 맛 • 145
03 | 인천 맛집들 | 하얀짬뽕과 생돼지갈비의 귀환 • 149
04 | 동두천의 오래된 맛 | 문화군사도시의 부대볶음 우연이 아니다 • 153
05 | 부천 원미동의 소박한 밥상 | 맛있는 음식 정 많은 사람들 아름다운 동네 • 156
06 | 평택 부대찌개 | 진하고 걸쭉한 국물과 건더기 밥 한 공기 뚝딱! • 159
07 | 경기 북부의 냉면 | 맑고 진한 겨울 육수의 참맛 • 162

3장 푸드 인 강원

01 | 속초냉면 or 함흥냉면 | 찬바람 불면 아바이마을 냉면 생각 • 168
02 | 물회 왕국 강원 속초 | 시원 달콤 매콤, 여름을 날린다 • 172
03 | 강원 원주의 다양한 맛 | 고추장, 된장, 김치의 환상적 조화 • 175
04 | 강원 양양의 토속 먹을거리 | 섭탕, 째복탕, 막국수… 자연 그대로의 맛 • 178
05 | 인제 황탯국과 막국수 | 겨울에 딱이야 추워야 물렀거라 • 181
06 | 춘천닭갈비와 막국수 | 혀가 즐거운 맛 생각만 해도 군침이 절로 • 185

4장 푸드 인 충청

- 01 | 제천의 맛집 | 한방순대, 묵밥, 특양, 올갱이해장국 • 190
- 02 | 대전과 충남 금산의 삼계탕 | 뜨거워서 더 시원한 최고 보양식 • 193
- 03 | 서산·태안의 명물 | 갓 지은 굴밥에 달보드레한 간장게장 • 197

5장 푸드 인 전라

- 01 | 전주의 서민적 외식 문화 | 가격 대비, 상상하는 그 이상의 맛 • 202
- 02 | 전주의 돼지고기 | 쫄깃한 식감… 고기 다루는 솜씨도 최고 • 205
- 03 | 나주의 맛 | 찬바람 불면 홍어와 나주곰탕 생각 • 209
- 04 | 장흥 된장물회와 한우삼합 | 시원한 개운함 vs 고소한 감칠맛 • 212
- 05 | 강진의 맛 | 남도 한정식과 뱀장어구이 • 215
- 06 | 보성군 벌교 | 입에 착착 제철 참꼬막 말이 필요 없소 • 218
- 07 | 곡성 | 청정 자연이 키운 은어와 한우 맛난다, 맛나 • 221
- 08 | 고흥의 이색 먹을거리 | '피굴'에 붕장어탕, 황가오리 애까지 • 225
- 09 | 목포의 민어 | 톡톡, 살캉살캉 고소한 그 맛 • 228
- 10 | 순천의 국밥과 한정식 | 젓갈의 짠맛, 밥의 단맛, 갓김치의 쌉싸래한 맛 • 231
- 11 | 여수의 해물요리 | 막걸리 한 잔에 서대회무침 한 점 • 235
- 12 | 해산물 천국 목포의 맛 | 톡 쏘는 홍어냐 담백한 민어냐 아, 고민되네 • 239
- 13 | 섬진강의 여름 먹을거리 | 은어밥에 재첩회, 참게탕도 한 그릇 • 242

6장 푸드 인 경상·부산

- 01 | 통영의 장어 요리 | 졸깃한 식감과 은근한 감칠맛 • 248
- 02 | 통영의 이색 진미 | 갈비실비에 제철 해산물이 한가득~ • 251
- 03 | 진주의 해장국 | 국물 맛의 궁극을 보여주마! • 255
- 04 | 통영의 봄철 음식 | 달달, 알싸한 멍게에 참기름 넣고… • 258
- 05 | 창원의 봄철 맛집 | 육회비빔밥, 복국 찌고 짜장면… • 261
- 06 | 거제 장승포의 봄 음식 | 돌게장에 뜨거운 밥을 쓱쓱~ • 265
- 07 | 창원 돼지국밥 | 구수, 매콤… 온몸이 따듯해온다 • 268
- 08 | 진주 비빔밥 | 한 그릇에 담아낸 조화와 전통 • 272
- 09 | 안동 제사 음식 | 1년 스무 번 제사상 일상으로 외출 • 275
- 10 | 진해와 거제의 진객, 대구 | 겨울 '대구 맑은 탕' … 아 시원해! • 279
- 11 | 밀양 무안면 돼지국밥 | 쇠고기 육수에 암퇘지살코기 듬뿍 • 283
- 12 | 거제의 겨울 맛 | 달보드레한 대구탕, 쌉쌀한 멍게비빔밥 • 286
- 13 | 대구 칼국수 | 해물 육수에 누른국수, 할머니 손맛 • 290
- 14 | 포항시 구룡포항 | 과메기… 돌문어… 겨울 찬바람에 제맛이 난다 • 293
- 15 | 부산의 돼지국밥집들 | 허기를 달래는 든든한 한 끼 이맘때가 제격 • 296
- 16 | 부산의 갈비 맛 | '다이아몬드 커팅'이 살아 있네 • 300
- 17 | 자갈치시장의 곰장어와 양곱창 | 지글지글 소리마저 죽여줍니다 • 304
- 18 | 전쟁 딛고 진화, 부산 밀면 | 벌써 당긴다, 달달 시원한 그 맛 • 307
- 19 | 남해안 가을 전어 | 바다의 깨소금 맛있게 살 오른 그놈들 왔다 • 311

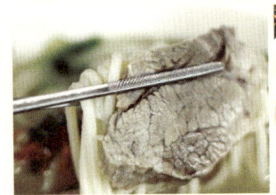

20 | 대구 갈비 | 탱탱한 생고기의 고소함 vs 극단의 매운 찜 • 314
21 | 부산 인근 구포국수 | 깊고 진한 국물에 알싸한 그 맛 • 317
22 | 부산 대연동 어묵과 돼지국밥 | 흉내 낼 수 없는 진한 국물맛 뼛속까지 시원 • 320
23 | 대구의 서민 먹을거리 | 궁극의 불맛 돼지불고기, 맵고 저렴한 떡볶이 • 323

7장
푸드 인 제주

01 | 제주 돼지국수 | 풍성한 술안주 속풀이 해장 묘한 매력 한 그릇 • 328
02 | 제주 꿩메밀국수 | 거친 겨울을 뜨겁게 살아낸 한 그릇 • 331
03 | 제주 해장국 | 특선의 식재료, 속이 확~ • 334
04 | 제주 순대 | 돼지 냄새 살짝 전통 순대 '수애' 씹는 맛이 최고 • 337
05 | 제주 모슬포 | 고소한 자리돔물회 걸쭉한 보말국수 모슬포는 맛있다 • 340
06 | 서귀포 돼지고기 | 두루치기 돔베고기 그곳에 있었네 • 343
07 | 재래 흑돼지와 '멜국' | 감칠맛의 끝판왕 • 346
08 | 제주 물회 | 새콤달콤함에 더워야 물러나라 • 349

푸드 인 서울

나이가 조금씩 들어가면 한자리에 있는 오래된 것들이 더 좋아진다. 40대가 넘어가면서 밤이면 서울 을지로 3가 뒷골목을 배회하는 날이 많아졌다. 좁은 골목에 자리 잡은 오래되고 소박한 식당과 술집들이 10년 입은 옷처럼 편하고 맛있다. 기계 상가들이 가득한 거친 공간 사이에 자리 잡은 피난처 같은 식당들에선 저녁이면 머리 허연 사람들이 모여 하루를 넘긴다.

01
"구워라, 마셔라" 육식문화의 진원지
마포와 고기

한강 남쪽이 본격적으로 개발되기 전 마포는 서울의 끝이었다. 일제강점기부터 1968년까지 운행되던 전차의 종착역이자 시내버스 종점이었으며, 6·25전쟁 이전까지 서울로 오는 배들과 물산의 집산지였다. 그러나 전쟁 이후 강화만이 막혀 한강으로 들어오는 배가 끊기면서 마포나루는 쇠락하기 시작했다.

뱃길이 끊긴 마포는 커다란 한강이 가로막은 땅의 끝이었다. 뱃사람과 장사꾼의 요기를 채워주던 해장국집과 설렁탕집도 덩달아 사라졌다. 그러나 마포는 여전히 서울 중심가와 가까웠다.

해방 이후 북한에서 넘어온 사람들은 주로 남산 일대에 몰려 살았지만, 마포의 공덕동과 만리동, 염리동에도 터를 잡았다. 전쟁이 끝나자 더 많은 사람이 공덕동 주변으로 몰려들었다. 사창가가 형성됐고, 자연스레

마포 최대포

시장이 들어섰다.

　전쟁 이후 공덕동에 들어선 한흥시장은 1958년 당시 점포가 600여 개에 이를 정도로 성장했고 돼지갈비를 파는 식당도 생겨났다. 돼지갈비를 구워서 파는 식당이 등장한 것이다. 이를 시작으로 돼지껍데기, 주물럭 같은 음식이 마포에서 처음 생겨나 전국으로 퍼져나갔다.

　도축장이 있었던 것도 아니고, 조선시대부터 일제강점기에 걸쳐 고기문화가 깊고 넓게 퍼진 것도 아닌데 어떻게 된 일일까. 마포의 고기문화는 6·25전쟁 이후 본격화된 대한민국의 도시형 육식문화 성장의 압축

모델이나 다름없다. 그 시작점에 돼지갈비가 있다.

'최대포'라 이름 붙인 '마포진짜원조최대포'와 '본점최대포' 모두 돼지갈비 원조임을 자처하지만, 한흥시장에는 두 집 이전에 '유대포'라는 돼지갈비 전문점과 '광천옥'이라는 쇠갈비, 돼지갈비 구이 전문점이 있었다. 이 두 집은 오래전 사라졌다. 현재 마포를 넘어 돼지갈비 대명사가 된 두 최대포 집은 1950년대 중·후반에 창업했다.

공덕동이 새로운 마포를 대표한다면 용강동은 오래된 마포를 상징한다. 마포나루와 마포종점 등 오랫동안 마포를 유명하게 만든 것은 모두 용강동에 있었다. 6·25전쟁 이후 용강동은 소금과 새우젓 대신 목재를 이용한 제재소 같은 작은 공장이 가득했다. 거상들과 목돈을 쥔 사람들을 대상으로 한 기생집이 번성하던 용강동에 서민적인 식당이 들어서기 시작했다.

1960년대 용강동 근처에 문을 연 '서씨해장국'은 지금까지도 영업하는 오래된 점포다. 서씨해장국을 포함해 마포와 그 주변 여의도 지역에는 고유한 마포식 설렁탕집이 성업 중이다.

마포식 설렁탕은 양지머리와 사골만으로 딱 한 번만 끓이고 기름기를 걷어낸 담백한 국물에 말린 고추를 볶아서 빻은 양념장을 넣는다.

1966년 마포의 서민적 선술집을 대표하는 '원조할머니돼지껍데기'가 문을 열었다. 암퇘지의 껍데기를 미식 차원으로 끌어올린 이 가게는 2012년 재개발에 밀려 문을 닫았다.

70년대 여의도 개발이 본격화하면서 마포 일대에는 건설노동자와 돈이 넘쳐났다. 71년 문을 연 '원조주물럭집'은 돼지고기 일색이던 마포에 쇠고기 요리인 주물럭을 등장시킨다.

등심에 양념을 하며 주물럭거리는 모습에서 이름이 붙은 주물럭은 본격적으로 고급 고기 시대의 등장을 알렸다. 자가용을 탄 사람들이 주말마다 가족 단위로 몰려들어 비싼 쇠고기 요리를 먹으며 달콤한 인생을 만끽했다.

마포에는 갈매기살 골목도 있고, 공덕시장 먹거리촌을 튀김집과 양분한 족발 골목도 생겨났다. 독특한 부위에 새로운 조리법을 적용한 고기 음식들이 수십 년 사이 몇 개나 탄생한 것이다.

서울의 팽창과 외지인들의 정착, 외식 시대의 본격화에 맞춰 마포의 고기문화가 태어나고 성장하며 번성해온 것이다.

02
깊은 향, 진한 맛 에일 맥주 한잔할까요?
경리단길 수제 맥주

대한민국 맥주 시장이 변화로 요동치고 있다. 오비맥주와 하이트진로는 한국 맥주 시장의 두 공룡이다. 이 두 회사의 시장 지배율은 오랫동안 95% 이상이었다. 그런데 2013년 상반기 수입맥주 시장이 8%로 급격히 확대됐고, 10%를 넘기는 것은 시간문제로 보인다. 그 변화의 모습은 서울 용산구 이태원동 경리단길 옆 작은 골목길에 가보면 금방 알 수 있다.

맥주 마니아는 이 길을 크래프트비어(craft beer · 수제 맥주)길로 부른다. 가게는 3개뿐이지만 밤이면 가게와 주변 골목길이 외국인은 물론 수제 맥주에 열광하는 한국 사람으로 넘쳐난다. 음식 문화의 탄생을 이렇게 확연히 볼 수 있는 것은 즐겁고 놀라운 일이다.

한국인은 맥주 하면 노란색이 감돌면서 탄산이 가득한, 청량감 높은 음료수 같은 라거(Lager) 맥주만 떠올리고 또 먹어왔다. 라거는 맥주의

더 부스 피자　　　　　　　　　　　더 부스 수제 맥주

한 종류일 뿐이다. 라거와 가장 큰 축을 이루는 맥주는 에일(Ale)이다. 라거가 하면발효(下面醱酵) 기법으로 오랫동안 발효되면서 당분을 효모군이 거의 먹어치우는 탓에 탄산이 많이 생성되는 것과 달리, 에일 맥주는 상면발효(上面醱酵) 기법으로 2~3일 짧게 발효시킨다. 이렇게 만든 에일 맥주는 라거 맥주의 특징인 탄산이 주는 청량감 대신 깊은 향과 진한 맛을 낸다. 크래프트비어길에서 가장 먼저 문을 연 '크래프트웍스(Craftworks)'의 주인은 캐나다인이다.

2010년 한국의 획일화된 맥주 대신 고향에서 먹던 다양한 맥주를 직접 만들어보고자 시작한 일이다. 이곳에서는 수제 맥주 8종류를 판매하는데, 이름이 '지리산 반달곰 인디언 페일 에일(IPA)'처럼 다국적이다.

요즘 가장 인기가 좋은 가게 '맥파이(Magpie)'에서는 초콜릿 향이 강한 페일 에일(Pale Ale)을 판다. 역시 캐나다인 등이 중심이 돼 창업한 곳

경리단 더 부스 내부모습

이다.

 그 가게 옆에 '한국 맥주가 북한 대동강맥주보다 맛없다'는 기사를 써 큰 반향을 일으켰던 영국 '이코노미스트' 특파원 다니엘 튜더가 만든 '더 부스(THE BOOTH)'가 있다. 강한 에일 맥주인 인디언 페일 에일 맥주가 이 집의 특징이다. 한국인은 치킨을 맥주 안주로 즐기지만 이곳 맥줏집들은 피자를 안주로 내놓는다. 다른 안주는 아예 없다. 에일 맥주는 호프의 쓴맛을 강조한다.

 맥주로 유명한 독일에는 '맥주순수령'이란 제도가 있다. 맥주는 오직 물과 맥아(몰트), 홉과 효모로만 만들어야 한다는 것이다. 하지만 한국 맥주는 쌀과 옥수수는 물론, 너무 많은 것이 섞인다.

 맥주의 기본 중 기본인 맥아 양도 이웃 일본은 66.7% 이상으로 돼 있지만 한국은 10%다. 싹이 튼 보리인 맥아를 여러 방법으로 볶고 섞어야 맥주의 다양한 맛과 향이 나오는데, 한국 맥주에는 맥아 자체가 너무 적게 들어간다. 그리고 맥주 특유의 쓴맛을 내는 홉의 양 역시 민망할 정도로 적다.

일률적인 맥주 맛에 대한 소비자의 변화 욕구와 더불어 2010년과 2013년 주세법이 개정되면서 수제 맥주가 대중에게 다가갈 수 있는 길이 마련된 것도 큰 영향을 미쳤다.

내년부터는 수제 맥주의 외부유통이 가능하다. 수제 맥주는 물론 중간 규모의 지역 맥주 생산도 본격화되기 시작했다. 강원도에 '세븐브로이'라는 에일 맥주 제조공장이 생겼고, 제주에선 '제스피' 맥주가 생산을 시작했다.

하이트맥주도 대형맥주 회사로는 처음으로 '퀸즈에일'이라는 에일 맥주를 판매한다. 불과 몇 년 사이 벌어진 일들이고 더 많은 자본과 개인이 속속 참여하고 있다. 맥주에 대한 거대한 변화의 상징 같은 크래프트비어길에서 시작된 수제 맥주 실험은 '해피엔딩'으로 끝맺을 공산이 매우 높다.

사람들 입맛이 이젠 통제할 수 없을 정도로 다양해졌기 때문이다.

03

한국화된 일본식 돈코쓰가 뜬다

서울 홍대 주변의 라멘집

 1963년 대한민국에 인스턴트 라면이 처음 등장했을 때 사람들 반응은 시큰둥했다. 면 요리 자체를 잘 먹지 않은 이유가 가장 컸지만 노란색에 꼬불꼬불하게 생긴 이상한 면발도 한몫했다. 하지만 1년이 지나지 않아 라면은 '국민음식'으로 등극한다. 때마침 본격화된 혼분식장려운동의 영향에 힘입어 간편하고 맛있으며 조리하기 편한 라면은 서민들의 한 끼 식사로 열렬한 환영을 받았다. 삼양과 농심, 롯데 같은 기업이 라면을 팔아 성장했고 라면 재료를 만드는 식용유 회사, 밀가루 회사도 큰 기업이 됐다. 라면의 일본어 표기는 라멘(ラーメン)이다.
 한국 라면은 일본 라멘에서 유래한 말이다. 일본에서 우리가 먹는 라면인 인스턴트 라면이 나온 것은 1958년 '라멘의 신(神)'이라 부르는 안도 모모후쿠(安藤百福)에 의해서다. 일본인은 인스턴트 라멘도 즐겨 먹지만 우리와 달리 음식점에서 인스턴트 라멘을 파는 경우는 극히 드물다. 대개 생면과 직접 만든 국물을 이용하는 것이 일반적이다. 중국 란저우(蘭州)의 라미엔(拉麵)을 일본 라멘의 기원으로 보는 것이 대체적인 시각이다. 19세기 말 일본 개항지를 중심으로 중국인들에게 라미엔을 팔았다.

1910년 도쿄에서 일본인을 대상으로 한 라이라이켄이 인기를 얻으며 라멘은 일본인이 가장 사랑하는 국민 외식으로 자리매김한다. 라멘은 홋카이도를 중심으로 한 미소(된장)라멘과 간사이 지역의 소유(간장)라멘으로 나뉘는데, 80년대 이후 규슈 하카타를 중심으로 한 돈코쓰(돼지뼈 국물)라멘도 하나의 축으로 자리 잡았다.

한국인에게 짠맛이 강한 미소라멘과 소유라멘은 그다지 인기 있는 라멘이 아니다. 깊고 진한 돼지뼈 육수 맛의 돈코쓰라멘은 한국인이 즐겨 먹는 순대국밥, 돼지국밥, 설렁탕, 곰탕과 유사해 좀 더 친숙하다.

2004년 서울 홍대 근처에 문을 연 '하카타 분코'는 한국에 하카타식 돈코쓰라멘을 본격

고라멘

지로우라멘

적으로 소개한 곳이자 돈코쓰라멘을 넘어 일본식 라멘 문화를 전파한 곳이다. '하카타분코'에서는 돼지뼈 육수로 우린 인라멘과 돼지뼈에 닭뼈와 채소 우린 육수를 섞은 청라멘을 팔고 있다. 인라멘은 뼈를 뭉근한 불에 끓여낸 육수 특유의 걸쭉하고 진한 맛이 난다. 면발은 하카타식 라멘답게 가늘고 고들고들하다. 돼지 삼겹살 부위를 구워낸 차슈 한 점과 숙주, 다시마가 꾸미와 고명으로 각각 올라 있다.

일본 라멘에 비해 짠맛을 약하게 한 것이 한국에서 파는 일본식 라멘의 공통된 특징이다. '하카타분코'의 인라멘은 경륜이 쌓인 안정적인 맛을 낸다. '하카타분코'의 성공 이후 홍대 주변에는 라멘 전문점이 속속 등장하고 있다.

72시간 동안 돼지뼈를 고아 만든 육수와 데리야키 소스를 입힌 차슈로 유명한 '지로우라멘'도 젊은이들 사이에서 인기가 많다. 이곳의 라멘은 국물이 진하지만 과하지 않다. 돼지 삼겹살 부위로 만든 차슈는 두껍지만 부드럽다. 이 집에서 가장 인기 있는 추가 메뉴이기도 하다.

역시 홍대 주변 '고라멘'은 라멘을 주문하면 면을 체에 놓고 10번 정도 탁탁 두드린 다음 그릇에 담아준다. 면발에 탄력을 주고 수분을 제거하기 위한 이곳만의 방식이다. 실제 면발의 탄력이 다른 곳보다 강하다. 위에 얹는 차슈를 제외하고 돼지뼈 육수와 얇은 면발, 반찬으로 나오는 김치나 깍두기는 한국화된 일본 돈코쓰라멘의 공통된 특징이라 하겠다.

찬바람이 불기 시작하는 요즘, 한국화된 일본 라멘으로 속을 든든하게 채워보는 것도 나쁘지 않을 것 같다.

04
그 골목 음식은 맛 깊이가 달라
을지로 3가 오래된 맛집

나이가 조금씩 들어가면 한자리에 있는 오래된 것들이 더 좋아진다. 40대가 넘어가면서 밤이면 서울 을지로 3가 뒷골목을 배회하는 날이 많아졌다. 좁은 골목에 자리 잡은 오래되고 소박한 식당과 술집들이 10년 입은 옷처럼 편하고 맛있다. 기계 상가들이 가득한 거친 공간 사이에 자리 잡은 피난처 같은 식당들에선 저녁이면 머리 허연 사람들이 모여 하루를 넘긴다.

테이블 간격이 좁아 옆자리 사람의 이야기를 자연스럽게 듣게 되는 '동우집'은 순대, 모듬수육, 감자탕 같은 일상의 평범한 음식을 팔지만 맛은 비범하다. 세상에서 가장 우아한 새끼보(짐승 아기집)를 만날 수 있고, 미슐랭 '쓰리스타 셰프'도 만들기 힘든 고소한 순대와 붉은색에 순한 맛을 내는 감자탕은 대한민국 국물 문화의 깊이를 보여준다. '동우

동우집 감자탕

입구에서 끓이는 감자탕

집'에서 멀지 않은 곳에는 빈대떡을 대표 선수로 전 열다섯 종류를 만드는 '원조녹두집'이 있다. 늙은 노부부의 전 부치는 모습이 눈물겹게 아름답다. 기름에 지진 정직한 빈대떡과 전은 막걸리와 한몸처럼 자연스럽다.

'동우집'과 '원조녹두집'보다 더 깊은 공구 골목에 자리 잡은 '우화식당'의 코다리(반건조 명태)찜과 겨울에 제맛을 내는 생굴보쌈은 작고 소박한 것이 뿜어내는 작은 우주다. 식당 입구에서 코다리가 콩나물, 미나리와 섞이고 진한 양념으로 새롭게 태어난다. 쇠고기전도 빠뜨리면 서운해할 이 집의 간판음식이다.

이 세 집이 가진 공통점은 노인 요리사가 음식을 만든다는 것이다. 거칠고 빠르게 돌아가는 전쟁터 같은 현대식 주방과 다른, 느리게 천천히 돌아가는 고향의 부뚜막 같은 공간에서 오물조물 소꿉장난하듯 음식을 만들어낸다. 자식 같은 노동자들에게 파는 음식의 기술은 배운 것이 아니라 익힌 것이다. 책을 보고 습득한 것이 아니라, 부모에게서 배운 체험이다. 맛과 깊이가 다르고 생각이 다른 음식들이다. 을지로 음식은 을지로 사람을 위한 동네

식당에서 출발했다. 시간이 흘러도 변하지 않는 음식을 먹으려고 외지 사람이 몰려들었다. 하지만 을지로는 여전히 좁은 골목을 간직하고 있다. 좁고 작은 것이 지켜낸 순하고 개성 있는 음식이 골목마다 살아 있다.

골목 맛집을 넘어선 평양냉면의 최강자 '을지면옥'의 겨울냉면은 더 맛있다. 하얀 속살을 간직한 메밀면이 냉수같이 맑은 양지육수 속에 곱게 자리 잡고 있다. 정화수 같은 국물을 마시면 숙취와 근심이 함께 날아간다. 겨울냉면은 냉면 마니아의 인증서와도 같다. 국물을 내는 데 사용된, 냉면의 오랜 친구인 돼지제육을 이 집보다 잘하는 집을 나는 알지 못한다. 암소구이로 유명한 '통일집'과 옛날식 갈비로 명성이 자자한 '조선옥', 그리고 소곱창으로 유명한 '우일집'과 '양미옥'까지 일일이 거론할 수 없는 식당들이 한국적인 맛으로 살아남았다.

여름이면 을지로 3가역 4번 출구 뒤 이면 도로는 '한국의 옥토버페스트'란 말이 딱 들어맞을 정도로 거대한 생맥주 광장으로 변한다. '만선호프', '오비호프' 등 생맥주와 노가리라는 단순하고 강력한 맛 궁합이 만들어낸 술집은 그 나름의 문화가 됐다.

겨울이면 노상에서 먹는 모습은 사라지지만 실내에서 술꾼들이 생맥주와 노가리로 시름을 잊는다. 을지로는 맥주 같은 서양 먹을거리도 한국적인 먹을거리로 변신하게 한다. 작고 좁고 오래된 것만이 만들어내는 음식의 다양성이 참으로 고맙고 소중하다. 을지로 3가 주변에 가면 곧장 확인할 수 있다.

05
뜨끈한 고깃국물 "추위 물렀거라"
서울 설렁탕

설렁탕은 서울 음식이다. 외식이 본격화한 19세기 말부터 '탕반 하면 대구가 따라붙는 것처럼 설렁탕 하면 서울이 따라붙는다. 이만큼 설렁탕은 서울의 명물이다. 설렁탕 안 파는 음식점은 껄렁껄렁한 음식점이다'('동아일보' 1926년 8월 11일자). 서울 설렁탕이 처음 규모를 갖춘 곳은 남대문 밖 잠배(현 중림동)였다.

20세기 초까지 남대문 안쪽에는 한성에 물건을 공급하는 선혜청 창내장(현 남대문시장)이 있었고, 남대문 바깥쪽엔 한강을 따라 올라온 생선을 주로 파는 칠패시장이 있었다. 새벽에 장이 열리는 칠패시장 때문에 어물전 상인과 인부들은 새벽부터 문을 여는 식당이 필요했다. 칠패시장 주변 잠배 설렁탕은 필연이 만든 산물이었다. 지금 중림동에는 '중림장 설렁탕'이 있다. 1970년대 영업을 시작한 집이지만 설렁탕 맛에 있어서는 서울을 대표할 만하다. 적당히 익었다는 말밖에는 할 수 없는 김치와 깍두기가 설렁탕에 앞서 기대감을 갖게 한다. 고기 냄새 살짝 나는 따스하고 깊이 있는 국물은 설렁탕의 진수를 느끼게 한다. 수육도 설렁탕에 뒤지지 않는다. 차돌부위를 두껍게 썰어낸 소위 '차돌양지'는 고기 씹는 즐거움을 맛볼 수 있다. 폭 삭은 머리고기는 입에서 소멸한다. 잠배 설렁탕 전설이 환생한 느낌이 든다. 잠배에 있던 설렁탕 식당들은 1900년 경인철도 남대문정거장이 세워지면서 급속히 몰락한 칠패시장과 운명을 같이한다.

하지만 6·25전쟁 이전까지 잠배골에선 '잠배설렁탕'이란 집이 유명했다. 서울시청 건너편 중앙일보사 주변에 있는 '잼배옥'은 33년 창업한 뒤 몇 번의 이사를 거쳐 74년 지금 자리에 터를 잡아 영업하고 있다.

이름이나 주인 증언으로 봐서는 잠배골 설렁탕과 인연이 있는 것으로 보인다. '잼배옥'은 설렁탕보다 수육이 더 유명하고 맛있다. 정갈하고 탄력 있는 양지수육이 좋다.

현 종로타워 뒤켠인 이문(里門)은 당시 도성으로 들어가는 길목이자 검문소가 있었고, 나

양지설렁탕

잠배옥 설렁탕

무시장이 주변에 있었다. 이문 안쪽에는 '이문'이란 이름을 단 식당이 많았다. 구한말 세워졌다 사라진 '이문옥'과 20세기 초반 세워진 것으로 알려진 '이문식당', 1920년대에 기록이 남아 있는 '이문설농탕'은 모두 설렁탕을 팔던 식당이다. 지금 '이문설농탕'은 60년에 현재 주인의 어머니가 양씨 성을 가진 주인에게서 인수한 것이다. '이문설농탕'은 일제강점기 때 유명했던 홍종환 씨가 운영한 '이문식당'이었을 개연성이 높다. 이전 주인 양씨가 '이문설농탕'을 홍씨에게서 인수했다는 이야기가 나오기 때문이다. '이문식당'은 20세기 초 세워진 것으로 알려졌다. 일제강점기를 풍미한 주먹 김두한이 '이문식당'에서 어린 시절 종업원으로 일한 적이 있다. 지금 '이문설농탕' 맛은 좀 심심한 편이라 진한 고기맛과 구수한 향을 좋아하는 사람에겐 종종 논란 대상이 된다. 신촌과 마포도 설렁탕 하면 빠질 수 없는 동네다.

신촌 설렁탕은 1960년대 이후 형성됐다. 70년대 택시기사가 많이 이용했지만, 현재 신촌설렁탕이란 이름은 안착하지 못하고 있다. '신선설농탕' 2호점이 세련된 설렁탕을 선보이며 강자로 등극했다.

마포에선 '마포양지설렁탕'과 '마포옥', 그리고 여의도에선 '양지설렁탕'이 유명하다. 이름에서 알 수 있듯 양지를 기반으로 한 고기맛과 단맛이 동시에 나는 국물이 일품이다. 굵은 고춧가루를 사용하는 점도 마포 설렁탕 식당의 공통된 특징이다. 최근 들어 강남에는 유기농 최고급 한우 등급을 사용한 설렁탕도 등장했다. 쇠고기의 모든 부위를 넣어 끓여 먹는 설렁탕은 한정된 고기를 많은 사람이 나눠먹기 가장 좋은 요리법이다. 겨울은 설렁탕의 계절이다.

06

깊고 진한 생선국의 신세계

서울 북엇국

어린 시절 나는 아버지가 전날 과음했음을 새벽에 울리는 어머니의 다듬이질 소리를 듣고 알았다. 어머니는 평소 옷감을 두들기던 다듬잇돌 위에 딱딱한 북어를 올려놓고 방망이로 두들겨 포슬포슬하게 만든 후 북엇국을 끓여 냈다. 구수하고 진하면서도 무겁지 않은 북엇국은 멸치나 꽁치, 고등어조림과는 확연히 달랐다. 북엇국은 비린내가 거의 없는 생선의 신세계를 보여줬다.

2000년대 들어 남한 바다에서 명태가 사라졌다. 명태는 한때 은어라 했던 도루묵을 먹고 산다고 해서 은어바지로 불렸다. 문제는 도루묵은 동해 겨울바다에 살아남았는데 명태는 사라지고 없다는 점이다.

현재 국내에서 유통되는 명태와 그 명태로 만드는 북어, 황태는 모두 러시아 바다에서 잡힌 것들이다. 그냥 말리면 북어가 되고 강원 산간에

▲공덕역 진시황 북엇국　◀ 무교동 북엇국　▶ 소공동 진 북엇국

서 겨우내 말리면 살이 노랗고 북어보다 부드러운 황태가 된다. 황태의 인기가 높아지자 북어를 만드는 곳들을 보기 힘들 정도다. 딱딱한 북어의 가치를 낮게 보는 사람들이 있지만 북어는 황태보다 진하고 깊은 맛을 지녔다. 중구 무교동 '북엇국집'은 북어로 북엇국을 끓인다. 1968년부터 지금까지 그 일대 직장인들은 과음한 다음 날 이 집에서 속을 풀었다.

규모가 제법 크지만 끓이지 않는 사람의 행렬이 이 집 인기를 실감케한다. 이 집의 북엇국은 진한 맛이 특징이다. 11시간 끓인 사골국물에 살결이 살아 있도록 통북어를 사용해 북엇국을 완성한다.

중구 소공동 '眞북엇국'도 인근 직장인 사이에서 인기가 많다. 사골을 우린 탁한 국물에 두부, 콩나물, 달걀이 들어간 이 집의 북엇국은 소금으로 간해 짭짜름한 맛이 난다. 무교동에 비해 깊은 맛은 덜하지만 밥과 잘 어울리는 소금 간도 나쁘지 않다. 부드러운 부추 겉절이도 맛있고 반찬으로 김치 부침개가 나오는 것도 실하다.

마포구 공덕시장 입구에 최근 문을 연 '진시황북엇국'은 정갈한 상차림이 사람을 즐겁게 한다. 음식도 주인과 상차림을 닮아 단아하다. 사골 육수로 끓인 진한 국물에 보드라운 강원 용대리 황태와 직사각형으로 자른 얇은 두부가 독특한 식감을 준다. 진하지만 강하지 않은 국물과 부드러운 황태, 두부의 조화가 좋다. 조밥도 국을 닮아 순하고 맛있다. 황탯국을 먹다 중간쯤에 통후추를 갈아 넣으면 국물 맛이 변한다. 새내기답지 않은 내공이 좋다.

영등포구 지하철 9호선 선유도역 5번 출구 바로 앞에는 '원조북엇국'이 있다. 40년 넘게 택시기사들과 인근 주민들에게 사랑받아온 집이다. 1970년대식 건물 안으로 들어서면 오래된 탁자가 이 집의 연륜을 말해준다. 오전 10시 반쯤인데도 사람이 제법 많다. 통북어를 끓인 국물에 사골국물을 섞어 육수를 만든다. 북어를 사용해 맛이 깊고 진하다. 특히 이 집은 양이 많은 것으로도 소문 나 있다. 남녀노소가 이용하는 것을 봐도 그 일대 사람들의 이 집 사랑을 알 수 있다.

서초구 교대역 부근의 '듬북담북'은 24시간 북엇국을 파는 독특한 집이다. 북엇국이 해장국의 대명사인 것을 감안하면 수긍이 가는 운영 시간이다. 앞에 소개한 북엇국집들도 대개 새벽에 문을 연다. 같은 이유다. '듬북담북'의 북엇국은 진한 국물과 두부, 달걀 등이 들어간 것은 여느 식당과 비슷하지만 참기름을 넣은 것이 조금 다르다.

  조상들이 먹었던 명태는 사라졌지만 북어 문화는 여전히 우리 속에 남아 있다. 명태가 동해안으로 돌아와 국산 명태로 만든 북어를 먹을 날을 고대한다.

07

졸깃함과 감칠맛, 다양한 교자의 세계

서울의 딤섬

동명이인(同名異人)이 있듯, 이름이 같다고 같은 음식은 아니다. 점심(點心)은 한국에선 12시 전후에 먹는 식사를 말하지만 중국에선 차와 함께 먹는 간단한 음식을 이른다. 점심의 광둥(廣東)식 발음은 딤섬이다.

딤섬은 홍콩과 싱가포르, 광둥은 물론 중국 전 지역에서 먹는 음식이다. 마음에 점을 찍는다는 한자 직역에서 알 수 있듯 점심은 간단한 요기를 일컫는 음식 문화다. 당나라 시대 음식 문화로 알려져 있는데 새벽에 일어난 승려들이 차와 함께 간단한 음식을 먹은 데서 유래했다는 게 정설이다.

딤섬은 19세기 이후 홍콩에서 대중음식으로 자리 잡았고 이후 전 세계로 알려졌다. 음식보다 함께 나오는 차에 집중한 이들은 딤섬을 얌차(飮茶)라고도 불렀다. 홍콩 사람들은 좁은 거주 공간 탓에 집에서 조리를 거의 하지 않고 외식을 한다. 아침에 간단한 차와 딤섬을 먹고 오후에도 사람들을 만나면서 딤섬을 먹는다. 딤섬을 만두 일종으로 생각하는 사람이 많지만 이렇듯 차와 함께 곁들이는 간단한 음식을 가리킨다.

딤섬은 크게 짠 계통과 단 계통으로 나뉜다. '딤섬=만두(교자)'라는 생각이 자리 잡게 된 데도 다 그만한 이유가 있다. 딤섬 가운데 각광받는 스타가 대부분 교자 계통이기 때문이다. 딤섬계 패왕은 단연코 샤자오(蝦餃)다. 우리나라에선 하가우라 부르는 딤섬이다.

밀가루 전분만 모은 청미엔(澄麵·일명 등분)과 전분을 섞어 만든 샤자오 피는 투명하고 쫄깃하다. 새우로 만든 연분홍 속살이 보여야 제대로 만든 샤자오다. 피를 얇게 만드는 것이 기술이고 얇게 만든 피를 14번 정도 주름을 잡아야 고수로 인정받는다.

피가 얇으면 얇을수록 속과 피가 한 몸처럼 결합돼 먹기 좋기 때문이다. 여러 겹 잡힌 주름은 쫄깃한 피에 식감을 더한다. 쫄깃한 식감과 감칠맛 나는 새우의 결합으로 탄생한 샤자오의 맛은 왜 샤쟈오가 딤섬계 패왕인지를 보여준다.

'홍연'의 차사오바오와 '바오차이'의 봉선선육교. 그러나 안타깝게도 한국에선 딤섬 문화가 뿌리 내리지 못했다. 기술과 노력에 비해 수지가 맞지 않기 때문이다. 한국에서 딤섬 전문 식당은 이제 걸음마 단계에 있다. 웨스턴 조선호텔 중식당 '홍연'은 홍콩 출신 딤섬 기술자와 그 밑에서 오랫동안 수련한 셰프들로 마니아 사이에서 제법 이름이 알려진 집이다.

하가우(샤자오) 피의 질감과 속의 감칠맛, 육즙 등이 수준급이다. 요즘

▲삼청동 몽중헌　◀ 한남동 웨스턴차이나　▶ 홍연

　홍콩 사람들이 가장 좋아하는 차사오바오(叉燒包)도 먹을 만하다. 차사오바오는 구운 돼지고기와 채소를 부풀어 오른 피에 싼 것이다.
　서울 용산구 한남동 '웨스턴차이나'는 샤오와 더불어 딤섬의 쌍벽이라 불리는 사오마이(燒賣)를 잘하는 식당이다. 사오마이는 교자 일종으로 위쪽에 구멍이 나 있는 게 가장 큰 특징. 교자 속에 들어 있는 재료를 확인하기 위한 것이다. 새우살을 다져 넣고 위에 게살로 장식한 전통 방식의 사오마이는 진하고 짠맛이 난다.
　사오마이나 샤자오는 모두 찜통에 넣고 쪄내는 교자 일종이다. 피 반죽이 제일 중요하고 다음으로 쪄내는 시간과 찜기 강도가 음식 상태를 결정한다. 강한 찜기라야 제대로 된 딤섬을 만들 수 있고 따뜻한 딤섬이라야 제대로 된 딤섬으로 평가받는다.

서울 중구 을지로2가에 있는 '바오차이'를 찾아가면 돼지고기, 목이버섯, 죽순 등으로 속을 채운 봉선선육교, 통새우를 춘권 피로 싸서 튀겨낸 당초운탄 같은 독특하고 다양한 딤섬을 먹을 수 있다.

한국인에게 얌차 문화가 대중적으로 소비될지는 모르겠지만 다양한 교자를 먹을 수 있는 딤섬 문화가 서서히 뿌리 내리고 있음은 분명하다.

08
살아 숨 쉬는 1960년대 맛
서울 충무로 맛집

서울 충무로는 좁은 골목마다 식당들이 가득하다. 19세기 말 북창동 '태화관' 주변으로 중국인들이 터를 잡았고, 일본인들은 명동과 충무로 일대에 자리 잡았다. 지금의 충무로 자리는 일제강점기 '본정통'으로 불리며 전성기를 구가했다. 지금 충무로 위쪽은 진고개라고 불렀다. 진고개란 명칭은 비가 오면 진흙이 넘쳐나던 고갯마루라는 뜻에서 유래했다. 진고개는 일제강점기부터 쇠고기로 유명했다.

지금도 충무로에는 소불고기로 유명한 '진고개'란 식당이 있다. 1963년 문을 연 '진고개'는 육수형 서울 불고기의 전형을 그대로 간직하고 있다. 육수를 담을 수 있는 투구형 불고기판이 50년대 서울에 등장한 것은 전쟁통에 고기가 부족했기 때문이다. 이전의 석쇠형 불고기는 안심이나 등심 같은 고급 부위를 사용한 반면, 육수형 불고기는 허벅지나 엉덩

충무로 주꾸미불고기 　　　　　　　　충무로 파주옥 곰탕

이 같은 하급 부위를 양념육수에 재우고 채소를 가득 담아 먹는 음식이었다. 1965년 중급 음식점을 조사한 통계를 보면 샐러리맨이 가장 선호하는 외식은 1위 냉면, 2위 불고기백반, 3위 설렁탕, 4위 비빔밥(1965년 5월 20일자 '경향신문') 순이었을 만큼 60년대 불고기는 대중적인 외식으로 자리 잡았다. '진고개'의 불고기는 다른 불고기집에 비해 간이 세지 않고 심심한 편이다. 초창기에는 설탕과 간장을 많이 사용했지만 80년대 이후 건강에 대한 인식이 사회 전반에 걸쳐 공감대를 형성하면서 맛이 순해졌다.

　충무로 하면 떠오르는 단어는 영화다. 1990년대 이전까지 충무로는

진고개 불고기

영화인의 거리였다. 혼분식장려운동이 한창이던 69년 충무로에선 영화인들이 만든 분식점이 들어서 장안의 화제였다.

1969년 7월 10일자 '경향신문' 기사를 보자. '영화배우들이 직영하는 분식센터 월화의 집이 영업을 시작한 첫날인 10일 상오 9시 라면 일곱 그릇을 거뜬히 팔아치웠다. 이날 당번을 맡은 신영균 군과 최은희 양은 '이렇게만 계속 장사가 된다면 하루 500그릇은 문제없이 팔 자신이 있다'고 기염을 토했다.'

지금 충무로에서 '월화의 집'은 사라졌지만 1968년 문을 연 '사랑방 칼국수'란 분식집은 여전히 영업 중이다. 칼국수를 좋아하는 사람치고 이 집을 한 번 방문하지 않은 사람이 없을 정도로 유명하지만 여전히 싸고 맛은 변함없다. 내장을 제거한 멸치를 24시간 우려낸 맑은 국물은 이 집 칼국수의 상징이다. 맑고 경쾌하지만 경박하지 않다. 면발은 사온 것이지만 롤러로 다시 밀고 뽑아 써서 그리 나쁘지 않다. 이 집의 또 다른 메뉴인 통닭백숙도 유명하다. 퇴근 후 직장인들의 소주 안주로 제격이다. 1.2kg의 닭을 사용해 양도 푸짐한 편이다. 충무로 '맛집' 답게 배창호 감독의 영화 '고래사냥'에도 등장했다.

'사랑방칼국수' 근처에는 곰탕과 꼬리곰탕으로 유명한 '파주옥'이 있다. 경기 평택의 곰탕명문 '파주옥'이 1970년대 분점 형식으로 자리 잡은 곳이다. 사골로 곤 탁하고 진한 70년대 곰탕의 본모습을 잘 간직하고 있다.

70년대 중반 문을 연 '충무로 주꾸미불고기' 역시 저녁 술자리 단골집으로 오랫동안 영화인과 직장인에게 사랑받아온 집이다. 살아 있는 주꾸미를 양념해 내놓아 탄력이 좋다. 양념 조개관자도 있다. 매콤, 달콤한 양념이 과하지 않다.

충무로 뒷골목은 재개발을 하지 않은 덕에 1940년대 골목 모습 그대로다. 60년대부터 본격화된 외식문화와 식당들이 여전히 건재한 곳이다.

09
어머니 손맛 깃든 영혼의 음식
서울 수제비

　수제비를 맛으로 먹는 시절이 됐지만, 수십 년 전 가난한 시절에는 수제비가 생존을 위한 먹을거리였다. 일제강점기 전쟁으로 쌀이 부족해지자 수제비를 먹자는 운동이 벌어지기도 했었다.

　'요새 밀가루가 흔해졌습니다. 그래서 식량이 부족한 탓으로 집집마다 밀가루 음식을 해먹게 되는데 대개는 그 만드는 방법이 일률적이고 또 특별한 방법이 없이 어느 집이나 한결같이 수제비가 아니면 개떡같이 해먹거나 국수를 해먹는 것이 큰 별식으로 알고 있습니다'(1946년 11월 3일자 '경향신문').

　광복 이후 미국산 밀가루가 구호물자로 대량 들어오면서 수제비는 실향민을 비롯한 도시 빈민이 가장 즐겨 먹는 일상 음식이 된다. '쌀밥이 납작보리밥으로, 납작보리밥이 수제비의 대용식으로 변해갔다'(1963년

12월 17일자 '경향신문')란 기사에서 알 수 있듯 1960년대 초반 시작된 분식장려운동 덕에 수제비는 가정식은 물론 외식으로도 등장한다. 도구가 필요 없고 밀가루를 반죽해 호박이나 김치를 넣은 뒤 손으로 반죽을 뚝뚝 끊어 넣어 끓이면 되는 수제비는 간편하고 실용적인 음식이었다.

하지만 수제비는 우리 역사를 살펴보면 오래전부터 먹어온 여름 별식이자 귀한 음식이었다. 1517년 최세진(崔世珍)이 지은 '사성통해(四聲通解)'에 '슈져비'란 한글 표기가 처음 등장한다. 1460년 전순의(全循義)가 쓴 '식료찬요(食療簒要)'에는 '우엉분말로 수제비를 만들어 된장국물에 넣고 삶아 먹는 곰국'이 나온다.

1527년 최세진이 지은 한자 학습서 '훈몽자회(訓蒙字會)'에는 '박탁'이란 단어가 등장하는데 수제비의 옛말인 '나화'로 풀이하고 있다. 수제비는 구름과 닮았다 해서 '운두병(雲頭餠)'(1924년 '조선무쌍신식요리제법')으로, 물고기가 뒤섞인 모양과 비슷하다는 의미로 '영롱발어(玲瓏撥魚)' '산약발어(山藥撥魚)'(16세기 말 '산림경제')란 말로도 불렸다. 전국에 분식집이 우후죽순 번질 무렵인 1965년 서울 양동(낙원동과 비원 사이 돈의동 근처)에 칼국숫집들이 들어서는데, 이 중 '할머니칼국수집'은 멸칫국물을 기본으로 한 육수에 쫄깃한 수제비를 먹을 수 있는 곳이었다. 양 많고 푸짐한 이곳 수제비는 가정식에서 외식으로 변하는 수제비의 모습을 그대로 보여주고 있다. 삼천포 출신인 어머니가 만들어주시던 수제비와 맛, 모양이 유사해 이 집 수제비는 내게 영혼의 음식 그 자체다. 이 집은 원래 칼국수로 유명하지만 칼국수와 수제비를 반반씩 섞은 음식도 인기가 좋다.

▲삼청동수제비　◀ 대원식당 김치수제비　▶ 영원식당 수제비

　1980년대 초 문을 연 삼청동 국무총리 공관 옆 '삼청동수제비'는 북촌이 유명해지면서 외국인까지 몰려드는 명소가 됐다. 오전 11시에 입장해도 사람이 제법 많다. 멸치와 조개로 우린 육수에 조개, 감자, 호박, 당근 같은 재료들이 어우러져 시원하고 개운한 국물 맛을 낸다. 국물은 시원한 가을바람 같고, 얇게 떼어 넣은 수제비는 가을 구름처럼 가볍고 쫄깃하다. 서울메트로 홍대입구역 근처에 자리한 '대원식당'은 얼큰한 김치수제비로 제법 이름 있는 곳이다. 국물이 진하고 매워 젊은이 사이에서 특히 인기가 높다.

　여의나루역과 멀지 않은 곳에 있는 '영원식당'의 수제비는 서울 수제비를 말할 때 빼놓을 수 없는 곳이다. 설렁탕 국물 같은 개운한 고깃국물에 얇은 수제비와 풀어놓은 달걀이 잘 어울린다. 수제비 한 그릇에 네 가지 김치가 딸려 나온다. 여의도 직장인의 발길이 끊이지 않는 곳이다.

10

서양, 일본을 거친 오묘한 변주곡
서울 돈가스

모든 음식은 사회적 결과물이다. 돈가스만큼 이렇게 간단하고 복잡한 명제를 잘 투영한 사례는 별로 없다. 메이지유신을 통해 아시아에서 가장 먼저 서구 따라 하기에 성공한 일본은 675년 공표했던 '살생과 육식을 금지하는 칙서'를 이때 폐기하고 먹거리에도 유신을 가져온다.

'부정 탄다'며 1200년 동안 멀리하던 육식을 일왕부터 본격적으로 하기 시작했던 것이다. 육식은 전쟁을 수행하던 군인들에게 최고의 전투 원천이 됐다. 19세기 말 군대에서 시작된 일본의 육식 바람은 일반 대중에게까지 불기 시작했다. 육식이 서구화의 한 부분으로 인식되면서 새로운 육식 음식이 등장했는데, 그중 하나가 돈가스였다. 돈가스는 돼지고기를 튀겨 먹는 프랑스 음식 '코틀레트(cotelette)'나 이의 영어발음 '커틀릿(cutlet)'에서 유래했다. 코틀레트의 일본식 발음인 '가쓰레쓰'가 돈가스의 어원이 된다. 고기만 튀겨 먹던 코틀레트에 일본인의 음식 문화인 돈지루(돼지고기를 넣은 된장국)와 밥, 양배추가 얹어지면서 보통 사람들의 한 끼 식사로 완전하게 자리 잡는다. 가쓰레쓰를 처음 팔기 시작한 곳은 도쿄 긴자에 있는 '렌카테이'로, 아직도 그 자리에서 영업 중이다. 1927년 긴자에서 탄생한 '긴자바이린'은 초기 돈가스 모습을 그대로 간직한 집이다. 고기를 먹기 좋게 잘라주고 소스는 별도로 주며 밥과 된장국도 함께 나온다. 돈가스는 로스(등심)나 히레(안심)를 사용한다.

2011년 미술관이 가득한 서울 종로구 사간동에 일본식 고급 돈가스를 파는 '긴자바이린' 한국점이 문을 열었다. 돼지고기 안심에 빵가루를 입혀 튀겨낸 히레가스는 그 특유의 부드러움 때문에 찾는 이가 많고, 로스가스는 기름맛과 고기맛을 동시에 즐기고 싶은 이들에게 적격이다. 일본에선 흔하지만 한국에선 낯선 돈가스를 넣은 가쓰샌드도 먹을 만하다.

돈가스 문화가 한국에 상륙한 것은 일제 강점기였다. 돈가스만 파는 전문점은 없었고 일본에서 만들어진 '경양식(輕洋食)'이란 이름을 단 식당에서 주로 팔렸다. 1960년대 이후 경양식은 최고 외식 중 하나였다. 70년대에서 80년대 초반까지 처음 만난 남녀는 경양식을 먹으며 우아한 하루를 보냈다. 돈가스가 가장 인기가 좋았지만 쇠고기를 돈가스처럼 만든 비프가스, 생선을 튀긴 생선가스, 달걀을 이용한 오므라이스, 카레라이스, 데미글라스 소스를 얹은 하이라이스, 햄버거 패티를 스테이크처럼 먹는 햄버그스테이크 등 종류도 많았다.

그런 가운데 1977년 남산 케이블카 입구 쪽에 '원조남산돈까스'가 문을 연다. 돼지고기 등심을 두드려 넓적하게 펴고 데미글라스 소스를 한

긴자바이린 히레가스

원조남산돈까스

가득 뿌려 내는 한국식 돈가스가 등장한 것. 하지만 이 집 돈가스는 경양식이 아니고 택시기사들을 위한 간편식이었다. 시간이 돈인 택시기사들의 패스트푸드로 탄생한 돈가스는 커다란 접시에 돈가스와 소스, 밥, 양배추, 단무지, 삶은 옥수수가 함께 얹어 나온다. 된장국과 깍두기, 매운 풋고추는 별도로 나온다. 카레라이스든 돈가스든 밥과 튀김옷이 눅눅해지는 것을 막기 위해 소스가 별도로 나오는 일본식 음식 문화와는 완전히 다른 방식이 도입된 것이다. 택시기사들을 위한 식당이 유난히 많았던 성북구 성북동에도 1980년대 한국식 돈가스가 등장한다. 80년대가 되면 돈가스는 젊은 이와 직장인이 가장 선호하는 외식이 된다. 기름에 튀긴 돼지고기와 개운한 채소, 밥과 된장국을 함께 먹는 돈가스는 외식의 미덕을 상당히 많이 갖추고 있다. 중구 명동에 있는 '명동돈가스'는 일본의 유서 깊은 돈가스 명품점 '호라이야'에서 기술을 배운 사장이 83년 창업한 집이다. 일본식 돈가스로 소스를 별도로 준다. '호라이야'는 특히 히레가스로 유명한데 '명동돈가스'도 마찬가지다.

11
실력 검증된 곰탕, 냉면, 이탤리언 요리
서울 여의도의 새로운 식당들

서울 영등포구 여의도에는 몇 년 새 새로운 식당이 둥지를 틀고 각광을 받고 있다. 그중 상당수는 다른 곳에서 큰 성공을 거둔 뒤 여의도로 진출한 경우다. 최근 국회의사당 근처에 곰탕계 지존격인 '하동관'이 직영점을 냈다. 식당가 1층에 자리 잡은 '하동관' 여의도직영점 입구에도 어김없이 곰탕 가격이 붙어 있다. 보통이 1만2000원, 특이 1만5000원이다. 특보다 고기꾸미가 더 들어간 20공(2만 원), 25공(2만5000원)도 있다. '하동관'의 곰탕 가격이 만만치 않은 건 어제오늘 일이 아니다. 사태와 양지, 사골 같은 고급 부위로 우려낸 국물을 사용하기 때문이다.

국회도서관에서 주로 활동하는 필자에게 여의도 '하동관'의 등장은 가뭄 끝에 단비처럼 고마운 일이다. 명동본점과 맛이 다르면 어쩔까 했는데 차이가 없다. 진하고 기름진 국물은 여전하다. 반쯤 먹다 보면 고깃국물이 느끼해진다. 이때는 깍국(깍두기 국물)을 넣어 먹는다. 진하고 느끼한 고깃국물이 달고 매콤하며 개운한 국물로 변한다.

'하동관' 깍두기는 서울 양반가에서 주로 먹던 것으로, 젓국에 버무려 담근 김치인 섞박지를 깍두기 모양으로 썰어낸 것이다. 담그고 3~4일 보관한 후 내놓아 섞박지 특유의 무른 식감이 난다.

여의도순복음교회 근처에는 최근 신흥 냉면 명가로 이름을 날린 '정인면옥'이 자리를 잡았다. 가게 입구에 1972년부터 시작됐다고 쓰여 있다. 72년 평양 선교리 출신인 지금 사장의 아버지가 냉면집을 시작했고, '정인면옥'은 2012년 경기 광명에서 셋째아들인 지금 사장이 문을 열었다. 시장 골목에서 테이블 7개로 시작했지만 서울의 냉면 마니아 사이에서 다른 냉면집보다 저렴한 가격에 많은 양을 주는 집으로 소문이 나면서 유명해졌다. 메밀 80% 정도에 고구마 전분 20%를 섞은 냉면을 주로 팔지만, 100% 메밀로 만든 순면도 있다. 여의도로 오면서 매장도 커지고 가격도 올랐다.

여의도공원 인근에는 '오키친(O Kitchen5)'가 자리를 잡았다. 입구에 드라이에이징(건조숙성)을 하는 고기가 진열돼 있는 것이 이색적이다. 요리사인 일본인 스스무 요나구니 씨와 부인 오정미 씨가 1999년 서울 종로구 가회동에 낸 식당이 '오키친'이었고 이후 이태원동에 '오키친2', 광화문에 '오키친3', 여의도에 '오키친5'와 'OK버거'를 연달아 오픈했다. 여의도의 '오키친5'는 고기 요리에 집중하고 있다.

이탤리언 요리를 기본으로 하는 '오키친'에서는 대개 코스로 먹는다. 고기는 숙성해야 깊은 맛이 더 나지만 채소나 허브는 방금 딴 것들의 향

하동관 곰탕 　　　　　　　　　　　정인면옥 냉면

을 따라올 수 없다. '오키친'은 도봉산에 있는 OK농장에서 허브나 채소를 직접 길러 요리로 만든다. 텃밭에서 직접 기른 바질에 올리브유를 넣어 만든 바질 페스토 파스타도 맛있고 샐러드들도 좋다. 고기 요리에 신경을 꽤 썼고 이탈리아식의 특이한 고기 요리가 많다. '오키친5'와 함께 있는 'OK버거'의 햄버거도 좋은 평가를 받고 있다.

　여의도순복음교회 건너편 먹자골목에 '고봉삼계탕'이 문을 열었다. 2007년 안동에서 상황버섯과 청송 달기약수를 이용한 삼계탕으로 얻은 큰 인기를 업고 2012년 서울 명동에 진출한 식당이다. 노란색이 감도는 국물은 '호수삼계탕'의 삼계탕처럼 진하고 걸쭉하다. 걸쭉한 물성과 달리 국물은 개운하고 깔끔하다. 밥과 국물, 풀어진 닭고기의 물리적 결합은 닭죽처럼 편안하게 먹을 수 있다. 섬 아닌 섬 여의도에 근무하는 직장인에게도 제대로 된 식당의 연이은 출현은 즐거운 일이 아닐 수 없다.

12
지방별로 구수함도 다르다
서울 추어탕

　서울 성북구 안암동 우리 집에서 멀지 않은 곳에 '곰보추탕'이란 식당이 있다. 어린 시절부터 이 집 앞을 지날 때마다 뱀장어를 닮은 미꾸라지가 무서웠다. 나이가 들어 집 근처 '곰보추탕'이 대한민국 최고 추어탕집 중 하나라는 사실을 알게 됐고, 그런 내용을 알 만한 나이가 돼서야 추어탕의 깊은 맛을 얼추 알기 시작했다.

　남도 추어탕이 미꾸라지 모습이 보이지 않도록 갈아 만든 반면, 서울식 추어탕은 미꾸라지 모양을 그대로 살려서 조리한다. 서울식 추어탕은 소의 양지머리 국물에 두부를 넣고 고춧가루를 친 강한 맛으로 먹었다.

　1981년 10월 5일 '매일경제신문'에 나온 기사에 따르면 '서울 추탕은 찬 두부모를 넣고 불을 지펴 미꾸라지가 두부 속으로 들어간 채로 국을 끓이는 추탕두부국과 미꾸라지곰국'으로 나뉜다. 반면, 영남식은 미꾸라지를 푹 끓여 곰을 해서 꼭 짜낸 국물에 배추 우거지를 넣고 또 푹 고 은 후 찧은 산초를 넣어 먹는다. 추어탕 재료인 미꾸라지는 주로 논바닥 이나 근처 도랑에서 살았다. 가을 추수 무렵, 논에는 미꾸라지들이 버글 거렸다.

추어탕이 가을 음식으로 자리 잡은 이유 중 하나도 추수와 관련 있는 것으로 유추된다. '秋(추) 8월 그믐께 서늘 바람 나고 더위 물너간(물러 간) 바로 끗치요(끝이요). 녀름(여름) 내 휴업했다가 이 가을철이 잡어 들 어오자(돌아오자) 다시 개업한 바로 첫날이엇습니다. 가을 오면 아마 이 추탕(미꾸라지탕)을 퍽이나 그리워하는 모양 갓습니다.' (1927년 10월 1일 자 '별건곤') 서울에는 일제강점기 무렵부터 대중잡지 '별건곤'이 소개한 위의 추어탕집처럼 유명한 곳이 많았다.

화동 '황추탕'과 안동 '한추탕', 동대문 밖 '형제주점'과 '곰보추탕' '장춘옥' 추어탕이 특히 유명했다. 1930년 영업을 시작한 '곰보추탕'에 대해 '경향신문'은 '자연산 미꾸라지에 양지머리 고기와 늙은 호박, 버 섯, 유부 등 모두 15가지의 재료를 넣어서 추탕을 만들고 있다' (1987년 3 월 18일자)고 소개했다. 이 집은 현재 뼈가 억세지 않은 전남산(産) 미꾸 라지를 주로 사용한다. 원래 추어탕에는 커다란 미꾸라지를 잘 사용하지 않는다.

1932년 영업을 시작한 '용금옥'은 60년대 당대 거물들이 주로 이용하 던 고급스러운 추탕집이었다. 70년대 이전에는 추어탕 대신 추탕이란 단어가 일반적으로 사용됐다. 1991년에는 '용금옥시대'란 단행본까지 발간될 정도로 언론인이 즐겨 찾는 단골 식당이기도 했다.

용금옥 추어탕

남도식당 추어탕

　현재는 중구 다동과 종로구 통의동 두 곳에서 영업을 하고 있다. 여전히 맛은 강하지 않지만 기품이 있다. 미꾸라지를 통으로 넣어 먹는 방식에 어색해하는 요즘 사람들을 위해 주문받을 때 통으로 할지 갈아 낼지 먼저 묻는다. 유부와 버섯이 들어가고 고춧가루도 들어가 얼큰한 육개장과 비슷한 모양과 색을 낸다. 통미꾸라지는 작지만 생선이 가진 물성을 그대로 지니고 있다.

　동대문 밖 '형제주점'에서 시작한 '형제추어탕'은 종로구 평창동 서울예고 부근에 새롭게 둥지를 틀었다. 서울에 서울식 추어탕집만 있는 건 아니다.

　중구 정동길 좁은 골목 안에는 남도식 추어탕을 파는 '남도식당'이 있다. 전화도 없어 당연히 예약도 안 된다. 점심이면 긴 줄이 서고 저녁이면 일찍 파한다. 갈아낸 추어와 된장이 한 몸처럼 뒤엉켜 국물 맛이 구수하고 깊으며 우거지에선 씹는 맛을 느낄 수 있다. 이 집 추어탕은 강하지 않고 순하며 부드러운 게 특징이다. 곱게 간 산초와 고춧가루, 후춧가루가 탕 옆에 놓여 기호대로 넣어 먹으면 된다.

13
쫄깃, 구수한 서민 보양식
서울의 순대

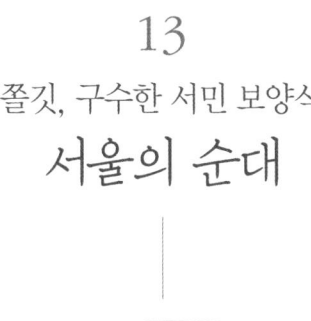

 더위를 이기는 데 든든한 한 끼 식사만한 게 없다. 시원한 국물도 좋지만 단백질이 풍부한 순댓국도 나쁘지 않다. 서울식 순대 하면 사람들은 으레 당면순대를 떠올린다. 거리 어디를 가도 쉬 당면순대를 파는 이가 있을 정도다. 그만큼 한국인은 당면순대를 간식으로 즐겨 먹는다.
 서울 관악구 신림동에는 순대타운이 두 곳이나 있다. 순대타운 한 곳에 가게가 수십 개나 된다. 이곳 순대는 주로 순대볶음 형태로 판다. 철판에 당면순대와 양배추, 깻잎, 곱창, 쫄면, 버섯, 떡, 양파를 넣고 얼큰한 고추장 소스를 얹어 볶아 먹는다. 1960년대 좌판으로 시작한 신림동 순대 문화는 1984년을 거치면서 급속하게 늘어나 80년대 말에는 60개가 넘는 가게가 들어설 정도로 번성한다. 1990년 일대 재개발로 사라질 뻔한 순대 가게들은 92년 신림극장 뒤 먹자골목에 '양지순대타운'과

'원조민속순대타운'이 잇달아 들어서며 다시 전성기를 맞는다. 당면순대는 서울과 부산같이 급팽창하던 대도시의 서민들에게 단백질 공급원이었다. 70년 초반이 되면 신문기사에 순대에 관한 기사가 부쩍 많아진다.

'동대문시장–종로 5가 육교 밑으로 들어가는 좁은 길에서부터 5가 쪽과 4가 쪽으로 나가는 비좁은 통로에 빽빽이 들어차 있는 순대노점상의 불결함이 눈에 띈다. 대부분 40, 50대 아주머니들이 집에서 만들어온 순대와 돼지고기들을 양은양푼에 담아 밑에서 불을 때어 그 자리에서 썰어 파는 것인데 상인이나 시장에 나온 사람들이 고객이 된다.' (1972년 5월 22일 '경향신문')

이 기사에 언급된 동대문 이스턴호텔 뒤 순대골목은 사라졌지만 그곳의 순대라는 음식 자체는 길거리 음식으로 재탄생하거나 신림동 순대처럼 변형된 모습으로 살아남았다. 영등포는 일제강점기 때부터 교통 중심지이자 공업지대였다. 화교들이 이곳에 터를 잡고 채소를 재배했다. 영등포전통시장은 옛 재래시장 모습을 그대로 간직하고 있다. 영등포전통시장에는 찹쌀순대와 순댓국을 파는 식당들이 작은 순대골목을 형성하고 있다.

시장 초입에 자리 잡은 '호박집' 입구에는 커다란 솥이 있다. 안을 들여다보면 돼지 뼈에서 오랫동안 우려낸 국물이 한가득이다. 하얀 돼지 뼈에서 뽀얀 국물이 펑펑 솟아난다. 10시간 이상 끓인 시간의 보상이자 진국이란 말이 어울리는 잘 끓인 국이다. 돼지 뼈를 잘 관리해 냄새가 나지 않고 구수한 맛이 일품이다.

영등포전통시장 순대골목의 순대는 겉보기엔 대창처럼 보이지만 막창을 최대한 늘여서 만든 것이다. 막창 특유의 쫄깃한 식감이 좋다. 안에는 선지와 채소, 찹쌀이 고루 들었는데 양이 엄청나게 많다. 순대 한 접시만

시켜도 한 끼 식사가 가능할 정도다. 이 골목은 영등포 주변이 유흥가로 유명하던 1980~90년대가 전성기였다. 전성기는 지났지만 여전히 사람들은 영등포 순대골목을 들락거린다. 최근에는 미식을 쫓는 젊은이들도 눈에 많이 띈다.

성북구 안암동에 자리 잡은 '개성집'에서는 소창을 이용한 개성식 순대를 직접 만들어 판다. 개성은 한반도에서 육고기 문화가 가장 번성한 지역이었다. 삼겹살의 조상쯤 되는 세겹살은 개성 과부들이 만든 창조적 음식이었다.

'동양학을 읽는 월요일'이란 책에는 간송(澗松·전형필)가(家) 며느리 김은영 씨의 증언이 나오는데, 쌀겨나 밀겨만 먹고 자란 돼지의 창자로 만든 '절창(絶脹)'이란 순대가 있었다고 한다. 또한 순대는 본래 함경도 말이었으며, 겨만 먹은 돼지는 지방이 적고 부드러워 입에 넣으면 살살 녹았다는 내용도 함께 전하고 있다.

대학로에 있는 순대실록은 현대적으로 해석한 순대로 많은 인기를 얻고 있다. 시의전서에 등장하는 순대를 재현한 순대와 곡물을 넣어 소세지와 비슷한 식감을 내는 순대 스테이크가 큰 인기를 얻고 있다.

신림동 또순이순대

영등포시장 호박집

14
질기고 매운 이열치열 음식
서울 함흥냉면

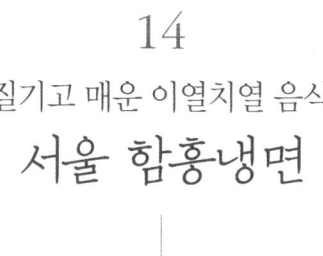

질기고 맵다. 함흥냉면의 특색을 나타내는데 이 두 단어면 충분하다. 함경도 실향민들의 기질과 한이 함흥냉면 한 그릇에 고스란히 담겨 있다. 감자전분으로 만든 함경도식 국수는 탄력이 좋다. 가위로 자르지 않으면 국수 전체를 다 입에 넣을 때까지 잘 끊기지도 않는다.

북한 연인들은 데이트할 때 이 국수를 같이 먹는다고 한다. 오죽하면 함경도식 국수를 먹을 때 국수 가락이 그릇에 3분의 1, 공중에 3분의 1, 입과 배 안에 3분의 1이 있다는 농담도 있을 정도다. 함경도에서는 우리가 함흥냉면이라 하는 국수를 농마국수 혹은 그냥 국수라고 부른다.

남한에서와 달리 함경도식 국수는 반드시 국물이 있다는 것도 특징이다. 국수 위에 얹는 고명에 따라 매콤한 가자미식해를 얹으면 회국수, 돼지고기 편육을 얹으면 육국수로 부르기도 했다. 사실 1945년 이전까지는 함흥냉면이란 말은 사용된 적이 없었다. 함흥냉면은 광복과 6·25전쟁을 거치면서 함경도와 가장 가까운 강원 속초 일대에 모여든 함경도 사람들이 만들어냈다. 함경도 실향민들은 속초에서 명태로 기반을 잡는다. 서울 중부시장은 건명태(북어)를 중심으로 한 건어물 유통의 중심지였다. 당연히 함경도 사람들이 그 중심에 있었다. 중부시장 주변에 함경도 실향민이 몰려 살면서 자연스럽게 오장동 주변으로 함흥냉면 거리가 만들어졌다. 평안도 사람들이 평양냉면이라 부르는 것처럼 고향을 잃은 사람에게 오장동은 정체성을 확인하는 공간이었고, 함흥냉면은 고향의 추억을 떠오르게 하는 음식이었다. 전성기 때는 20곳이 넘던 함흥냉면집이 이제는 '오장동 함흥냉면', '신창면옥', '오장동 흥남집' 세 곳만 남았다. 서울 함흥냉면집 중 가장 오래된 '오장동 함흥냉면'은 1954년 청계천 평화시장 근처에서 천막 치고 장사하다 55년 오장동으로 자리를 옮겼다. 이들 함흥냉면집은 이제 거의 비슷한 가격과 맛의 메뉴를 팔고 있다. 회냉면, 비빔냉면, 물냉면은 기본이고 회와 육고기를 반반씩 고명으로 섞은 세끼미(함경도 말로 섞었다는 뜻)냉면도 있다.

평양냉면집들에선 메밀을 삶고 난 면수를 면과 함께 내놓지만 함흥냉면집에선 고기로 우린 육수를 쓴다. 고깃국물은 매운맛을 빨리 가시게 하는 효과가 있다.

서울 종로4가에 있는 '곰보냉면'이나 명동 '함흥냉면'도 함경도식 국수로 제법 유명하다. 평양냉면이 시원한 육수와 차가운 메밀의 맛을 지닌 이냉치열(以冷治熱)의 대표 주자라면 함흥냉면은 입안이 얼얼할 정도로 매웠던 이열치열(以熱治熱) 음식이었다. 예전에는 매운맛에 더해 식해

▲ 곰보식당 함흥냉면   ◀ 신창면옥 함흥냉면   ▶ 오장동 흥남집 함흥냉면

가 내는 감칠맛과 참기름의 고소한 향, 다진 양념이 내는 또 다른 매콤한 맛이 어우러져 더욱 땀을 쏟게 하는 음식이었다. '땀이 부쩍 솟아나게 혁혁 혀를 내두르도록 얼얼하게 먹어야 제맛이다'(1978년 4월 20일 '조선일보')라고 할 정도로 강한 맛들이 다양하게 어우러진 음식이었지만 최근 들어 단맛이 점점 강해지고 있다.

함흥냉면이 남한에 정착하면서 맛만 달라진 것은 아니다. 질긴 함흥식 냉면을 먹기 위해 가위가 등장한 것도 새로운 볼거리다. 북한 출신 새터민들은 냉면에 가위질을 하는 모습을 보고 놀란다. 국수는 오래 살라는 기원의 의미가 담겨 있기 때문에 북한에선 절대 가위질을 하지 않는다.

남한에 정착하면서 국물이 사라진 것도 가장 큰 변화다. 정확한 이유는 밝혀지지 않았지만 새로운 땅에 새로운 음식이 정착하기가 만만치 않은 일임을 함흥냉면이 보여주고 있다.

15

달콤, 매콤, 졸깃… 자극의 경연장
서울의 변형 냉면

　　서울 성북구 안암동에서 바라보면 낙산과 창신동이 한눈에 들어온다. 1970년대 후반부터 80년대 초반까지 안암동에 있는 교회를 다니던 내게 낙산에 있던 '낙산냉면'과 '깃대봉냉면'의 졸깃한 맛은 여름의 별미였다. 시간이 꽤 걸렸지만 냉면집들은 교회까지 배달을 해줬다. 당시에는 그 냉면들이 밀가루와 고구마 전분을 섞어 불어터지지 않는다는 것을 몰랐다. 매콤하고 달달한 육수와 졸깃한 면발은 청소년에게 특히 인기가 많았다. 30년 세월이 흘렀지만 난 여전히 안암동에 살고 있고 '깃대봉냉면'도 건재하다. '깃대봉냉면'은 낙산에서 숭인1동주민센터 근처로 자리를 옮기면서 예전보다 찾는 이가 더 많아졌다. 이곳 냉면 육수는 채소와 과일로 우려내 깊지 않지만 달달한 맛이 난다. 면발은 함흥냉면 면발과 비슷한 탄력과 질감을 가졌다. 매운맛 또한 초창기 함흥냉면의 특징을 유지하고 있다. 북한식 원조 함흥식 냉면이 육수를 반드시 곁들여 먹는다는 점을 감안하면 '깃대봉냉면'이 그 영향을 많이 받았음을 짐작할 수 있다. 이 집에서 냉면을 고를 때 가장 어려운 것은 매운맛 정도를 정하는 일이다. 가장 순한 '하얀 맛'에서 제일 매운 '아주 맵다'까지 여섯 가지 매운 강도가 있기 때문이다. 달콤하고 매콤하며 졸깃한 이 집의 냉면은 말 그대로 '자극의 경연장'이지만 먹고 나면 속이 개운하고 기분도 좋아진다.

은근한 맛과 조화를 내세우는 평양식도, 국물 없는 함흥식도 아닌 변형된 냉면이 서울에 의외로 많다. 서울 청량리시장통에 있는 '할머니냉면'도 매운맛으로 유명하다. 청양고추, 마늘, 생강, 양파 같은 매운맛을 내는 재료들이 총동원되는 것은 기본. 면에는 설탕이, 고명에는 참기름이 들어가 있다. 강한 맛을 내는 식재료가 망라된 매운 비빔냉면은 중독성이 강해 단골이 많다. 30대 중반 무렵 20대 후배들에게 평양냉면을 사준 후 "이렇게 심심한 냉면은 냉면이 아니다"는 핀잔을 들은 적이 있는데, 그때 후배들이 진짜 냉면 맛을 보여주겠노라고 데려간 곳이 보광동 '동아냉면 본점'이다. 여전히 내겐 이 집의 매운맛과 면발이 어렵지만 그때나 지금이나 20, 30대는 이 집을 자주 찾는다. 매운 냉면을 이야기할 때 송파구 잠실본동 '해주냉면'도 빼놓을 수 없다. 1983년 포장마차로 시작했지만 지금은 커다란 매장을 가진 매운 냉면 맛의 본좌급으로 성장했다. 매운맛을 즐기는 사람은 물론, 더 매운 맛에 도전하려는 사람까지 가세해 냉면집인지 매운맛 집인지 구분이 안 될 정도지만 젊은이들이 북적댄다. 가격도 저렴하다.

중국과 일본에는 우리처럼 차가운 육수에 면을 넣어 먹는 문화가 없다. 그렇다고 차가운 면을 먹지 않는 것도 아니다. 중국인은 량미엔(凉麵)이나 깐빤미엔(乾拌麵)이라는 면을 차게 해서 먹는데, 면을 삶은 뒤 얼음물에 씻어 참깻가루 등을 넣어 비벼 먹는 일종의 비빔면이다.

깃대봉냉면

요즘 국내 중식당에서 나오는 중국 냉면은 차가운 국물에 면을 넣어 먹는 한국 음식 문화의 영향을 받은 것으로, 여름철 한정 메뉴가 대부분이다. 중국 냉면이 언제 정확하게 만들어졌는지는 확인하기 어렵지만 1960년대 초반 신문에 중국 냉면이 등장하는 것으로 봐서 적어도 60년대 중국 냉면이 개발된 것으로 추정할 수 있다. 중국 냉면의 공통된 특징은 면발을 얇게 뽑고 소금과 간장으로 간을 한 육수에 고소한 땅콩소스와 매콤한 겨자를 넣는 것이다. 호텔 중식당들에서는 1980년대부터 중국 냉면을 취급했다.

더 플라자 중식당 '도원'에서도 오래전부터 중국 냉면을 팔았고 고척동에 있는 중식당 '실크로드'의 중국 냉면도 제법 맛이 있다.

16
고소, 시원한 맛에 더위가 훅~
서울의 콩국수

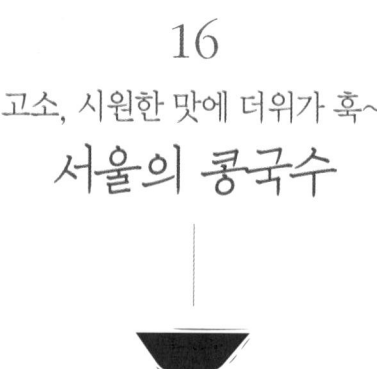

 광복 이전까지만 해도 밀가루 음식은 별종에 속했다. 면은 주로 메밀로 해 먹었다. 그러나 단 하나 예외가 있었다. 여름에는 우물물을 길어 만든 콩국에 밀가루 면을 말아 먹었다. 콩의 고소함과 우물물의 시원함, 밀가루 면의 매끈함이 더해진 콩국수 한 그릇은 따듯한 밥을 주로 먹는 한국인에게 최고 여름 별식이었다.

 콩국수는 온도와 밀접한 관계가 있는 음식이다. '여름을 탄다' '더위를 먹었다'고 말하는 증세를 한의학에서는 서중(暑中)이라 하는데 콩국수는 이를 이겨내게 해주는 대표적 음식이다. 콩국수에 관한 조리법은 19세기 말에 쓰인 조리서 '시의전서(是議全書)'에 나온다. '콩을 물에 불린 후 살짝 데치고 갈아서 소금으로 간을 한 후에 밀국수를 말아 깻국처럼 고명을 얹어 먹는다'는 구절이다. '콩국수'란 단어가 직접 언급된 책은 방신영이 쓴 '조선요리제법'(1923년 판)이다. 이후에도 콩국수란 말보다 콩국이란 말이 더 많이 쓰였다. 콩국에 대한 기록은 오래전부터 있었다. 1236년 편찬된 '향약구급방(鄕藥救急方)'에 '대두즙(大豆汁)을 끓여'라는 구절이 처음으로 등장한다. 콩국을 얘기할 때 조선 중기 실학자 성호 이익(李瀷·1681~1763)은 빠지지 않고 등장하는 인물이다. 백과사전인 '성호사설(星湖僿說)'을 쓴 것으로 유명한 이익은 18세기 귀농(歸農)의 선구자였다. 인생 후반부를 경기 안산(성호장)으로 내려가 농사를 지으며 보냈다. 1735년 그는 삼두회(三豆會)라는 모임을 결성한다. 그가 농사지은 콩으로 콩죽과 콩나물, 된장을 만들어 그 음식을 먹으며 하루를 즐기는 모임이었다. 그에게 콩은 서민의 생명줄을 쥐고 있는 천금 같은 식재료였다. 책에 '천하다. 하지만 굶주림을 구제하는 데는 콩만한 게 없다. 서리가 내려 콩이 죽지 않으면 행지(幸之·다행스러운 일)'라고 쓸 정도였다. 조선 농민들은 실제 콩국에 밀국수를 말아 먹으며 더운 여름을 이기고 살아왔다.

중구 태평동 삼성본관건물 뒤에는 서울 콩국수를 말할 때 첫손으로 꼽는 '진주회관'이 있다. 강원도 황태(黃太)를 진하게 갈아 넣은 콩국은 죽에 더 가깝다. 황태의 노란색이 콩국에 그대로 녹아 있어 황금색을 띤다. 밀가루와 콩가루, 감자가루를 섞은 면발도 쫀득하면서 고소한 맛이 난다. 국물과 면발이 진하고 진득하지만 간이 잘 맞고 시원해 개운함을 느낄 수 있다. 음식 맛에 빠져 한 그릇 먹다 보면 더위가 저만큼 달아나 있다.

여의도에 있는 '진주회관'도 같은 맛을 낸다. 같은 집안사람이 운영하

제일콩집 콩국수

진주회관 콩국수

기 때문이다. 서울 지하철 6·7호선 태릉입구역 인근에 자리 잡은 '제일콩집'의 콩국수도 이름이 높다.

'제일콩집'은 콩국수는 물론, 청국장 같은 두부 관련 음식을 거의 다 파는 두부전문식당이다. 투명한 유리대접에 약간 노란색이 감도는 콩국수 한 그릇이 나온다. 오이채 몇 점과 약간의 깨가 고명의 전부다. 녹색 면이 간간이 섞인 흰색의 얇은 면발이 불투명한 하얀색 콩국물 속에서 소리 없이 존재감을 드러낸다. 국물을 한 모금 마신다. 진하고 깔끔하다. 콩물은 주문과 동시에 갈기 때문에 콩과 물 사이에 생긴 커다란 기포들이 숨을 쉬듯 이리저리 옮겨 다닌다.

반드시 콩은 하룻밤 물에 불렸다 매일 아침 전기 맷돌에 갈아 낸다. 그래서일까, 콩물에서 고소한 뒷맛이 강하게 난다. 땅콩이 들어가야 나는 맛인데 콩만으로 이 맛을 낸다고 한다. 사시사철 먹을 수 있는 냉면과 달리 콩국수는 여름에만 파는 집이 많다.

여름은 그래서 이래저래 콩국수 계절이다.

17

쫄깃하고 고소한 내장 음식의 왕
서울에서 먹는 소 양

맹수는 먹이를 잡으면 내장부터 먹는다. 살집이 가장 얇아 먹기 쉽고 빨리 먹지 않으면 상하기 때문이다. 내장은 육식의 종착점이다. 살코기와는 완전히 다른 구조와 맛을 가진 내장을 가장 즐겨 먹는 민족은 단연 한민족이다. 간이나 처녑(천엽) 같은 내장은 아예 날것으로도 먹는다. 살코기를 날로 먹는 모습을 보는 것만으로도 놀라는 외국인에게 내장 회는 하드코어 음식에 속한다. 소 내장 가운데 한국인이 가장 사랑한 부위는 단연 양이다.

'고려사'(1451년 완성) '최안도' 전에는 마계량(馬系良)이란 사람이 우두(소의 위)를 즐겨 먹는 탓에 '말이 소를 먹는다'고 비웃었다는 기록이 있다. 어의 전순의가 지은 '산가요록'(山家要錄·1450년쯤 출간)에는 양을 꿀이나 탁주를 넣고 삶은 팽양이나 솥 안에 참기름을 조금 넣고 쪄낸 증양,

양으로 만든 식해인 양해 등 양으로 만든 다양한 조리법이 등장할 정도로 양은 오래전부터 먹어왔고 조선시대 내내 내장의 왕으로 군림했다.

소의 첫 번째 위인 양의 중간에 있는 두툼한 부위는 양깃머리라 부르는데 일반 양보다 가격이 비싸다. 소는 원래 풀을 먹고 자란다. 위 속에 사는 박테리아가 풀을 분해해 소에게 영양분을 공급한다. 양은 되새김질을 하는 소의 특성 때문에 강하고 졸깃한 맛을 낸다. 하지만 최근 마블링이 많은 고기를 만들기 위한 곡물 사료가 발달하면서 양의 기능이 조금씩 변하고 있다. 좋은 양은 풀을 먹고 자란 소에게서 나온다. 풀을 먹고 자라는 뉴질랜드산 양이 인기를 얻는 이유다. 하지만 예전이나 지금이나 양 가격은 만만치 않다.

서울 중구 을지로 '양미옥'은 좋은 재료를 사용해 가격은 좀 비싸지만 사람이 끊이지 않는다. '양미옥' 양구이는 양념을 발라주는 형태다. 몇 년 전 질 나쁜 내장에 양념을 사용한다는 논쟁이 인터넷을 뜨겁게 달군 적이 있다. 한민족은 오랫동안 고기나 내장을 구울 때 양념을 발랐다. 재료 질의 좋고 나쁨은 식당 개개의 문제다.

마포구 합정동의 '합정동 원조 황소곱창구이' 집도 유명하다. 두툼한 특양(양깃머리)과 상대적으로 얇지만 고소한 양을 섞어서 주는데, 그 맛이 일품이다. 양념하지 않은 양을 불판에 올리고 마지막에 양념 가루를 뿌려주는 게 특징. 그래서 이 집에선 양 자체의 맛을 즐길 수 있다. 양은 이전에는 구이보다 찜이나 탕으로 먹는 경우가 더 많았다.

중구 다동에는 양무침으로 유명한 '부민옥'이 있다. 50년이 훌쩍 넘는 역사를 자랑한다. 양무침은 삶은 양을 버섯, 양파 등과 함께 무쳐 낸다.

구우면 쫄깃해지는 양은 삶으면 부드러워진다. 채소와 식감도 잘 맞고 간도 적당하다. 양을 넣고 맑은 탕처럼 끓여 낸 양곰탕도 별미다. 양을 건져 수육처럼 양념에 찍어 먹는다. 저녁이면 양 안주에 술을 먹는 사람이 많다.

고려대 근처 동대문구 용신동에 있는 '개성집' 양무침은 삶은 양을 후추와 소금으로만 살짝 간하고 오이, 대파, 양파, 풋고추, 붉은 고추를 양과 같은 크기로 썰어 버무린 뒤깨를 뿌려 낸다. 재료 맛에 충실한 음식이다. 원래 양은 담요처럼 쭈글쭈글하고 검다.

해장국집에서는 양 껍질을 벗기지 않고 국에 넣어 끓이기 때문에 양의 참모습을 볼 수 있다. 종로1가 '청진옥'은 양과 선지로 만든 해장국이 좋다. 선지의 부드러움과 양의 쫄깃한 식감이 잘 어울린다. 개운한 국물과 내용물의 균형이 좋다.

부민옥 양찜

부민옥 양곰탕

18
환상의 면발과 국물, 넋을 잃다
서울 칼국수

1960년대와 70년대 우리 먹을거리는 커다란 변혁을 겪었다. 쌀밥과 김치, 국으로 구성된 한국인의 밥상은 인구의 폭발적 증가와 쌀 부족으로 보리 혼식에 이어 분식이 장려됐다. 중국집 짜장면과 짬뽕은 물론이고 라면이 한국인의 일상식이 됐다. 그리고 밀가루 음식으로는 드물게 한국인이 오래전부터 먹어온 칼국수가 본격적인 외식으로 등장했다. 외식으로서의 칼국수는 이후 서울에도 깊이 뿌리를 내렸다. 1960년대부터 시작된 저렴한 서민 칼국수와 지방의 유명 칼국수가 공존해왔다.

서울 종로구 낙원상가 부근 돈의동에는 두 곳의 칼국숫집이 있다. 해물칼국수로 유명한 '찬양집'과 멸치 국물로 유명한 '할머니칼국수'가 그 주인공. '찬양집'의 창업연도는 1965년이다. 집에서나 먹던 칼국수가 정부의 강력한 정책하에 세상 밖으로 본격적으로 나온 바로 그 시기에 생긴 집이다. '할머니칼국수'는 멸치, 다시마, 양파 등을 넣어 만든 진하고도 개운한 국물과 쫄깃하고 잘 익은 면발을 수북하게 담아내는 게 특징이다. 그래서일까. 이 집에서 칼국수 한 그릇을 먹으려면 20~30분을 기다리고도 사람들과 부대끼며 먹어야 한다. 하지만 젓가락을 드는 순간 그 모든 수고로움이 뇌리에서 사라진다. 그만큼 입맛을 끄는 매력이 있다. 한편, 서울 혜화동 부근의 칼국숫집들은 '칼국수=서민 음식'이라는 공식을 보기 좋게 깨는 곳이다.

'국시집'은 1969년 한옥 집 한 칸으로 시작했는데 항상 정치인과 유명 인사들로 붐빈다. 70년대부터 90년대까지 30년 가까이 김영삼 전 대통령의 단골집이었던 덕이다. 설렁탕 국물을 연상케 하는 사골 육수에 안동칼국수의 특징인 하늘거리는 면발이 일품이다. 그 위에 다진 고기와 호박이 고명으로 나온다.

경북 안동 양반가에서 사골 국물에 칼국수를 말아 먹은 것에서 유래한 '양반식 안동 칼국수'다. 칼국수는 물론이고 안주용으로 좋은 수육과 안동식 식당에서 빠지지 않는 문어수육을 제대로 먹을 수 있는 집이기도 하다. '국시집'에서 일했던 사람들이 그 주변에 하나 둘씩 칼국숫집을 차리기 시작하면서 일대에 칼국수 동네가 형성됐다. '혜화칼국수' '명륜손칼국수' '밀양손칼국수' '손칼국수' 등이 그들이다. 이 집들은 서로 이러저러한 인연을 맺고 '국시집' 스타일의 안동식 칼국수를 팔고 있다. 혜화동 주변이 전국에서 가장 고급스러운 칼국수 문화를 지닌 동네로 변신한 것도 다 그 때문이다. 서울 강남에 자리 잡은 '소호정'은 1984년 압구정동에 '안동국시'라는 이름으로 시작됐다. 이후 95년 서초구 양재

소호정 칼국수

혜화동 국시집

동으로 옮기면서 '소호정'으로 이름을 바꿨다. 강남에 안동식 칼국수를 본격적으로 정착시킨 집이 바로 이곳이다. 이 집의 원주인 고 ㈜ 김남숙 할머니는 김영삼 대통령 시절 3개월간 청와대에 들어가 주방장들에게 칼국수 제조법을 전수했던 주인공이다. '소호정' 칼국수의 육수도 한우 양지머리를 고아낸 고깃국물이다. 커다란 사기대접에 칼국수가 넘칠 듯 찰랑거린다. 면발이 국물보다 많아 면과 국물이 한 몸처럼 섞여 있다.

이 집의 기품 있는 고깃국물은 서민적인 칼국수와 양반가에서 먹던 칼국수가 원래부터 다른 태생임을 보여준다. 안동의 전통적인 면발 모습을 그대로 간직하면서도 먹어보면 야들야들 하늘거리지만, 그렇다고 날리진 않는다. 면발의 식감도 좋을뿐더러 고깃국물이 잘 배어 있어 진하고 깊은 맛이 난다. '소호정'의 칼국수 한 그릇에는 세련된 칼국수의 이정표가 녹아 있다.

19
꽃샘추위 이기는 매콤한 맛
서울 짬뽕

봄이 왔나 했는데 날씨는 여전히 겨울에 머물러 있다. 이런 날은 중국집을 찾아도 메뉴 선택의 고민이 줄어든다. 매콤하고 따스한 국물의 짬뽕이 제격이기 때문이다. 짬뽕은 음식 명칭으로만 쓰이지 않는다. 무엇인가 뒤섞인 것을 이를 때 가장 많이 쓰는 단어가 짬뽕이다.

오죽하면 짬뽕에 관한 기사를 검색해보면 음식보다 짬뽕 내각(1963년 12월 2일자 '동아일보')이 먼저 등장한다.

짬뽕이란 말의 기원도 복잡하다. 중국 음식을 기본으로 했지만 일본에서 만들어져 어원에 대해서도 의견이 분분하다. 일본 축제에서 징과 북의 연주 소리를 '잔폰'이라 하는데 여기에서 왔다는 얘기도 있고, 짬뽕 발상지인 나가사키현에 가장 많이 살던 중국 푸젠(福建) 사람들의 발음으로 '밥 먹었느냐'는 말인 '츠판(吃飯)'에서 왔다는 설도 있다.

짬뽕 원조 집으로 알려진 나가사키 '시카이로(四海樓)'는 1899년 이래로 여전히 영업을 하고 있다. '시카이로'는 잔폰에 대해 중국 푸젠의 면인 탕루시멘(湯肉絲麵)과 나가사키 해산물의 결합체라고 주장한다. 탕루시멘은 돼지고기, 표고버섯, 죽순, 파를 국수와 함께 넣어 먹는 음식이다. 하지만 한국에서는 짬뽕의 원형을 중국 초마면(炒碼麵·차오마몐)으로 보고 있다. 초마면에 대한 기록은 1960년대 중반부터 등장한다. 공식적인 기록은 1983년 문교부(현 교육부)의 '국어순화자료'에 짬뽕을 초마면으로 표기할 것을 권장한 것이다.

중국말 츠판도 아니고 일본말 잔폰도 아닌 한국말 짬뽕에 관한 기록은 1960년대 등장하지만 일제강점기 나가사키 화교들과 한국 화교들의 교류를 감안하면 일제강점기 한반도에 들어왔을 개연성이 매우 높다. 한국에 들어오면서 하얀색 국물에 해산물과 고기, 채소가 두루 섞인 잔폰에 고추와 고춧가루가 더해지면서 한국식 짬뽕이 된다. 하지만 빨간색과 매운맛이 기본이 된 짬뽕의 탄생은 80년대 이후다. 이전에는 나가사키식 잔폰이나 우동에 가까운 음식이었다.

짬뽕은 1960년대 말 분식장려운동에 힘입어 짜장면과 더불어 가장 대중적인 중국 음식이 된다. 80년대 배고픈 청춘에게 중국집 짬뽕 국물은 최강의 소주 안주였다. 짬뽕은 다양한 기원처럼 맛과 모양도 여러가지다.

경기 송탄에서 마약짬뽕이란 이름으로 시작해 전국구 짬뽕이 된 '영빈루'는 서울 홍대 근처에 자리 잡았다. '영빈루' 짬뽕은 푸젠 탕루시멘처럼 오징어, 돼지고기를 얇고 길게 썰어낸 고명과 붉지만 맵지 않고 감

홍대 영빈루

칠맛이 강하게 나는 국물이 인상적인데, 치즈를 넣은 듯한 맛 때문에 젊은이들로부터 인기를 한 몸에 받고 있다.

　중국식당의 경연장인 서울 연희동에는 굴짬뽕으로 유명한 '구무전'이 있다. 겨울에서 초봄까지 맛이 절정에 오르는 굴이 들어간 짬뽕은 지금이 제철이다. 허름한 식당이지만 쉐라톤 그랜드 워커힐 출신 조리장이 만드는 짬뽕은 옅은 갈색에 진한 맛이 특징이다. 말린 고추를 넣어 은근하게 매운맛이 감돌기도 하는 국물 또한 일품이다.

　서울에서 가장 오래된 중국집으로 알려진 '안동장'의 굴짬뽕도 유명하다. 예전 방식의 하얀 짬뽕 맛을 느낄 수 있다.

　서울 마포의 '외백'은 국물이 개운하면서도 담백하다. 서울메트로 4

나가사키 시카이로　　　　　　　　　　연희동 구무전 굴짬뽕

호선 한성대입구역 부근 '송림원'이나 영등포 '송죽장', 이태원 '송화원'도 서울 짬뽕으로 인기를 누리는 집들이다.

　짬뽕은 오늘도 다양한 고명과 면으로 분화, 발전하고 있다.

20
양고기 칭기즈칸과 닭고기 야키토리
홍대 부근 일본식 고깃집

일본의 고기요리 역사는 19세기 중반 이후에 시작됐지만 요리의 폭과 깊이는 상당한 수준에 이르렀다. 최근에는 소 내장을 구워 먹는 호르몬야키가 유행처럼 번지고 있다. 소 요리는 우리보다 다양성이 부족하지만 양고기와 닭고기에 관해서는 훨씬 풍부하다.

'칭기즈칸'이라는 요리는 양고기를 채소와 함께 투구 모양의 불판에 구워 먹는 것이다. 담백하고 고소한 양고기 맛과 달달한 간장 소스를 곁들인 채소의 맛을 한꺼번에 즐길 수 있다. 다양한 기원이 있지만 중국 카오양러우의 영향을 받은 것만은 분명해 보인다. 재료와 조리법이 상당히 비슷하다. 그렇다고 칭기즈칸을 중국 요리라 하기도 어렵다. 일본식 소스와 방식을 취하고 있기 때문이다.

칭기즈칸 요리의 본향은 일본 홋카이도다. 홋카이도는 일본에서 서양

합정동 이치류

식 소와 양을 맨 처음 본격적으로 사육한 곳이다. 1918년 군인, 경찰, 철도원의 제복 소재로 양모를 사용하면서 양 사육지였던 홋카이도에서 양고기 소비가 급증했다는 설도 있다. 이제 칭기즈칸은 홋카이도의 향토요리가 됐고, 60년대 말 한국에도 칭기즈칸 요리 전문점이 생겼다.

홋카이도의 칭기즈칸 전문점과 견줘도 뒤지지 않을 정도의 분위기와 맛을 자랑하는 '이치류' 라는 식당이 서울 마포구 합정동에 자리하고 있다. 태어난 지 1년 미만 양고기인 램을 사용하는 것은 이미 양고기 전문점의 기본이 됐지만 이 집은 살치, 생등심, 생갈비 같은 냉장육을 들여와 사흘간 숙성한 뒤 내놓는다. 양고기와 함께 내놓는 어묵탕도 먹을 만하다.

7세기에 시작된 일본의 육식금지령이 해제된 것은 1860년대 메이지 일왕 시대 도쿄에 야키토리 전문점이 생기면서부터다. 일본인은 이때부터 닭고기를 다양한 부위로 구분해 먹어왔다.

서울 홍익대 정문에서 상수역과 합정역으로 이어지는 길에는 유명한 야키토리 집이 많다. 정문 근처에 있는 '천하' 는 오래전부터 꼬치구이와 다양한 사케, 일본 소주로 유명하다.

상수역 주변 '쿠시무라'에서는 저렴한 가격에 수준 높은 꼬치를 맛볼 수 있다. 지난해 문을 연 '쿠이신보'도 야키토리로 이름을 날리고 있다. 일본 쓰지조리사전문학원 출신이 운영하는 집답게 요리 수준이 일정하다. 닭고기를 다져 만든 일종의 완자인 쓰쿠네, 모모니쿠(다리 살), 데바사키(닭날개), 히자(무릎연골), 야겐(배연골) 등 다양한 부위를 맛볼 수 있다. 이 집의 또 다른 인기 메뉴는 하이볼이란 음료다. 위스키에 탄산음료를 섞어 차갑게 마시는데, 기름지고 단맛이 강한 야키토리와 잘 어울린다. 일본과 한국 젊은이들이 열광하는 신세대형 알코올음료다.

'쿠이신보'는 합정역 부근에 있다. 산울림 소극장 주변에 있는 '오시리야'는 곱이 가득한 막창과 양파를 함께 먹는 막창꼬치로 유명하다.

홍대 일대 일본식 육고깃집들 수준이 만만치 않다.

21
남북한 하나로 만난 새해맞이 음식
여의도 떡만둣국

홀로 살면서 소셜네트워크서비스(SNS)를 통해 교감하는 사람에게도 가족은 있다. 설날이면 사람들은 연어처럼 고향으로 모여든다. 전을 부치고 술을 마시고 각자의 이야기로 밤을 지새우며, 설날 아침이면 함께 떡국 한 그릇씩을 먹는다. 한 해의 시작은 떡국으로 시작된다. 긴 가래떡을 엽전 모양으로 썰고 고깃국물에 끓여 먹는 떡국은 단순한 한 끼 식사가 아니다. 오래 살기를 기원하는 마음과 번성하고 부유해지라는 바람, 순수하고 깨끗한 마음으로 새날을 맞으라는 의미가 담긴 기원(祈願)의 음식이다. 조선시대부터 떡국과 만둣국은 설날에 먹는 의례 음식이었다. 이식(1584~1647)은 '택당집(澤堂集)'에서 "정조(正朝)에는 각 자리마다 병탕(餠湯·떡국)과 만두탕(饅頭湯)을 한 그릇씩 놓는다"고 적고 있다.

설날에 떡국을 먹는 관습은 중국에서 들어온 것이다. 남송(南宋) 시인

여의도 산하 떡만둣국

육유(1125~1209)가 쓴 '세수서사시(歲首書事詩)'에 나오는 "세일(歲日·설날)에는 탕병(湯餠)을 먹는데 이것은 '동혼돈 연박탁'과도 같은 것"이라는 인용문이 떡국 중국 기원설의 근거가 됐다. 설날 만둣국을 먹는 풍습 역시 중국에서 비롯됐다. 한국 만두는 중국 만터우(饅頭)와 이름은 같지만 모양이 조금 다르다. 만터우는 속에 아무것도 넣지 않은 빵이다. 한국 만두는 우리가 교자라 부르는 중국의 자오쯔(餃子)다. 자오쯔는 중국 돈 원보(元寶)를 닮았다. 중국 사람들은 자오쯔를 먹으면 돈을 많이 벌고 복을 받는다고 믿는다. 자오쯔의 발음은 자오쯔(交子)와 같은데 '자손이 번성한다'는 의미다. 자오쯔는 '자시(밤 11~1시)가 되다(交在子時)'와 발음이 비슷한 탓에 송구영신(送舊迎新)의 뜻도 담고 있다. 설날에 자오쯔를 먹는 관습은 한반도와 가장 가까운 산둥 지역에서 가장 성행했다. 이런 문화는 평안도와 황해도, 함경도 등 북한 지역에 많은 영향을 끼쳤다. 평안도에서는 설날에 떡국 대신 만둣국만 먹기도 했다.

한반도 남쪽에서는 떡국을 즐겨 먹었다. 설음식이던 떡국과 만두는 일제강점기에 외식으로 등장한다. 일제강점기 산둥 음식인 호떡이 서울에서 크게 유행한 적이 있다. 이후 호떡집에서는 예외 없이 커다란 만두를 팔게 됐고, 6·25전쟁 이후 남한으로 내려온 실향민들이 만두 문화를 전파하면서 대중화했다. 1960년대 분식장려운동으로 밀가루로 만든 만두는 중국집, 분식집에서는 물론, 길거리 음식으로도 큰 인기를 얻는다. 만두 자체도 인기가 많았지만 탕의 민족답게 국에 만두를 넣어 먹는 만둣국은 저렴한 한 끼 식사로 인기였다. 개성의 사각형 납작 만두인 편수는 중국 만둣국인 완탕과 연관이 깊은 음식이다.

서울 만둣국 식당은 대개 이북 실향민의 영향을 크게 받았다. 작은 눈사람 모양으로 만든 조랭이떡국은 개성의 명물 떡국이다. 서울 인사동 '궁'이나 신설동 '개성집'에 가면 맛볼 수 있다. 서울 여의도 '산하'는 황해도식 떡만둣국으로 유명하다. 평안도 만두의 5분의 1 크기지만 피와 속이 알차다. 서울식 양지 국물과 서로의 존재감을 침범하지 않으면서 상생한다. 1만2000원 하는 가격에도 고개가 끄덕여질 정도다. 떡국과 만둣국을 따로 먹기도 하지만 식당에선 대부분 떡과 만두를 함께 넣은 떡만둣국을 판다. 여의도에는 만둣국으로 유명한 식당이 두 군데 더 있다. 개성식 만두를 파는 '진진'은 고춧가루를 넣은 얼큰한 손만두술국이 유명하고, 평양식 음식으로 유명한 '대동문'은 평양냉면 국물처럼 맑은 국물에 평양식 만두를 넣은 만둣국이 사랑받고 있다.

22
오감 만족 소주와 환상 궁합
서울 강북의 우설(牛舌)

한국인의 고기에 대한 편식은 집착에 가깝다. 돼지고기는 삼겹살만 주로 먹고 쇠고기는 등심을 최고로 친다. 다른 부위의 정육 가격은 같은 소에서 나와도 몇 배가 싸다.

정육이 아닌 뼈와 내장, 머리 같은 특수 부위도 마찬가지다. 한민족은 소를 귀하게 여겼고 실제 소 부위에 대한 명칭도 100개가 훌쩍 넘을 정도로 소에 대한 이해가 넓고 깊다. 쇠머리는 설렁탕집이라면 반드시 전시해 놓은 상징물이었다. 설렁탕과 곰탕, 소머리국밥이 모두 쇠머리를 이용해 만든 음식이었다. 쇠머리 부위 가운데 질감이 가장 독특한 부위는 우설(牛舌·소의 혀)이다. 한국인은 우설을 대개 따로 먹지 않고 쇠머리수육이나 탕에 고명으로 넣어 먹는다.

19세기 말 쇠고기를 본격적으로 먹기 시작한 일본인은 20세기 중반

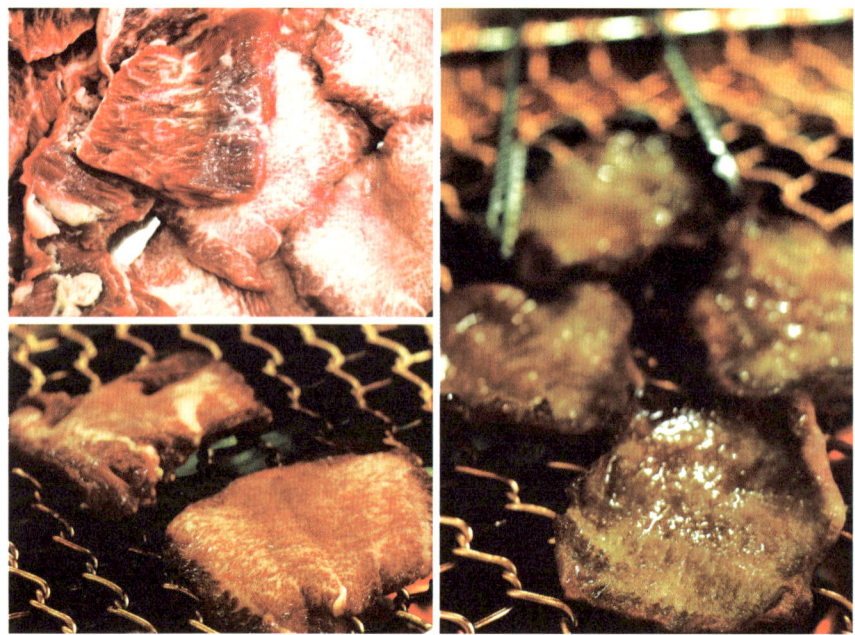

태성집 우설구이

우설 맛을 안 뒤 열광하고 있다. 우설은 일본말로 규탄(牛タン)이라 하는데 규는 소라는 뜻이고, 탄은 혀를 의미하는 영어 'tongue'에서 따온 말이다. 일본 동북부 센다이(仙臺) 미군기지에서 흘러나온 소 혀를 먹으면서 시작된 문화다.

한국인은 일본인보다 훨씬 전부터 우설을 음식으로 먹어왔다. 우설은 섯밑, 혀밑, 쇠서받침, 혀뿌리, 혀날 등으로 부르는데 혀의 밑부분을 칭하는 섯밑은 '훈민정음 해례본'(1446)에 등장할 정도로 오래전부터 먹어왔다. 소 한 마리에 2.4kg가량 나오는 우설은 혀 부위와 혀를 받치는 근육 부위로 나뉜다. 1924년 발간된 '조선무쌍신식요리제법' 쇠머리편육

편에 '쇠머리는 열두 가지 맛이 잇다 하고, 서(혀)는 연하고 구수하야 맛이 상등(최고 좋고)이요 (중략) 섯밑술치(소 혀 근육) 또한 조코'라는 구절이 나온다.

서울 성북구 장위동에 있는 '태성집'은 서울에서 우설구이를 파는 드문 식당이다. '태성집' 우설구이는 우설 중에서도 가장 좋은 혀끝 부위 400g가량만을 사용한다. 숯불에 우설을 살짝 익혀 먹으면 쫄깃한 식감 속에서 부드러움과 기름기가 동시에 느껴진다. 조금만 과하게 익히면 우설은 이내 딱딱해져 식감을 제대로 느낄 수 없다. 구이용을 제외한 나머지 부위는 탕으로 판다. 우설이 내는 연한 식감은 콜라겐 함량은 높지만 결착력이 낮은 데서 비롯된다. 구이로 먹을 수 있는 우설 부위가 적어 우설구이 가격은 상대적으로 좀 센 편이다.

서울 동대문구 신설동의 설렁탕 명가 '옥천옥'은 1940년대 초반 영업을 시작한 노포다. 이 집 설렁탕은 맛이 강하지 않고 순하기로 유명하다. 우설수육도 순하고 잡냄새 없이 깔끔하다. 우설의 대중적 쓰임을 확인할 수 있는 집이다. 서울 청량리역 주변은 밤이 되면 여자 혼자 다니기에는 불편할 정도로 이상한 가게가 많다.

청량리역 뒷골목에 있는 '청량리옥'은 일대에서 밤을 보내는 사람들의 밥집이자 술집이다. 해장국과 설렁탕 같은 탕도 잘하고 머리 고기, 편육, 지라, 혀밑 같은 독특한 안주로 유명하다. 이 집의 혀밑은 이름과는 조금 다르게 육고기 질감이 강한 혀밑과 서걱거리는 질감의 혀를 같이 썰어준다. 내장 같은 맛과 담백하고 은근한 우유 맛이 난다.

다양한 질감에 단백질과 기름기가 뒤섞인 혀밑은 술안주로 제격이다.

소주 같은 증류주와 좋은 결합을 보인다.

맛은 향이자 질감이고, 시각이자 청각이다. 우설은 이런 다양함을 제대로 느낄 수 있는 음식이다.

강북의 오래되고 서민적인 술집들은 우설과 소주 한잔을 곁들이기에 제격인 가격과 분위기를 갖췄다.

23

세월 따라 입맛 따라 변신은 무죄
서울 짜장면

한국 짜장면은 중국 산둥(山東) 지방 자장미엔(炸醬麵)을 조상으로 탄생한 음식이다. 한반도와 가까운 산둥성은 중국 면 음식과 채소의 중심지다. 산둥에선 대파와 배추 같은 채소가 주로 생산된다. 추운 겨울 산둥 사람들은 기름에 면을 삶은 후 티엔미엔장(甛麵醬)을 얹은 음식과 반찬으로 대파를 먹는다. 티엔미엔장은 면에 얹어 먹는다 해서 미엔장(麵醬)으로 부르고, 대파에 찍어 먹는다고 취옹장(蔥醬)으로 칭한다. 한국 춘장(春醬)은 취옹장에서 온 말이지만 산둥의 밀로 발효한 산둥 티엔미엔장은 아니다. 산둥식 티엔미엔장에 콩으로 발효한 베이징의 황장(黃醬) 제조법이 혼합된 한국식 중국 된장이 바로 춘장이다. 중국 티엔미엔장이나 황장은 만든 지 오래될수록 검은색이 난다. 한국 춘장은 단기간에 이런 효과를 내기 위해 캐러멜을 사용한다. 서민의 겨울 음식이던 자장미엔은

19세기 말 청나라 사람들과 함께 한반도에 들어왔다. 중국과 한국 근현대사의 극심한 부침 속에 장이 변했고, 거기에 물녹말이 가미돼 단맛이 강해지면서 한국 음식 짜장면이 됐다. 1960년 쌀은 부족하고 밀가루가 흔해지면서 정부는 분식 장려운동을 적극 시행했다. 면이 중심이던 중국식당이 반사이익을 얻었다. 짜장면과 짬뽕, 우동이 날개 달린 듯 팔려 나갔지만, 요리 중심의 중국식당이 면을 파는 저렴한 식당으로 하향평준화하는 아픔을 겪어야 했다. 짜장면은 저렴하고 달달하고 맛있다. 라면과 짜장면은 저렴한 분식의 대명사였다.

서울 중구 을지로 3가의 '오구반점'은 1953년 시작된 유서 깊은 중국집이다. 산둥성 출신이 운영하는 이 집의 인기 메뉴는 군만두, 짬뽕, 짜장면 같은 서민 음식이다. 마포에는 유명한 짜장면 집이 몇 군데 있다.

용산구 효창공원 대한노인회 앞 '신성각'은 1981년 영업을 시작한 집이다. 짜장면이 대중화하면서 화교의 독무대였던 중국식당 주방에 한국인이 발을 들여놓았다. '신성각'은 배달을 하지 않는다. 그래서 배달하는 동안 육즙을 보호하려고 넣는 물녹말이 들어가지 않아 이 집 음식은 담백하다. 춘장에 고기와 채소를 볶아 만든 면장은 한국 기준으로 보면 좀 뻑뻑하다고 할 수 있는 자장미엔과 흡사하다. 담백하고 고소한 재료 자체의 맛을 즐길 수 있다.

수타면으로 유명한 '현래장' 면발은 탄력감이 일품이다. 일본 시고쿠(四國)의 사누키우동이 반죽을 발로 밟아 끈기를 만들고, 한국이 밀대로 면을 만든다면 중국 수타면은 면판에 반죽을 치대어 만든다. '현래장' 입구에 서면 중국식 면 만드는 모습을 보는 재미도 쏠쏠하다.

마포 음식거리 끝자락에 있는 '복성각'은 볶음짜장 원조집이다. 면에 라드(돼지기름)와 파를 섞어 만든 볶음짜장은 향과 불맛이 살아있다. 수분이 가득한 일반 짜장과는 차원이 다르다.

한국 짜장면은 다양한 형태로 변하고 있다. 면과 장을 따로 내는 간짜장부터 해물 고명을 가득 넣은 삼선짜장, 고기나 돼지기름을 뺀 스님짜장, 전북 군산과 익산에서 오래전부터 먹어온 매운짜장이나 된장짜장, 재료를 잘게 다져 만든 유니짜장도 있다.

마포 신성각

서울 북창동과 명동 일대는 오랫동안 중국인이 모여 살던 곳이다. 명동 한국한성화교소학교 근처에는 중국식당이 몇 군데 몰려 있다. '개화'는 유니짜장으로 유명하다. 유니(肉泥)는 돼지고기를 잘게 썬 것을 말한다. 원래 요리하고 남은 고기를 활용하기 위해 만들어졌다. 돼지고기와 함께 넣는 감자, 양파도 돼지고기처럼 잘게 써는 것이 특징이다. 재료들이 작아 조리가 쉽고 먹기도 편하다.

복성각 볶음짜장

24
따뜻한 쌀밥에 김치찌개 한 숟갈 살맛 난다 살맛 나
서울의 김치찌개

   '김장'이 2014년 유네스코 인류무형문화유산에 등재됐다. 김장은 한민족의 겨울철 먹을거리를 대표하는 문화다. 우리 조상은 겨우내 김치와 밥을 먹으며 추운 시절을 보냈다. 김치가 시어지면 김치전이나 김치만두, 김치볶음밥 혹은 김치찌개를 만들어 먹었다.
   1980년대가 되면서 김장하는 집이 줄어들고, 외식이 본격화되자 김치찌개가 세상 밖으로 나왔다. 김치찌개는 어머니 손맛을 그리워하는 직장인들의 점심 단골 메뉴가 됐다.
   서울 마포구 공덕역 주변에는 '굴다리식당'이 두 개 있다. 어머니와 아들이 식당을 분리한 드문 경우다. 식당 이름에서 알 수 있듯이 원래는 용산선이 지나던 굴다리 밑에 있었다.
   두툼한 돼지 목살과 다리 살로 만든 제육볶음, 그리고 깊은 감칠맛이 나는 김치찌개로 유명하다. 조리법은 같지만 어머니 식당은 간이 조금 세다. 외식 산업 초창기 손님들이 강한 간을 좋아했기 때문이다. 2000년 대 분가한 아들의 식당은 1990년대 들어서 짜고 자극적인 음식을 피하는 사람들의 요구가 반영된 순한 맛을 낸다.

매운 김치찌개를 다스리기 위해 만든 달걀말이도 제법이다. 1970년대 돼지고기가 본격적으로 대중화하면서 신 김치 맛과 찰떡궁합인 비계가 붙은 돼지고기를 넣은 김치찌개가 인기를 끌기 시작했다. 돼지고기 지방이 국물 맛을 진하고 풍부하게 하고 김치의 신맛이 식욕을 돋웠다. 탄수화물 덩어리인 밥은 지방과 짠맛이 도는 음식이 어우러져야 제맛을 낸다. 김치찌개가 사랑받을 수밖에 없는 이유다.

옛날 광화문 모습이 남아 있는 좁은 골목에 시간이 멈춘 듯 서 있는 작은 '광화문집'의 김치찌개는 주변 직장인은 물론 명성을 들은 젊은 미식가들도 자주 찾는 집이다. 젓갈을 넣지 않은 김치찌개용 김치를 사용해 개운하다. 신 김치가 기본으로 들어가지만 덜 삭은 경우 식초를 넣기도 한다. 냉장 돼지목살은 고소하고 식감도 좋다. 이 집도 역시 달걀말이를 낸다.

중앙일보사 건물 건너편 서소문 '장호왕곱창'도 서울 김치찌개 집에서 빠지면 서운한 집이다. 언제 봐도 친근한 양은냄비에 붉지만 맑고 순한 맛이 나는 김치찌개를 낸다. 편안한 맛 때문에 단골이 많다. 식당 이름에서 알 수 있듯, 곱창을 팔면서 김치찌개를 내놓았는데 이제는 곱창보다 김치찌개를 찾는 사람이 더 많아졌다.

서대문역 주변 '한옥집'은 묵은 김치를 사용한, 신맛이 강한 김치찌개

공덕역 굴다리식당 김치찌개

광화문집 김치찌개

로 유명하다. 이곳은 김치찌개 원형에 가까운 맛을 낸다. 김치찌개 집은 가게마다 특색 있는 음식들이 별도로 있는데 이 집에서는 아예 김치를 전면에 내세운 김치찜이 유명하다. 통김치와 돼지고기가 같이 나와 술안주로 제격이다.

중구 주교동 방산시장 골목에 자리 잡은 '은주정'은 삼겹살 전문점이다. 점심시간엔 김치찌개만 팔고 저녁에는 삼겹살을 시키면 김치찌개를 공짜로 준다. 이 집도 '장호왕곱창'처럼 삼겹살보다 김치찌개가 더 유명해졌다. 쫄깃한 식감이 일품인 돼지고기의 양이 많은 것도 이 집 인기 비결이다. 주변 상가와 시장 상인들 입맛을 넘어 서울에서 맛을 좀 챙긴다는 사람들 발길이 이어진다. 삼겹살 전문점답게 김치찌개만 시켜도 나오는 청경채나 깻잎에 고기와 김치를 쌈 싸먹는 것도 별난 체험이다.

신맛은 식욕을 부른다. 지방, 단백질, 탄수화물을 한 번에 먹을 수 있는 김치찌개는 영양학적으로도 완벽한 음식이지만, 가장 한국적인 밥과 결합된 영혼의 음식이다.

김치찌개는 찬바람이 불기 시작하는 지금부터 초봄까지가 제철이다

25

그곳에 가면 맛과 추억이 언제든 반긴다

서울 남대문

영원할 것 같은 식당들이 사라지거나 맛을 잃을 때마다 옛것이 소중해진다. 이탤리언, 일식, 퓨전식당에 새로운 외식 메뉴까지 거리를 점령하면서 전통 방식의 식당들이 변해간다. 다행히 수십 년 들락거린 서울 남대문통의 오래된 식당들은 아직까지 거의 변하지 않았다.

세월이 내려앉은 탁자, 두 사람이 겨우 비켜설 수 있는 좁은 통로, 2층에 자리 잡은 소박한 식당마다 추억이 가득하다. 소꼬리로 만든 꼬리찜과 골반 부위 뼈로 만든 방치찜으로 유명한 '은호식당'과 꼬리찜으로 명성을 떨치는 '진주집'은 남대문식 술집의 전형이다. 뼈에 겨우 붙은 얄팍한 살코기에 달달한 간장양념을 했지만 입에 쩍쩍 붙는다. 음식을 먹다 보면 술병이 금세 늘어난다.

'진주집'은 심야식당을 기웃거리는 술꾼에게는 영원한 마지막 차수

집이다. 24시간 운영하는 이 집에서는 솥에 불이 꺼진 적이 없다. 꼬리찜을 안주 삼아 술을 마시고 해장국으로 속을 달래며 출근하는 주당도 가끔 있다. 주머니에 먼지가 풀풀 날릴 때면 주변에 많이 있는 닭집을 기웃거린다.

1962년 개업해 강원집으로 더 알려진 '진미집'의 닭곰탕은 육고기는 뭐든 고아 먹는 한국인의 탕 문화를 유감없이 보여준다. 투박한 양은그릇에 담은 진하고 개운한 이율배반적인 닭육수와 살코기는 밥이든 술이든 궁합이 척척 맞는다. 닭고기로 배를 채우고 싶다면 통닭을 시키면 된다. 이 집 통닭은 닭을 통째로 삶은 백숙이다. 커다란 통닭은 달보드레하다. 좀 더 진한 맛을 원한다면 언덕 밑자락 족발 골목으로 가면 된다. 둥그런 살코기에 콜라겐이 풍성한 앞다리는 대(大)로 팔고, 살코기가 많은 뒷다리는 중(中)이나 소(小)로 판다. 시장 상인 입맛에 맞추려면 맛은 기본이고 푸짐한 양에 가격도 저렴해야 한다. 이 기준만으로 평가한다면 '한순자 할머니 칼국수'를 비롯한 칼국숫집들이 '갑(甲) 중 갑'이다. 칼국수를 시키면 미니 냉면과 보리비빔밥이 딸려 나온다. 수제칼국수와 두 가지를 합쳐 5000원이다. 설명이 필요 없다.

남대문에서 명동으로 넘어가는 끝자락 허름한 골목에는 평안도식 순대 명가 '철산집'이 있다. 작은 소창에 하얀 두부와 검붉은 선지를 섞어 만든 '철산집' 순대는 고소하면서도 진득하고 부드럽다. 머리고기, 간, 허파 등 부속이 다 좋고 그 부속을 끓여 만든 순댓국도 맛있다. 고기를 싫어하거나 생선회를 좋아하는 사람은 '막내횟집'을 들락거린다. 갓 잡은 한국식 활어회가 아니라 숙성한 선어회로 유명하다. 생선회는 사후경

직후 단백질 분해에 의해 감칠맛이 증가할 때가 가장 맛있다. '막내횟집'에서 내놓는 선어 광어회의 두툼한 질감과 깊은 감칠맛에 한번 빠지면 쉽게 빠져나오기 힘들다. 여름에는 역시 시원한 음식이 제격이다.

남대문시장 상인을 상대로 1960년대 중반 평안도 출신 주인이 시작한 '부원면옥'은 실향민과 상인을 넘어섰다. 요즘엔 일반인은 물론 냉면 마니아, 외국인 관광객 등 시원한 면을 좋아하는 사람에게 필수 코스가 됐다. 평안도식 빈대떡과 달달하고 매콤함 닭무침은 냉면이 나오기 전 먹는 이 집의 전채요리 겸 술안주다. 돼지고기 육수는 독특하고 거칠지만 순수하고 오래된 음식의 원형을 지니고 있다.

남대문시장에는 다양한 우리 음식이 한자리에 모여 오랫동안 사랑받고 있다. 등잔 밑이 어둡다고, 우리는 이런 사실을 거의 잊고 지낸다.

은호식당 꼬리찜

진미집 통닭

26
땀 뻘뻘 흘리며 삼계탕 한 그릇 여름 무더위 거뜬
서울 삼계탕

여름이 성큼 다가왔다. 이른 더위로 여름 음식을 찾는 사람이 많아졌다. 냉면과 물회, 막국수가 '이냉치열(以冷治熱)'의 대명사라면 삼계탕과 보신탕은 '이열치열(以熱治熱)'의 간판이다.

한국인에게 닭은 여름 음식이었다. 닭찜, 연계(영계)찜, 닭죽, 닭백숙, 초계탕 같은 닭 요리는 대개 여름에 먹는다.

1773년 '승정원일기'에는 '연계탕(軟鷄湯)'이 기록되어 있다. 이 당시 등장하는 '계탕'들은 건더기 중심이 아니라 국물 중심이었다. 닭을 달여서 그 국물을 약으로 먹었다. 닭과 삼을 함께 먹는 '삼계(蔘鷄)'는 개화파 김윤식의 일기 '속음청사(續陰晴史)'에 인삼과 닭을 넣고 푹 고은 '삼계고(蔘鷄膏)'란 이름으로 등장한다. '고아 낸(膏)' 국물을 마시는 약이다.

'삼계탕'이라는 단어가 처음 등장하는 것은 1910년 일본인이 작성한

'중추원조사자료'다. 이 자료에 '여름 3개월간 매일 삼계탕을 약으로 먹는다'는 구절이 나온다. 보약이 아닌 요리로서 지금의 삼계탕과 가장 유사한 기록은 1917년 '조선요리제법'이란 조리서에 '닭국'이란 이름으로 등장한다. '닭을 잡아 내장을 빼고 발과 날개 끝, 대가리를 잘라버리고 배 속에 찹쌀 세 숟가락과 인삼가루 한 숟가락을 넣고 쏟아지지 않게 잡아맨 후에 물을 열 보시기쯤 붓고 끓인다'고 적고 있다. 1924년 발간한 '조선무쌍신식요리제법'에서는 같은 조리법의 요리가 한자로 '계탕(鷄湯)'이란 이름으로 소개되고 있다.

1920년대 광고에도 계삼탕이 나온다. 일제 강점기 이후 인삼은 최고 건강식품이었다. 인삼을 활용한 약이 쏟아지면서 인삼은 부자 음식에서 중상층 식재료와 약재로 확대된다. 50년대에는 인삼가루를 넣은 닭국물이 등장하면서 식당주인들이 '계삼탕'이란 이름을 붙이고 영업을 시작한다. 하지만 삼계탕이 대중음식으로 본격화한 것은 60년대 양계산업이 시작되고 육류 소비가 늘어난 70년대 중반 이후다.

'중앙일보' 건너편 '고려삼계탕'은 현존하는 가장 오래된(1960년대 초) 삼계탕 전문점이지만, 최근 들어 한국인보다 중국인이 더 많이 찾는다. 중국인 관광객은 '토속촌삼계탕'에도 넘쳐난다. 50일간 키운 '와룡'이라는 닭과 한약재 등 30여 가지 재료를 섞어 끓여낸 걸쭉한 국물과 부드러운 살코기는 중국인에 앞서 한국인이 더 사랑하는 음식이다. 이 집 삼계탕이 유명해진 데는 고(故) 노무현 대통령의 열렬한 사랑도 있었다. 신길동 '호수삼계탕'은 탕이라기보다 삼계죽 같은 삼계탕을 낸다. 들깨가 가득한 죽에 작은 닭이 들어 있다. 닭은 살도 별로 없고 푹 삶아 들깨죽

호수삼계탕   고려삼계탕

속에서 산화한다. 이 이상한 삼계탕을 먹으려고 줄을 선다. 식당은 네댓 개 빌딩에 분산되어 있다. '호수삼계탕'이 홀로 삼계탕 거리를 이루는 진기한 곳이다.

'호수삼계탕'과 가까운 7호선 신풍역에서 지하철로 30분 거리인 강남구청역 주변에는 '논현삼계탕'이 있다. 이곳은 '호수삼계탕' 대척점에 선 국물 중심의 삼계탕을 낸다. 맑고 진한 국물을 먹다 보면 한국인의 탕 사랑과 높은 수준을 가늠할 수 있다.

남영동 용산경찰서 근처 '강원정 삼계탕'은 들깨를 갈아 넣은 진한 국물과 해바라기씨에서 나오는 견과류 특유의 고소함이 곁들여진 독특한 삼계탕을 판다. 한옥집을 개조한 식당은 손님이 넘쳐나도 음식 맛을 위해 확장하지 않는다. 점심과 저녁 시간에 정해진 양만 팔아 음식에 대한 자기 통제가 엄격하다. 보양식에서 출발했지만 미식 차원에 도달한 삼계탕 한 그릇에 한식(韓食)의 정수가 고스란히 담겼다.

27
쳇바퀴 같은 일상에 허기가 지면 그곳에 간다
광장시장

서울 종로구 광장시장은 필자에게 일상의 한 부분이다. 성북구 안암동에서 40년 넘게 살면서 출퇴근 때마다 광장시장 앞을 지난다. 한 달에 한두 번은 주변을 배회하며 술을 마신다. 광교와 장교의 이름 한 자씩을 따 1905년 한성부에 등록한 국내 최초 상설시장인 광장시장은 복잡하고 다양한 먹을거리도 가득하다. 비싼 음식은 없지만 맛있는 음식이 가게를 나와 좌판에 널렸다. 누가 이 광장시장 음식을 외면하고 지나칠 수 있을 것인가.

종로5가 버스정류장에서 광장시장 안으로 들어서 조금 걷다 보면 빈대떡의 고소한 냄새가 길 가는 사람을 잡는다. 시장 양옆으로 들어선 빈대떡 가게와 통로 가운데 노상 식당에서는 사람들이 막걸리와 함께 기름기 가득한 고소한 빈대떡을 먹고 마신다.

어디에도 강자는 있는 법. '순희네 집'이 가장 붐빈다. 빈대떡이나 전은 즉석에서 만든 것이 가장 맛있다. 만들어놓은 것을 다시 지지면 눅눅해진다. 겉은 바삭하고 속은 촉촉한 서양 빵에 적용되는 맛의 기준은 빈대떡에도 유용하다. 고소한 녹두와 부침용 김치, 식용유로만 구성된 단출함과 정직함이 사람을 불러 모은다. 빈대떡 골목 끝에 광장시장 중심인 오거리가 있다. 사방으로 뻗은 길을 따라 순대, 비빔밥, 대구탕, 김밥, 고추장목살집이 겹겹이 모여 있다.

그중 시각적으로 가장 인상적인 것은 광장시장표 대창순대다. 어른 팔뚝만한 순대가 쌓여 있는 모습은 초현실주의 미술의 오브제처럼 비현실적이다. 찹쌀과 당면, 선지의 조합은 1960년대 분식 시대가 낳은 사생아다.

순댓집 사이에 일명 '마약김밥' 집이 있다. 작은 가게지만 광장시장에서 가장 유명하다. 본점은 광장시장 남3문 근처에 있다. 보통 김밥보다 작아서 꼬마김밥이라 부르는 마약김밥은 한 번 맛보면 먹는 것을 멈추기 힘들다 해서 붙은 이름이다. 작고 단단한 김 속에는 밥과 당근, 단무지, 그리고 약간의 시금치가 전부다. 밥에 제대로 간이 돼 있고 작아서 먹기도 편하다. 스시는 위에 얹은 부재료가 주가 아니고 '샤리'라 부르는 밥이 먼저다. 일본의 김밥말이 초밥과 마약김밥은 닮았다. 초로 간을 해 신맛이 나고 설탕을 더해 단맛도 난다. 밥이 맛있는 김밥이 맛없을 이유가 없다.

광장시장 중앙 오거리에서 종로6가 방면으로 가는 길에는 고추장목살을 파는 식당이 몇 군데 있다. 그중 '오라이 등심'은 인기가 많다. 목살

▲ 대창순대　◀ 마약김밥　▶ 빈대떡

을 냉동 숙성시킨 후 동그랗게 잘라서 '동그랑땡'이라 부른다. 목살에 고추장으로 기본 간을 해 구워먹는다. 저렴하지만 참숯에 구워낸다. 40년 넘은 가게다.

　동그랑땡 골목 반대편에는 대구탕 골목이 있다. '은성횟집' 앞에는 2인분 단위로 대구탕 재료를 담아 놓은 쟁반이 산처럼 수북하다. 그 앞으로 늘어선 사람의 줄은 일상이 됐다. 두툼한 두부 위로 대구 살과 수놈의 상징인 이리가 수북하다. 그 위로 깊은 국물 맛을 내는 마른 새우들이 얹어 있다. 콩나물과 미나리는 단맛과 감칠맛을 더한다. 여기에 얼큰한 고춧가루가 더해져 한국 사람이 좋아하는 대구탕이 만들어진다.

중앙 오거리에서 청계천 방면으로 가는 통로에는 '채소나물보리비빔밥'을 파는 집이 늘어서 있다. 주문하면 그릇에 담아 놓은 채소와 나물 위에 보리밥을 올리고 매콤한 고추장과 고소한 된장을 섞어 얹어준다. 자연 웰빙 건강식을 저렴한 가격에 먹을 수 있어 인기가 많다. 비빔밥은 설렁탕과 더불어 가장 오래된 외식 메뉴다.

광장시장은 서민이 먹어온 소박한 외식 밥상을 한 번에 만날 수 있는 보물 같은 곳이다.

28

진한 고깃국물 하얀 쌀밥 끼니 아닌 약
서울 곰탕

하얀 쌀밥에 뽀얀 사골국물은 한국인이 오랫동안 꿈꿔온 최고 밥상이었다. 소뼈를 뭉근하게 오래 끓이면 뼛속 젤라틴이 물속으로 서서히 빠진다. 고소하고 구수한 맛과 하얀색을 숭상한 백의민족에게 곰국은 영원한 베스트셀러였다.

곰국이나 곰탕은 음식을 넘어 약에 가까웠다. 우리 어머니들은 큰일을 앞둔 자식이나 남편에게 사골곰탕을 끓여 먹었다. 하룻밤을 꼬박 세워 제대로 우린 사골국물은 엄마 손맛의 결정체였다.

최근 사골과 우족, 꼬리 가격이 2005년에 비해 50%에서 83%까지 하락했다. 식생활의 서구화로 한국인 밥상의 중심에 있던 탕 요리가 급속히 줄어들고 있기 때문이다. 곰탕이나 곰국이 같은 뜻이라는 데는 이견이 없지만 곰국이란 말은 집 안에서 많이 사용했다. 곰탕이란 단어는

하동관 곰탕　　　　　　　　　　애성회관 곰탕

1940년대 등장한다. 그전에 곰탕은 곰팡이란 뜻으로 사용됐다. 곰탕을 공탕에서 시작된 것으로 보는 견해도 있다. 1768년 이억성이 엮어 간행한 몽골어 학습서 '몽어유해(蒙語類解)'에는 '공탕(空湯)'이 나온다. 공탕을 '고기 삶은 물'이라는 해석과 함께 몽골어로 '슈루'라고 적고 있다. 1788년 나온 외국어 학습서 '방언집석(方言集釋)'에는 공탕을 '고기믈'(고기물)이라고 표기하고 있다. 한나라에서는 '콩탕', 청나라에서는 '실러', 몽골에서는 '슐루'라고 부른다고 적고 있다. 곰탕을 공탕으로 보는 설이 가장 강력하지만 곰탕에 대한 기록들을 살펴보면 곰탕은 '고(膏)'나 '고음(膏飮)'에서 탄생했다고 보는 것이 더 설득력이 있다. 고는 고기기름이 물에 섞여 나온다는 뜻이다.

곰탕이란 단어를 쓴다고 다 같은 음식을 내는 것은 아니다. 국물을 사골로 낸 사골곰탕, 꼬리로 만든 꼬리곰탕, 도가니로 맛을 낸 도가니곰탕 등 부위에 따라 음식 성격과 내용이 달라진다. 내장과 살코기로 국물을 내는 집도 있다. 1939년 서울 중구 수하동에서 창업한 '하동관'이 대표적이다. 암소고기와 내장이 중심이 된 '하동관'의 국물은 진하면서도 이물질이 없다. 진한 고깃국물의 진수가 이곳 곰탕 한 그릇에 고스란히 담겼다. 진한 국물을 먹다 느끼한 맛이 감지되면 '깍국'(깍두기 국물의 약자)을 시켜 먹는다. 깍국을 주문하면 노란 주전자를 들고 종업원이 나타난다. 붉은 깍두기 국물이 순식간에 고깃국물을 붉게 물들인다. 진한 고기 맛에 상큼한 신맛과 단맛이 곰탕을 전혀 새로운 국면으로 이끈다. 진한 고깃국물이 한순간 상쾌해진다.

중구 북창동 한국은행 뒷길에는 최근 '애성회관'이라는 곰탕의 신흥 명가가 등장해 인기를 끌고 있다. '하동관'처럼 놋쇠그릇에 하얀 밥과 국수가 양지머리, 갈빗살 한 점과 함께 그릇을 3분하고 있다. 엷은 갈색이 도는 국물이 그릇과 잘 어울린다. 기름을 최대한 빼낸 맑은 고깃국물에 간장으로 간을 한 독특한 곰탕이다. 기름기가 거의 느껴지지 않는 경쾌한 고깃국물에 간장의 은근한 단맛이 제법 궁합이 잘 맞는다. 식은 밥에 국물을 말아내 국과 밥이 먹기 좋은 적당한 온기를 품고 있다. '하동관' 곰탕이 거물 정치인 같은 품격과 진한 맛을 낸다면 '애성회관' 곰탕은 날렵한 몸매를 갖춘 정치 신인처럼 신선하고 거침없다. 갈빗살과 양지머리의 맛이 진하고 깊다.

29

대를 이어온 변함없는 손맛 발길이 저절로
서울 돈암동

    필자가 가장 많이 들락거린 음식 거리는 서울 성북구 돈암동에 있다. 서울의 오랜 주택가에 자리 잡은 덕분인지 서민적인 먹거리를 파는 식당들이 맛집으로 살아남아 있다.
    겨울 끝자락이 보이지만 돈암성당 바로 옆 '구룡포 전어횟집'에는 과메기를 먹으려는 사람들이 끊이질 않는다. 가을엔 전어, 겨울엔 과메기, 봄이면 문어 같은 제철 재료를 기본으로 한 음식이 모두 맛있다. 주인이 재료 고르는 안목이 있고, 그것을 다듬는 솜씨도 만만찮다. 밑반찬도 집에서 먹는 것처럼 믿음직하다. 가을철 전어를 발라내는 주인 실력이 웬만한 일식집 저리 가라다.
    '구룡포 전어횟집'에서 성신여대입구역 쪽으로 걸어가면 돈암시장이 나온다. 돈암시장으로 가는 큰길가에 '오백집 모자족발'이 있다. 아들이

오백집 모자족발　　　　　　　　　　태조감자국

대를 이으면서 '삼백집'에서 '오백집 모자족발'로 이름을 바꿨다. 필자는 1980년대부터 이 집을 드나들었다. 국산 생족으로 만든 쫄깃한 껍질에 고소한 살코기는 좋은 재료로 정직하게 만든 음식에서만 느낄 수 있는 기쁨이다. 싱싱한 부추와 겉절이, 쪽파를 푸짐하게 주는 것도 즐겁다. 성북구 전체에 배달을 하는 등 가게 규모는 커졌지만 30년이 넘도록 이 집 족발 맛은 변함없다.

　돈암시장은 1952년 들어섰다. 시장 안에는 감잣국집이 몇 군데 있는데, 그중 '태조감자국'을 빼놓을 수 없다. 현재까지 확인된, 서울에서 가장 오래된 감자탕 전문점이다. 오래된 감자탕집들은 대개 '감자국'이란 단어를 사용한다.

돈암동 제일시장 터줏대감인 이 가게의 창업연도는 1958년으로 알려졌다. '좋다'(1만1000원), '최고다'(1만4000원), '무진장'(1만9000원), '혹시나'(2만4000원) 같은 익살맞은 감잣국 메뉴는 이 집에서만 즐길 수 있는 또 다른 재미다. 담백한 국물에 양도 푸짐해 술꾼에게는 술안주로, 가족 단위 손님에게는 푸짐한 한 끼 식사로 인기다. 감잣국(탕)용 돼지고기는 먹을 게 없던 시절을 생각게 한다. 과거엔 돼지고기를 정육할 때 뼈에 붙은 고기를 최대한 발라냈다. 더는 발라낼 수 없는 살만 남아 가난한 사람들 식탁에 올랐다. 지금은 다르다. 감자탕이 인기를 끌면서 감자탕용 뼈에 일부러 살코기를 많이 붙여놓기도 한다.

돈암시장 건너편에는 1978년 문을 연 '온달치킨'이 있다. 커다란 왕돈가스와 전기구이 통닭으로 유명하다. 60년대 생겨난 전기구이 통닭이 고급 음식에서 서민 음식으로 바뀔 무렵 탄생한 집이다. 필자가 아는 한 이 집 전기구이 통닭은 서울에서 가장 저렴하다. 싼 가격과 푸짐한 양은 근처 맛집들과 일관된 공통점이다. 초창기부터 이 집은 생맥주를 팔았다. 이 동네를 오랫동안 어슬렁거린 토박이는 위의 세 집에서 1차를 먹고 '온달치킨'에서 2차를 하는 경우가 많다. 계절마다 조금씩 변하지만 고구마나 무 같은 채소를 무료로 계속 주는 것도 이 집의 인기 비결 중 하나다.

성신여대 입구의 패션 트렌드와 가게들 성격은 빠르게 변해왔지만 유명 맛집들의 음식맛은 여전하다. 대부분 2세가 물려받아 분위기와 음식 철학을 이어가는 까닭이다.

30
닥치고 맛있게 치킨전쟁 입은 즐거워!
서울 통닭과 프라이드치킨

한국인은 닭을 통째로 먹는 걸 좋아했다. 1890년 발간한 언더우드 '한영자뎐'에도 '통닭'이란 단어가 등재돼 있다. 외국인이 좋아하는 한국 음식 삼계탕도 통으로 만든 닭 요리다.

1961년 서울 명동에 문을 연 '명동영양센타'의 전기구이 통닭은 해외 닭구이 요리에서 아이디어를 얻어 만든 음식이다. 전기를 이용해 닭을 통째로 익히는 모습은 등장하자마자 큰 인기를 얻었다. 연말연시에 이곳에서 통닭을 먹는 것은 중산층 이상의 특권이었다.

1970년대엔 학생들 사이에서 전기구이 통닭이 소풍 갈 때 최고 인기 메뉴였다. 71년 해표식용유가 나오면서 시장에 가마솥 통닭이 등장한다. 가마솥에 식용유를 넣고 통닭을 튀겨 내놓던 문화는 70년대 중반부터 본격화한 생맥주 문화와 만나 치킨과 맥주의 찰떡궁합 시대를 연다.

▲ 명동영양센타　◀ 안암동 삼성통닭　▶ 부암동 계열사

　1980년 오비맥주가 연 생맥주 전문점 'OB베어'는 말 그대로 선풍적 인기를 끌어 젊은이와 직장인의 저녁 문화 공간이 된다. 서울 을지로 3가 '만선호프' 주변 맥줏집들은 지금도 여전히 'OB베어' 마크를 달고 당시 분위기로 영업하고 있다. 여기서도 여전히 닭을 통째로 튀겼다.
　닭이 조각나기 시작한 것은 미국 '프라이드치킨'이 본격적으로 도입되면서부터다. 프라이드치킨은 미국 남부 흑인 노예들이 먹던 '영혼의 음식'이었다. 1939년 KFC가 등장하면서 프라이드치킨은 남부 백인은 물론 전 미국인이 먹는 대중식이 된다. 흑인들이 즐겨 먹던 프라이드치킨은 백인들이 살이 없다는 이유로 버린 닭 날개였다.

프라이드치킨은 1970년대 미국을 넘어 일본에도 진출한다. 한국에는 84년 서울 종로에 정식 KFC 매장을 열고 영업을 시작했다. 80년대 초 한국에는 가짜 켄터키 프라이드치킨이 엄청난 위세를 떨치며 프라이드치킨 전성시대를 열었다. 닭을 조각 단위로 파는 것은 파는 사람이나 사는 사람 모두에게 매력적이었다. 500원이면 프라이드치킨 한 조각을 먹을 수 있었다. 동네 상권을 완전히 장악한 프라이드치킨은 1988년 이후 새 국면을 맞는다. KFC의 지속적인 출점으로 매장이 확대되면서 당시까지 거의 제재를 받지 않던 동네의 가짜 '켄터키 프라이드치킨'들은 상표권 침해로, 혹은 KFC에서 만든 원조 켄터키 프라이드치킨과의 맛 전쟁에서 패해 급속도로 사라진다.

1990년대 들어서면서 양념치킨이 KFC 프라이드치킨과 일전을 불사한다. '양념 반, 프라이드 반' 신화는 이때 생겨났다. 거대한 양념치킨 시대를 지나 2000년부터 KFC 프라이드치킨과 정면 승부를 겨룰 만한 BBQ 같은 강자가 나타나고, 간장으로 양념한 새로운 치킨도 등장한다.

치킨전쟁은 아직 끝나지 않았다. 프라이드치킨이 여전히 대세를 장악하고 있지만 양념과 간장 같은 방식에 장작구이, 직화구이, 마늘 치킨 같은 다양한 닭 요리가 끊임없이 나타나 대중에게 시험받고 있다.

통닭으로 유명한 '명동영양센타'는 여전히 건재하지만 전기구이 통닭을 제대로 하는 곳은 서울 안암동 로터리 '삼성통닭', 돈암동 '온달왕돈까스', 신촌 '신촌영양센터' 등 몇 곳만 남았다. 최근에는 튀김감자(웨지감자)와 치킨을 같이 주는 집이 유행이다. 서울 청담동 '치맥', 부암동 '계열사', 홍대 '레게치킨'과 '치킨인더키친'의 맛은 남다르다.

31
한국인 정체성 담은 요리 신세계
서울 청담동 스타 셰프 레스토랑

 음식 문화가 세분화되고 정교해지고 있다. 한식 세계화가 계속해서 화두가 되고 있지만 이런 거대담론이 무슨 의미가 있을까 하는 생각도 든다.
 요즘 요리계에서 각광받는 젊은 셰프들을 보면 거대담론이 담긴 요리를 하기보다 자신이 먹어왔던 음식을 재해석하고 발전시켜 새로운 음식을 만드는 데 몰두한다. 또한 그것으로 해당 분야를 리드하는 스타 셰프가 되겠다는 게 그들의 꿈이기도 하다.
 한국인이라면 어린 시절부터 먹어온 각종 장류나 김치 같은 전통 음식에서 떡볶이, 순대 같은 간식까지 몸에 유전자처럼 각인돼 있을 터. 이런 유전자는 누가 시키지 않아도 자기 음식에 자연스럽게 녹아들 수밖에 없다.

예나 지금이나 미식의 최전선인 서울 강남구 청담동. 최근 이곳에 미국에서 '스타' 반열에 오른 셰프 2명이 한국인의 정체성이 녹아든 레스토랑을 열었다.

'아키라 백'으로 더 유명한 백승욱 셰프는 미국 '마츠히사'의 최연소이자 최초 비일본계 주방장으로 명성을 쌓기 시작해 라스베이거스 벨라지오호텔 '옐로테일 바이 셰프 아키라 백' 같은 미국 최정상 레스토랑을 운영하며 이름을 날리고 있다.

한국인으로 태어나 미국에서 일식으로 성공한 그의 요리는 말 그대로 국제적이고 세계화돼 있다. 그가 올해 전 세계로 진출하면서 청담동에 'DOSA(도사) by 백승욱'이란 이름을 걸고 레스토랑을 열었다. '도사'의 요리엔 한국인 백 셰프의 정체성이 깊게 묻어난다. 한국식 통닭을 프라이드치킨으로 재해석한 마늘통닭에 한국 어머니도 좋아할 버섯피자, 한국형 달걀반숙인 수란에 이르기까지 한식과 서양식을 새롭게 변형한 요리가 나온다. 그럼에도 요리가 억지스럽지 않고 편하다.

초코파이를 응용한 마카롱이나 양은도시락을 응용한 나무접시에 이르면 음식에 대한 깊은 이해를 바탕으로 그가 '한바탕 논다'는 생각이 든다. 그의 요리엔 정교한 실력을 가진 젊은 셰프에게선 찾아보기 힘든 유머감각까지 더해져 있다. 먹는 내내 즐거움을 선사한다.

"도사'에서 멀지 않은 곳에 송훈 셰프의 'S·Tavern(에스테번)'도 최근 문을 열었다. '마스터셰프코리아' 시즌4 심사위원으로 등장하면서 국내에 이름을 알린 송 셰프는 미국 '그래머시 태번'과 '마이알리노', 미슐랭 스리스타인 뉴욕 '일레븐 메디슨파크' 같은 미식계 최정상급 식

▲ 도사의 쇠고기　◀ 도사의 피자　▶ 에스테번 양고기 구이

당에서 10년간 근무한 경력의 소유자다. 프렌치 요리를 기본으로 이탤리언 요리와 스패니시 요리를 두루 섭렵했지만 그가 하는 요리의 근간은 미국식 구이요리다.

　요즘 미식의 수도 프랑스 파리에 가면 파리 고유의 음식이 없어졌다는 이야기를 자주 듣는다. 전 세계적으로 프렌치 요리가 재해석돼 새롭게 탄생하고 있기 때문이다. 특히 생선요리에 능한 일본인에 의해 프렌치 요리의 폭이 넓어지고 있다. 일식도 아니고, 프렌치도 아닌 요리들이 탄생하고 있는 것. 이를 두고 '일식의 세계화'라고 하는 사람은 없다. 새로운 경향의 탄생이라 할 만한 음식이 매일 태어나고 있는 것이다.

돼지삼겹살에 돼지갈비, 쇠고기까지 구운 고기를 특히 좋아하는 한국인 입맛에 '에스테번'의 참나무 구이요리는 잘 맞는다. 고기 표면을 높은 온도로 짧은 시간 내 구우면 마이야르 반응에 의해 소위 '불맛'이 난다. 참나무처럼 향이 강한 나무를 사용하면 불맛에 참나무향까지 더해져 풍미가 강해진다.

이 집의 램(어린 양고기)구이는 램 고유의 향과 불맛, 참나무향이 조화를 이룬다. 육즙 가득한 속살과 향도 잘 맞는다. 부드럽게 간이 밴 치킨도 수준급이다. 먹어보진 못했지만 숙성 통오리구이나 프렌 타이 랍스터, 포크 토마호크 같은 구이요리도 기대가 된다.

32

얼큰한 국물과 푸짐함에 추억이 솔솔~
서울의 감자탕

점심 외식으로 감자탕만한 게 없다. 푸짐한 살코기, 얼큰한 국물, 보드라운 채소, 따뜻한 밥이 어우러진 이 환상적 음식을 싫어할 한국인이 얼마나 될까. 서민의 대표 외식으로 자리 잡은 감자탕은 그리 오래된 음식이 아니다.

정확하진 않지만 감자탕이 대중화된 시점은 1960년대 일본으로 돼지고기 정육 수출이 본격화된 이후로 추정된다. 일본으로 정육을 수출하고 남은 내장과 피는 당면순대로, 돼지발은 족발로, 돼지등뼈는 감자탕 주재료로 서민에게 사랑받았다.

'감자탕'이란 말도 70년대 초반 등장한다. 하지만 감자탕과 거의 같은 음식이 그전에 없었던 것은 아니다. 뼈다귓국은 감자탕의 조상으로 생각할 수 있는 음식이다. 예전에는 지금처럼 감자탕에 들어가는 돼지등뼈에 살이 많지 않았다. 그래서 감자탕은 등뼈 속에 든 골수를 빨아먹는 음식이었다. 감자탕은 뼈다귓국, 뼈해장국, 감잣국 등으로 다양하게 불렸다. 초창기 감자탕이나 감잣국은 밥반찬이 아닌 술안주로 주로 먹었다.

현존하는 가장 오래된 감자탕집인 서울 돈암동의 '태조감자국'은 1958년 문을 연 이래 줄곧 돈암제일시장에서 영업을 하고 있다. 저렴한 돼지등뼈, 푸짐하고 싼 감자는 환상의 복식조처럼 가난한 이의 한끼를 구원했다. 1960년대 당시 서울 중심가에서 비켜나 있던 영등포와 천호동, 돈암동 지역에서 감자탕 문화가 꽃을 피운 것도 그 때문이다. 감자탕은 당시 배고픈 서민의 그럭저럭 괜찮은 외식 밥상이자 술안주였다.

1980년대 들어 감자탕이 전성기를 맞이한 상황은 아이러니하다. 80년대 중반부터 서울의 외식문화가 다양해지면서 서울 감자탕 문화는 급격히 하락한 반면, 경기 고양시 원당 지역과 부천시 인근을 중심으로 새로운 감자탕 문화가 꽃을 피우게 된다. 이후 감자탕 외식업계는 개별 명가와 프랜차이즈 감자탕 집

송가네 감자탕

태조감자국 감자탕

으로 양분된다.

서울 연남동 '송가네 감자탕'은 24시간 영업하는 감자탕집으로 유명하다. 국물 간이 적당하며, 고기는 퍽퍽하지 않고 부드럽다. 이 집이 유명해진 것은 택시기사와 화교들의 힘이 컸다. 저렴하고, 맛있고, 언제나, 빨리 먹을 수 있는 장점 덕에 택시기사들이 몰려들었고, 주변 중식당에서 일하는 화교 요리사들이 퇴근 후 술 한잔 할 수 있는 '송가네 감자탕'을 자주 찾았다.

'목란'의 이연복, '진진'의 왕육성 같은 중식계 별들도 단골이었다. 이 집 감자탕은 신촌 술꾼들의 속을 든든하게 채워주는 술국이자 해장국이었다.

서울 종로6가 '방아다리감자국'도 서울 감자탕 명가로 빼놓을 수 없는 곳이다. 허영만의 만화 '식객'에 등장한 이후 오전 11시부터 손님이 줄을 서고 오후 4시쯤이면 감잣국을 먹을 수 없을 정도지만, 여전히 맛은 변함없고 주인은 친절하다. 감잣국을 시키면 돼지등뼈와 함께 초창기 감자탕에 빠지지 않고 들어가던 우거지가 푸짐하게 나온다. 보들보들하고 부드러운 우거지에 국물이 잘 배어 있다. 주변 시장 상인들을 위한 소박한 밥집으로 시작해 명가 반열에 올랐다.

감자탕은 1960년대 서울의 화석과도 같은 음식이다. 가난한 이의 속을 위로해주던 푸짐하고 부드러운 음식은 추억이 가진 힘을 그대로 보여준다.

33

환상적 술잔치 뒤 해장 천국
서울 무교동의 밤과 낮

서울 종로 일대가 재개발로 옛 모습을 거의 잃어버렸지만 명동이나 무교동에는 여전히 오랜 공간들이 남아 있다. 특히 무교동에는 유서 깊은 식당들이 보석처럼 촘촘하게 박혀 있다. 일제강점기부터 지금까지 무교동의 밤은 불야성을 이룬다. 오래된 식당들이 쉽게 변하지 않는 것도 무교동의 미덕이다.

1932년 개업했다는 '용금옥'은 추어탕으로 일세를 풍미한 식당이다. 저녁이면 모듬전이나 수육에 술 한잔 하고 추어탕으로 마무리하는 직장인들을 볼 수 있다. '충무집'은 봄이 되면 유독 손님이 북적인다.

충무는 통영의 일부분이 되면서 사라진 지명. 지금 '충무집'의 주인은 통영에서 식당으로 유명하던 집안 출신이다. 2000년 '충무집'을 시작해 통영식 혹은 경상도 남해안식 음식으로 명성을 얻었다. 재료에 대한 남

충무집 잡어회   충무집 충무김밥

다른 애정 때문에 지금도 통영 서호시장에서 매일같이 고속버스로 재료를 공수해온다. 생선들은 숙성시켜서 먹고, 톳이며 파래무침 같은 반찬들도 다 경상도 남해안식으로 낸다. 재료가 좋고 간이 맞아 직장인들의 회식 장소로 인기가 높다. 대개는 잡회를 모듬으로 먹는데 요즘에는 학꽁치, 개상어, 숭어 같은 다양한 생선이 나온다. 숙성 회 특유의 감칠맛이 일품이다. 봄이면 남해 섬 멸치로 만든 조림과 통영의 대표적 음식인 도다리쑥국을 먹으려는 사람들의 발길이 길게 이어진다. 진정한 통영의 봄을 느낄 수 있는 곳이다.

  작고 허름한 '산불등심'은 점심에는 된장찌개, 저녁이면 등심을 찾는 사람들로 붐빈다. '산불등심' 바로 옆에는 동치미 냉면으로 유명한 '남포면옥'이 있다. 저녁이면 어복쟁반에 소주잔을 곁들이고 냉면으로 마무리하는 선주후면(先酒後麵)족이 넓은 실내를 가득 메운다.

무교동을 이야기하면서 '부민옥'을 빼놓을 수 없다. '부민옥'은 1970년대 이전 한식 주점의 모습을 고스란히 엿볼 수 있는 집이다. 선짓국이나 육개장, 양곰탕 같은 탕반류와 양무침, 제육 같은 음식을 다양하게 판다. 부드러운 양무침은 한국인의 양 다루는 솜씨를 보여준다. 양을 구이로 먹은 사람들에게 양무침은 전혀 다른 음식이라고 느껴질 만큼 식감이 부드럽다. 선짓국이나 육개장 같은 해장용 음식들도 술안주로 인기가 높다. 해장국이 해장술을 먹을 때 곁들였던 안주에서 출발한 점을 감안하면 이런 모습은 낯설지 않다. 실제 무교동 주변에는 저녁 내 부대낀 속을 풀기에 좋은 식당들도 빼곡하게 자리 잡고 있다.

언제나 줄을 서야 하는 무교동 '북어집'의 인기는 아직도 정상에 있다. 깊고 품위 있는 북엇국은 다른 집과 비교가 불가능하다. 부드러운 황태를 이용하는 다른 북어 해장국집들과 달리 이 집은 오직 북어로만 국물과 건더기를 내는 게 인기 비결이다. 황태는 부드럽지만 깊은 맛이 덜한 반면, 북어는 진한 국물 맛을 낸다.

곰국에 국수를 말아주는 '곰국시집'의 인기도 그에 못지않다. 서울 탕반의 핵심인 양지로 우린 맑은 육수에 국수를 담고 파, 호박, 양송이버섯과 양지를 고명으로 올린 모양새가 깔끔하다. 해장국으로 이만한 음식이 없다. 북한 사람이 창업한 '리북손만두'도 빼놓을 수 없다. 커다란 평안도식 만두를 넣은 만둣국이 간판 메뉴이지만, 밥이나 국수를 밑에 깐 뒤

차가운 김칫국물을 넣고 얼음을 동동 띄운 이 집의 김치말이는 날이 더워지기 시작하면 찾는 이가 많아지는 음식이다.

평안도에서는 냉면처럼 겨울 음식이지만 서울에서는 여름에 인기가 더 많다. 찬 냉면으로 해장하는 사람에게 권할 만한 해장용 음식이다.

34
생참치 사시미에 와인식 사케 한 잔, 캬~
서울 강남의 신조류 일식당

일본식 외식은 풍부하고 정교하다. 섬세한 기술이 적용된 음식과 다양한 방식의 음식 먹기가 존재한다. 영업 방식도 독특한 경우가 많다. 유명한 맛집 가운데는 주인 혼자 북 치고 장구 치는 곳도 많다.

최근 서울 강남에서는 한국인 셰프가 운영하지만 일본식 정교함을 느낄 수 있는 일식당이 인기몰이 중이다. 신논현역 주변 '분노지'는 작은 이자카야다. 이곳은 문동택 오너 셰프가 혼자 주방을 책임지고 있다. 테이블 수는 적지만 음식과 사케 수준은 국내 최정상급이다. 홀로 만드니 셰프의 요리 수준이 투명하게 드러난다. 문 셰프는 일본 쓰지조리전문학원 출신으로 칼질이 정교하기로 유명하다. 그가 만든 음식은 사케나 일본 소주와 특히 잘 맞는다. 제철 생선은 그때그때 바뀐다. 최근 들어 한반도 근해에서 참치가 많이 잡히는 덕에 참치 사시미를 생으로 맛볼 수 있다. 채소와 돼지고기를 함께 넣고 찐 부타무사샤브나 커다란 바지락찜은 이 집 인기 메뉴다. 재료 맛이 그대로 살아 있는 일본 음식의 본모습을 지키고자 좋은 재료만 엄선해 쓰고 있다. 이곳에서는 요즘 일본에서 크게 유행하는 와인식 사케도 여러 종류를 맛볼 수 있다. 탄산을 살린 야마모토나 시노미네 같은 사케도 좋고, 일본 소주와 물을 7 대 3 비율로 섞어 하루 동안 숙성한 마에와리는 위스키 같은 부드러움과 향을 지니고 있다.

양재동 '슈토(酒盜)'도 최근 들어 인기를 얻고 있다. 셰프 혼자 하는 식당의 장점을 그대로 간직한 '슈토'는 정통 사케 바(bar)를 추구하지만 음식도 좋다. '슈토'는 다양한 종류의 사케를 잔으로 마실 수 있는 술집이다. 사케는 병 크기에 따라 맛이 달라지는데 1.8ℓ 들이 병이 제일 맛있다. 문제는 양이 많아서 한두 명이 다 마시기 힘들다는 것. 하지만 '슈토'는 모든 사케를 잔술로도 팔기 때문에 일식이 사케와 일심동체임을 새삼 확인할 수 있다.

논현역 주변에 둥지를 튼 양고기 전문점 '이치류'도 독특한 시스템과 고기로 새로운 음식 트렌드를 이끌고 있다. 일단 '이치류'는 테이블 없이 전부 바(bar)로만 꾸며져 있다. 예약도 받지 않고 일행이 다 오지 않으면 입장도 불가능하다. 이런 불편을 감수하고 나면 아늑하고 넓은 실내가 손님을 맞는다. 고기도 손님이 굽지 않는다. 고기 굽기는 고기의 질에 이어 맛을 좌우하는 두 번째 요소이기 때문이다. 직원이 투구를 닮은 철판에 양 기름을 칠하고 양고기를 구워주는데 냄새가 없고 맛도 일품이다.

50대 이상 한국인이 가진 양고기에 대한 거부감은 편견에서 비롯된 것인지도 모른다. 1980년대 초반 쇠고기가 귀해지자 정부는 값싼 양고

▲ 분노지 고등어회　◀ 분노지 오징어회　▶ 이치류 양고기

기를 대량 수입해 학교 급식 등에 사용했는데 냉동 상태에서 몇 년씩 지난 양고기는 유독 냄새가 심했다. 그때부터 양고기는 무조건 냄새가 심하다는 인식이 한국인 머릿속에 콕 박힌 것. 하지만 지금 양고기 전문점에서 파는 고기는 대부분 1년 미만 램(lamb)을 사용한다. 램은 냄새가 거의 나지 않는다. 원래 양고기는 밀도가 높고 육향의 풍미가 은근해 좋다. 고급 서양요리에 양고기가 메인 요리로 자주 등장하는 것도 그 때문이다. 양고기는 기름과 근육을 제거하는 방식에 따라서도 맛이 좌우된다. '이치류'는 독특한 시스템과 홋카이도식 칭기즈칸 양고기로 확실하게 자리 잡았다. 기존 일식당의 고정관념을 깬 신조류 일식당의 성공이 반갑다.

35

깊고 진한 국물맛에 속이 확~
서울의 동남아 쌀국수

슬금슬금 소리 소문 없이 동남아 음식들이 우리 곁에 다가왔다. 매콤 달콤한 태국 음식이 인기를 얻고 있고, 담백한 베트남 음식도 널리 사랑받고 있다.

1978년 1월 7일 '경향신문'에는 '남아도는 쌀 소비책의 하나로 최근 농촌진흥청은 쌀국수를 시험적으로 개발한다'는 기사가 실려 있다. 이후 쌀로 만드는 가공식품에 대한 관심이 크게 높아졌다. 하지만 찰기가 뛰어난 자포니카종 쌀로 만든 우리 쌀국수는 인디카종으로 만든 동남아 쌀국수와는 근본적으로 다른 음식이었다. 결국 쌀 가공식품은 90년대 초 반짝 인기를 끌다 이내 사라졌다.

국내에 베트남 쌀국수 전문점이 첫선을 보인 건 1995년 '라우제'라는 식당을 통해서였다. 99년에는 미국식 베트남 쌀국수 붐을 타고 '포호

아' 체인과 '리틀사이공' 같은 식당이 국내에 들어오면서 쌀국수 문화가 급격히 퍼졌다. 여기에 2000년대 들어 동남아 여행객이 급증한 것도 동남아 음식의 인기를 뒷받침했다.

서울 종각 뒤에 자리 잡은 '에머이'는 하루 두 번 직접 쌀국수 생면(生麵)을 만드는 집으로 유명하다. 하지만 베트남 현지에서도 직접 생면을 만드는 식당이 흔치 않다. 대부분 식당 주변 작은 공장들에서 생면을 만들어 공급한다.

베트남 생면은 안남미라 부르는 인디카 계열의 끈기 없는 베트남 쌀 96%에 찹쌀 4%를 섞어 만드는데, 면의 끝은 도삭면처럼 날렵하고 가운데는 상대적으로 두툼한 게 특징이다. 면발이 찹쌀떡처럼 쫀득거리면서도 매끄럽다. '에머이'의 쌀국수 국물은 기름지지만 느끼하지 않다. 맑은 곰탕 국물에 가깝다. 실제 태국식 쌀국수 국물은 향신료가 많이 들어가 달고 맵지만, 베트남 쌀국수 국물은 우리의 설렁탕이나 곰탕을 닮아 깊고 진한 맛이 난다.

베트남 쌀국수의 기원은 짧게 잡으면 19세기 말이라고 할 만큼 길지 않다. 19세기 말 방직공업이 흥했던 남딘(Nam Dinh) 노동자들이 먹으면서 시작됐다는 설과 프랑스 채소 수프인 '포토푀(Pot au Feu)'가 변형된 것이라는 설이 있지만 후자에 더 많은 무게가 실린다.

베트남 쌀국수를 칭하는 말인 '포(Pho)'가 '포(Pot)'에서 왔을 가능성이 높은 데다 전통적으로 쇠고기 음식이 발달하지 않은 베트남 사람들이 프랑스 식민시대를 겪으면서 쇠고기 국물을 받아들였을 개연성이 매우 높기 때문이다. 이후 쌀국수는 전 국토의 공산화로 국민이 대거 미국으

에머이 쌀국수

로 이주하면서 세계적인 음식으로 거듭났다.

홍대 앞 먹자거리에 위치한 '하노이안'은 베트남 현지 유명 식당에서 공수한 국물과 분짜(bun cha)로 유명하다. 분짜는 구운 돼지고기, 까나리액젓과 비슷한 단맛이 나는 느억맘, 새콤달콤한 소스 등이 들어간 국물에 따로 나온 면을 넣어 먹는 음식을 가리킨다. 이 집의 젊은 사장이 베트남을 여행하다 그 나라 음식에 푹 빠져 분짜 조리 기술을 직접 배워왔다고 전한다. 국물은 사골곰탕에 된장을 푼 듯한 구수한 맛이 특징으로, 새콤달콤한 소스맛 덕에 젊은이들에게 특히 인기 있다.

한편, 중식당이 강세인 마포구 연남동에서 쌀국수로 이름을 날리는 '소이연남'은 한국화한 태국식 쌀국수인 쇠고기국수가 대표 메뉴다. 태국식 쌀국수답게 전체적으로 맛과 향이 강한 반면, 국물은 깊고 진하다. 소의 아롱사태 부위를 부드럽게 삶아낸 실력도 좋고 개운한 국물도 수준급이다. 부드러운 면의 식감과 진한 한국식 육수 덕에 찾는 이가 날로 늘 것으로 보인다. 주당에겐 해장용으로도 제격인 쌀국수다.

36
매운갈비찜과 손칼국수, 함께 먹어야 더 맛있어
서울 쌍문동 추억의 먹거리

tvN 드라마 '응답하라 1988'의 인기 덕에 서울 쌍문동이 유명해졌다. 1970~80년대 서울에서 중·고교 시절을 보낸 40, 50대들에게 수유리나 쌍문동은 그리 낯선 동네가 아니다. 그 시절 강남이 한창 개발 중이던 때라 강북은 사람들로 붐볐다. 대표적인 서민 거주지던 쌍문동에는 지금도 저렴하고 푸짐한 맛집이 차고 넘친다.

쌍문동을 대표하는 식당으로 '동적불고기'를 빼놓을 수 없다. 고깃집이지만 오후 2시부터 문을 열고 365일 쉬는 날이 없다. 이 집은 불고기도 팔지만 가장 인기 있는 음식은 소갈빗살이다.

소갈빗살을 주문하면 주방에선 그때부터 간장, 마늘, 파, 깨 같은 양념으로 강하지 않게 간을 해 내놓는다. 광양 불고기와 비슷하고 안동의 갈비 굽는 방식과 가장 많이 닮았다. 재료에 자신감이 있을 때 할 수 있는

옛날식 부대찌개   치즈밥

방법이다. 살코기가 많은 본갈비를 이용한 '동적불고기'의 소갈빗살은 살코기에 칼집을 내 양념이 잘 스며들고 고기도 잘 익어 먹기 편하다. 곁들여 나오는 파절이나 반찬들도 수준 높다. 청국장은 별도로 팔아도 될 만큼 인상적이다.

  1985년 영업을 시작한 '수유손칼국수'는 쌍문동을 대표하는 서민식당으로 손색이 없다. 커다란 그릇에 가득 담긴 칼국수를 보면 먼저 포만감이 느껴진다. 멸치육수에 바지락을 넣어 끓인 국물은 맑고 맛이 깊다. 고명으로 들어간 바지락과 호박, 감자, 김가루의 구성이 오래된 칼국수의 맛을 그대로 간직하고 있다.

동적불고기

쌍문동 일대를 돌아다니다 보면 유독 돼지갈비를 파는 집들이 눈에 띈다. 냉면집으로 시작해 돼지갈빗집으로 명성을 굳힌 '감포면옥'은 쌍문동 사람들이 고기가 당길 때 많이 찾는 집이다. 경기 수원의 소 왕갈비처럼 길이 10cm가 넘는 돼지 왕갈비로 일대를 평정한 집이다. 이곳은 저렴한 가격과 엄청난 양 덕에 유명해졌다. 갈비탕을 시키면 갈비찜을 주는 집으로 유명한 '쌍문각'도 동네 사람들이 즐겨 찾는 곳이다. 갈비탕을 시키면 달콤한 갈비찜은 물론이고, 10여 가지 반찬이 딸려 나온다. 가장 인기 있는 메뉴는 매운갈비찜이다.

쌍문역 주변의 '한우양곱창구이'는 이름과 달리 돼지곱창이 더 유명하다. 돼지곱창은 냄새를 잡는 게 가장 힘든데 이 집 곱창은 냄새가 없고 보들보들하다. 마지막엔 남은 곱창에 밥을 볶아 먹는다. 서민들이 고기를 먹는 전형적인 방식이 고스란히 담겨 있다.

'삼일회관'은 가정식 백반 같은 반찬에 푸짐한 밥, 그리고 옛날식 부대찌개로 토박이들의 사랑을 받고 있다. 콩나물, 쑥갓, 미나리 같은 채소가 듬뿍 들어가고 소시지와 햄으로 맛을 낸 부대찌개는 어머니가 차려준 김치찌개처럼 소박하다.

정의여고 앞에는 치즈밥을 파는 분식집이 몇 군데 있다. 처음 치즈밥을 시작한 '호호분식'은 젊은이들로 장사진을 이룬다. 돌솥에 케첩, 치즈를 넣고 비벼 먹는 밥은 맵고 달고 짭조름하다. 이런 맛을 싫어할 젊은이는 없다. 가격은 미안할 정도로 저렴하고 맛은 기대 이상이다. 부부가 음식을 만들고 주문을 받으니 그 자체로 훈훈하다.

드라마 '응답하라 1988'은 한동안 잊고 살던 공동체를 복원해 사람들을 열광케 했다. 공동체를 이루는 가장 큰 요소로 음식만한 게 없다. 혼밥(혼자 먹는 밥), 혼술(혼자 마시는 술)이 유행하는 요즘, 밥을 같이 먹는 식구문화가 왠지 먼 이야기처럼 들린다.

37
수제 햄버거에 맥주 한 잔, 캬 좋다!
서울 햄버거

　서울 마포구 홍익대 근처에는 '아이엠어버거(I am A burger)'란 간판을 단 작은 햄버거 가게가 있다. 산울림 소극장 건너편 작은 언덕에 자리 잡은 이 가게는 그 이름에서 보이듯 음식에 대한 자부심이 넘쳐흐른다.

　추운 영하의 날씨에 오후 2시를 넘겼지만 사람들이 줄을 서 있다. 20분 넘게 기다려 겨우 주문을 했다. 가장 기본적인 오리지널 에이버거는 단순하지만 맛있다.

　햄버거에서 가장 중요한 것은 쇠고기를 다져 그릴이나 팬에 구운 패티(patty)와 빵인 번(bun)이다. 번은 매일 아침 반죽해 구워내는데, 볶은 참깨를 뿌린 오리지널과 오징어먹물이 들어가 거무스름한 것 외 4종이 있다.

　호주산 쇠고기로 만든 패티는 육즙을 잘 간직하고 있다.

아이엠어버거 수제 햄버거　　　　　감싸롱 수제 햄버거

　소금과 후추로 간을 한 패티는 고기 본연의 맛을 잘 살리고 있다. 번과 번 사이에는 채소와 치즈, 양파와 쇠고기 패티가 들어 있다. 햄버거를 빠르게 제대로 맛보려면 반으로 잘라 잘린 면 안쪽을 먼저 먹으면 된다. 햄버거는 빵과 치즈, 버터, 쇠고기 등 각 재료의 감칠맛이 하나하나 살아 있는 독립체이자 각 재료가 입안에서 섞여 또 다른 맛을 내는 복합체이기도 하다. 그러니 맛이 없을 수가 없다.
　1979년 10월 서울에 롯데리아가 문을 열면서 본격적인 프랜차이즈 햄버거가 시작됐지만, 한국 햄버거의 역사는 그전으로 거슬러 올라간다.

'한국에 맞는 서양요리'(1958)란 책에 햄버거 레시피가 처음 등장한 뒤, 60년대 혼분식장려운동의 여파로 햄버거를 파는 간이식당이 서울에 속속 모습을 나타내기 시작한다. 그러나 패티를 쇠고기가 아닌 닭고기나 생선으로 만든 탓에 큰 인기를 얻지 못했다.

햄버거가 아이들이 가장 좋아하는 서양식 패스트푸드로 자리 잡은 것은 롯데리아의 등장 이후부터였다. 1986년 서울아시아경기대회와 88년 서울올림픽을 앞둔 80년대 초 한국 외식시장은 프랜차이즈화와 서양화, 규격화의 길을 걷는다. 83년 버거킹이 들어오고 이어 맥도날드가 등장하면서 한국 햄버거 시장은 양적으로 엄청나게 팽창했다.

84년 7월 9일자 '동아일보'에 당시 햄버거의 인기를 실감케 하는 재미있는 기사가 실렸다.

> '서울 강남구 K중학 L교사는 '무엇을 가장 먹고 싶으냐'고 학생들에게 물었다가 깜짝 놀랐다. 20년 전 자신의 중학생 때 경험처럼 '자장면'이라고 대답하는 학생이 상당수 있을 것으로 예상했으나 대부분의 학생들은 '햄버거'라고 대답했고 '자장면'을 외친 학생은 2명뿐이었다.'

햄버거는 1990년대까지 전성기를 누렸지만 2000년대 들어서면서 햄버거를 포함한 패스트푸드에 대한 부정적인 여론이 형성되며 그 인기가 주춤했다. 이런 현상은 햄버거를 상업화한 미국에서부터 시작됐으며 한국에만 국한된 것도 아니었다. 그 대안으로 탄생한 게 수제 햄버거였다.

최고 품질의 쇠고기와 식재료를 이용해 맛있고 건강에도 좋은 수제 햄버거는 햄버거를 간단한 한 끼 식사에서 요리 수준으로 끌어올렸다.

2007년 문을 연 이래 홍대 앞 수제 햄버거 열풍을 이끈 곳은 합정역 근처에 있는 '감싸롱'이었다. 쇠고기 패티에 달걀프라이, 토마토, 양파, 겨자 잎을 넣은 이 집의 단순한 햄버거는 요즘 화려한 햄버거와 거리가 있지만 맛은 그만이다.

서울 서초구 서래마을에서는 '브루클린 더 버거 조인트' '버거그루72'가 미국식 햄버거로 인기를 얻고 있고, 여의도에는 블루치즈를 넣은 것으로 유명한 '오케이버거'가 많은 사랑을 받고 있다.

최근에는 수제 햄버거에 수제 맥주를 곁들여 먹는 '버맥(햄버거+맥주) 문화'도 새로운 트렌드로 뜨고 있다.

38

허름하지만 그 맛 그대로
서울 보쌈집

20대 초반까지 고기를 먹지 않던 내게 신세계를 보여준 음식점이 있다. 1975년 서울 황학동 허름한 기와집에서 시작한 '원할머니보쌈'이다. 성북구 안암동에 살던 나는 그곳까지 걸어 다녔다.

초등학교 친구들, 교회 친구들, 대학 친구들과 이곳을 마실 다니듯 다녔다. 단맛이 올라오는 부드러운 돼지고기 수육과 보쌈김치는 멋진 하모니를 이뤘다. 단백질의 느끼함을 겉절이 김치의 신선함이 잡아줬다. 허름한 내부도 정감이 갔다.

1997년 '원할머니보쌈'은 체인사업을 시작했다. 기와집은 빌딩으로 바뀌었다. 기분 탓인지 그때부터 옛날 맛을 느끼지 못했다.

'원할머니보쌈'을 기점으로 신림동에서 유명했던 '놀부보쌈'도 체인사업을 시작해 2000년대 초반 보쌈 프랜차이즈가 10여 개로 늘어났다.

그러나 프랜차이즈 보쌈은 내게 안 맞는 옷처럼 불편했다.

그 무렵 발견한 곳이 성동구 금호동의 '은성보쌈'이다. 1980년 초 시작한 '은성보쌈'은 일대에서 가장 유명한 식당이었다. 넓은 실내에는 사람들이 가득했다. 푸짐한 양의 질 좋은 수육과 달달한 맛의 김치를 저렴한 가격에 팔았다. 청춘의 시대를 통과하던 우리에게 '은성보쌈'은 작은 축복이었다.

10여 년 전 '은성보쌈'의 주인이 바뀌면서 지금의 금남시장 안으로 옮긴 후 나는 발길을 끊었다. 하지만 10여 년 만에 다시 찾은 '은성보쌈'의 보쌈은 여전히 먹을 만하다. 배, 밤, 잣, 완두콩 같은 화려한 양념이 들어간 보쌈김치는 달지만 맛있다. 보쌈도 나쁘지 않다. 기름기가 너무 많아 싫다는 이들도 있지만 기름기 없는 보쌈은 퍽퍽하다. 10여 년 전과 비교해 가장 달라진 점은 맛이 아닌 양과 가격이었다.

중구 방산시장 주변에는 요즘도 보쌈 마니아의 발길이 이어지는 '장수보쌈'이 있다. 허름한 외관과 내부, 몇 개뿐인 테이블, 길거리에 벌여 놓은 좌판(겨울 제외)이 인상적이다. '장수보쌈'이란 간판 옆에 '원식당'이란 이름이 따로 붙은 게 특이하다. 이곳 창업주는 '원할머니보쌈'의 인척으로 창업 초기부터 부엌에서 일한 분이다. 그래서 프랜차이즈 이전의 '원할머니보쌈' 분위기와 맛이 그대로 남아 있다. 보쌈을 시키면 김이 모락모락 나는 수육을 숭덩숭덩 썰어준다. 목살이나 앞다리를 사용하는데 살코기 7에 기름 3 정도의 비율로 고기가 나온다. 보기만 해도 식욕을 당기는 새빨간 보쌈김치는 단맛이 강한 편이다. 부드러운 돼지고기와 시원하고 달달한 김치가 한 몸처럼 잘 어울린다.

보쌈은 원래 개성 음식으로 '보김치'라 불렀다고 한다. 조선 후기 산둥 배추가 토착화에 성공하면서 개성과 한양의 배추가 유명해졌다. 개성 배추는 반결구형 배추이고, 요즘 우리가 흔히 먹는 배추는 결구형이다. 반결구형 배추는 길이가 길어서 돌돌 말아 먹어야 제맛이었다. 즉 보쌈 형태로 먹어야 했다.

상인의 도시답게 개성의 보김치는 화려했다. 수십 가

은성보쌈

지 재료가 들어가고 빨갛게 고춧가루를 쓰지만 맵기보다 단맛이 강하고 풍성한 재료의 맛을 느낄 수 있었다. 이 보김치가 일제강점기 이후 보쌈김치로 변했다. 보쌈김치와 돼지수육을 함께 먹은 것에 대한 기록은 별로 없다. 일제강점기 덩치가 큰 외국 돼지가 본격적으로 사육되면서 돼지고기를 삶아 먹는 문화가 시작됐다고 추정할 수 있다. 1970년대까지 겨울 채비의 핵심이던 김장은 온가족이 며칠 동안 참여하는 집안 대사였다.

갓 담근 겉절이 김치에 돼지고기를 삶아 막걸리나 소주를 곁들여 먹는 모습이 지금도 기억 속에 생생하다.

푸드 인
경기

40년 넘게 재래시장의 모습과 대도시 생태를 모두 안은 덕에 광명시장에는 싸고 맛있는 음식집이 널렸다. 때깔 좋은 생선과 신선한 채소, 먹음직스러운 정육이 넘쳐나니 그 재료로 만든 음식이 맛없을 리 없다. 광명시장은 규모가 제법 큰 재래시장이라면 어디라도 있는 빈대떡집이 골목 하나를 이룬다. 빈대떡집 10여 곳에서 풍기는 빈대떡 냄새 때문에 이 골목을 그냥 지나치기 어렵다.

01

그 골목에 가면 허리띠 풀고 포식

광명시장

거대도시인 서울과 인천 사이엔 인구 수십만 명이 사는 도시가 꽤 있다. 1970~80년대 수도권에 인구가 집중하면서 생긴 도시들이다. 서울 남쪽의 과천, 안양, 군포, 의왕, 안산, 부천 같은 도시가 대표적이다. 광명시는 그중 서울과 가장 가깝다.

지금도 그렇지만 도시가 처음 생길 때부터 광명 사람들은 일은 서울에서 하고 잠은 광명에서 자 광명을 '베드타운' 혹은 '침상도시'라고 불렀다. 오랫동안 서울 편입을 염두에 둔 도시계획으로 사람이 몰렸지만 정작 1981년 광명시로 독립했다. 독립 당시에도 인구 20만 명이 넘을 정도로 사람이 넘쳐났다. 그런데 시장은 달랑 광명시장 하나였다. 게다가 서울과 인접해 있어 복잡한 도시개발로 72년 개설된 이 시장은 81년 시가 출범한 이후에도 무허가 상태였다. 하지만 2013년 현재 인구 35만

명의 광명시민은 물론 인근 서울 구로, 개봉, 고척동 주민도 빈번히 이용하는 광명시장 안에는 점포 350여 개가 질서정연하게 들어서 있다.

40년 넘게 재래시장의 모습과 대도시 생태를 모두 안은 덕에 광명시장에는 싸고 맛있는 음식집이 널렸다. 때깔 좋은 생선과 신선한 채소, 먹음직스러운 정육이 넘쳐나니 그 재료로 만든 음식이 맛없을 리 없다.

광명시장은 빈대떡집이 골목 하나를 이룬다. 빈대떡집 10여 곳에서 풍기는 냄새 때문에 이 골목을 그냥 지나치기 어렵다. 대낮에도 빈대떡집 골목에 사람이 가득하다. '원조광명할머니빈대떡'과 '춘자네빈대떡'이 터줏대감 격이다. 한 장에 3000원 정도를 받는 녹두빈대떡은 겉은 바삭하고 속은 촉촉한, 빈대떡 맛 제1 법칙을 충실히 지킨다.

가장 인기 있는 것은 7000원에 굴빈대떡과 고기빈대떡을 함께 주는 메뉴다. 빈대떡은 만들기 쉬워 보이지만 기름 온도, 재료의 수분 유지에 적절한 굽기 타이밍까지 실제로는 만들기 어려운 음식이다. 기름으로 튀기거나 지

홍두깨칼국수

원조광명할머니빈대떡

진다고 해서 그 안에 기름기가 가득해선 안 된다. 기름은 수분과의 싸움을 통해 재료를 익히지만 수분 배출을 억제해 촉촉하게 만드는 이중적 구실을 담당한다. 두툼하고 커다란 파전도 좋다. 잘 숙성한 반죽은 풋내가 없고, 두툼한 반죽 사이에 들어간 고추, 오징어, 김치, 해물이 적당한 공간을 만드는 덕에 속까지 제대로 익어 있다. 1만 원 한 장이면 배를 채울 수 있을 양이고, 몇천 원을 더하면 막걸리를 곁들여 취할 수도 있다. 광명시민은 다 아는 집들이지만, 좋은 맛에 비해 허세가 없으니 먹는 내내 기분이 즐겁다.

빈대떡집 골목 한켠에 솥이 도열한 '홍두깨칼국수집'도 숨겨진 고수다. 가게 입구에서는 장정 한 명이 홍두깨로 쉬지 않고 밀가루 반죽을 밀어낸다. 그 반죽을 칼로 자르고, 멸치를 기본으로 한 육수에서 익힌 뒤 그릇에 담아 손님 앞에 홍두깨손칼국수 한 그릇을 내놓는다. 손반죽, 홍두깨로 밀기, 칼로 자르기, 멸치육수 같은 과정을 모든 거친, 제대로 만든 칼국수 한 그릇이 고작 2500원이다. 보통 사람의 배를 채우고도 남는 양이다. 멸치육수 상태가 고르고 깊으며, 면발은 탱탱하고 적당하다. 취재하면서 괴로울 때는 한 지역에 모인 음식이 대부분 맛있을 때다. 이성보다 감성이 앞서고 혀와 뇌, 그리고 위장이 음식을 계속 원하기 때문이다. 광명시장을 돌아다니다 보면 족발집도 제법 있다. 시장에서 빠지면 안 되는 순대로 유명한 집도 자리하고, 두부와 냉면도 제법 먹을 만하다.

등잔 밑이 어둡다고 서울에서 먼 전주, 진주, 여수 같은 맛 도시에는 자주 가도, 서울에 바싹 붙은 광명에 먹으러 가본 적은 없다. 광명시민 35만 명이 매일 검증하는 시장의 맛이다. 사람은 언제나 넘쳐난다.

02

투박하지만 속 깊은 전통의 맛
안성의 국물 음식들

경기 남쪽 끝자락에 위치한 안성에는 여주, 이천 쌀과 충청도 산물이 모이는 경기 최대 시장이 있었다. '안성장에는 서울보다 두 가지 물화가 더 많다'(1926년 7월 10일자 동아일보)는 말이 있을 정도로 번성했지만 1925년 기차역이 생겨 물화가 서울로 모여들자 서서히 몰락했다.

안성의 물산 가운데 가장 유명한 것은 유기(놋그릇)였다. 조선 말기부터 유기는 일반인의 겨울 그릇이었다. 조선왕조 후반기부터 1960년대까지 봄과 여름에는 백자에 음식을 담아 먹었고 가을과 겨울에는 유기를 주로 사용했다. 묵직한 갈색 유기에 음식을 담으면 따스함이 느껴진다. 여름 냉면은 하얀 사기에 담으면 더 시원하게 느껴진다. 기분도 그렇지만 실험에서도 밝혀진 사실이다.

번성하던 안성장터에서는 음식 장사도 흥했다. 장터국밥은 시장을 오

▲ 안일옥 설렁탕　◀ 우정집 황해도식 물냉면　▶ 모박사 부대찌개

가는 사람들의 허기를 채워준 필요충분의 음식이었다.

안성 도기동 대로변에 있는 '안성장터국밥'은 옛 국밥 모습을 그대로 간직하고 있다. 1930년대 초 안성장터에서 시작된 노포(老鋪)로 안성시가 지정한 향토음식 1호점이다.

국밥은 일견 투박해 보인다. 소 사골과 양지머리를 13시간 이상 가마솥에 끓인 육수에 시래기와 콩나물, 대파, 다진 마늘, 고춧가루와 결대로 죽죽 찢은 쇠고기가 들어가 뒤섞여 있다.

국밥이 상 위에 놓이면 육향과 파향이 향기롭게 피어오른다. 고기와 채소가 투박하게 잘려 있지만 건더기의 성질을 그대로 지니고 있어 따로 먹기도 하고, 함께 먹어도 좋다. 마늘과 파에서 나는 단맛이 은근하고 친근하다. 국물이 튀지 않고 자연스럽다. 밥과 함께 먹기에 부족함이 없다.

안성 시내에 있는 '안일옥'은 1920년대 창업한, 경기도에서 역사가 가장 오래된 식당으로 알려져 있다. 설렁탕과 곰탕, 꼬리곰탕을 취급하는데 무겁지 않은 국물이 특색이다.

중앙대 안성캠퍼스 주변에는 부대찌개 전문점 '모박사 부대찌개' 본점이 있다. 이곳의 부대찌개는 김치를 넣지 않는 것으로 특허까지 받았다. 경기 의정부에서 시작된 부대찌개가 김치찌개를 원형으로 한다는 점에서 김치를 넣지 않은 부대찌개는 새로운 유형의 음식임에 분명하다.

그렇다고 이 집에 김치가 없는 것은 아니다. 반찬으로 나오는 백김치와 알타리무(총각무)김치 맛은 존재감이 확실하다.

혼자 먹기 힘든 부대찌개지만 이 집에선 1인용 미니 부대찌개를 판다. 햄, 스팸, 민찌(잘게 다진 고기) 같은 가공 고기도 평택에 비해 짠맛이 약하고 감칠맛이 강한 것을 사용한다. 간이 세지 않고 은은한 육수 맛도 좋다. 가장 인상적인 것은 조를 섞어 지은 밥이다. 양이 많고 밥 상태도 좋다. 아주 약간의 온기만 지니고 있어 부대찌개 국물을 금방 받아들인다. 밥과 국의 관계를 잘 알고 있다.

이 집 한우육개장도 마니아 사이에서 소문이 날 정도로 맛이 괜찮다. 푸짐하게 들어간 고기와 칼칼한 맛의 국물을 유기에 담아 내놓는다. 안성의 유명 맛집을 들여다보면 대부분 쇠고기 전문점이고 국물 있는 음식을 판다. 하지만 안성에 쇠고기를 쓰는 식당만 있는 건 아니다.

안성 시내에 있는 '우정집'은 냉면으로 유명하다. 1975년 창업했으니 올해로 40년째다. 초겨울에도 넓은 실내에 손님이 제법 있다. 초록색이 감도는 살얼음 상태의 육수는 채소 육수와 고깃국물이 섞인 특유의 단맛이 난다.

면은 밀가루가 많이 섞여 매끈하고 부드럽다. 황해도식 냉면이다. 옥천의 거센 황해도식 냉면 면발보다 세련된 면이고, 인천의 백령도식 냉면보다 기품 있는 육수다. 할머니 한 분이 냉면을 만들어 판다.

잘 만든 냉면이다.

03
하얀짬뽕과 생돼지갈비의 귀환
인천 맛집들

　인천 차이나타운은 항상 사람으로 북적인다. 웬만한 식당들엔 모두 긴 줄이 서 있다. 이 식당들을 들여다보면 옛날식 하얀짬뽕, 된장짜장, 옛날짜장이란 간판을 달고 있다. 다른 모든 분야처럼 음식도 유행이 돌고 돈다. 대표적인 것이 하얀짬뽕이다.
　1970년대만 해도 짬뽕은 지금의 붉은색 짬뽕과 많이 달랐다. 돼지비계를 볶아 나온 기름으로 만든 하얀짬뽕 또는 나가사키식 백짬뽕이라고 부르던 음식이 그냥 짬뽕이었다. 하얀짬뽕은 한국인에게 인기 있는 음식은 아니었다. 당시에는 개운한 우동이나 부드러운 기스면, 전분이 들어가 걸쭉한 울면이 인기가 더 많았다. 하얀짬뽕이 인기를 끌지 못한 이유는 감칠맛이 너무 강했기 때문이다.
　1970년대 들어 볶은 실고추를 하얀짬뽕에 넣어 매콤한 맛이 더해지면서 짬뽕의 변화가 시작됐다. 그러다 아예 고추를 볶아서 낸 기름이 첨가되면서 매운 짬뽕이 대세를 이루게 됐다. 강하고 매운 짬뽕이 강력한 세계를 구축하면서 국물 있는 면 대부분을 흡수 통합해 지금과 같은 짬뽕의 시대가 열렸다.

짬뽕과 대적할 유일한 경쟁 상대는 짜장면이다. 한국 중화요리의 본향인 중국 산둥성 옌타이(煙臺)에서는 예부터 짜장면을 먹었다. 콩 70%와 밀 30%를 섞어 짜게 발효시킨 면장(麵醬)을 튀겨(炸) 먹는다 해서 '짜장미엔(炸醬麵)'이란 이름이 붙었다. 짜장미엔은 연회 마지막에 먹는 요리이자 싸게 먹을 수 있는 간단한 요리다. 옌타이 야식집에서는 어디서나 짜장미엔을 맛볼 수 있다. 옌타이 짜장미엔의 필수 요소인 면장은 한국으로 건너와 대파를 찍어 먹는 장이란 뜻의 춘장(春醬)이 됐다. 국물 없는 면은 상상도 하기 힘든 한국인을 위해 한국의 중국 식당들은 짜장미엔에 물전분을 넣어 국물 음식 같은 한국식 짜장면을 만들어냈다.

인천 차이나타운에 있던 '공화춘'이 짜장면의 발상지로 널리 알려졌지만 확실한 근거는 없다. 20세기 초 '산동회관'으로 시작해 1911년 중화공화국이 수립되자 이름을 '공화춘'으로 바꾼 뒤 83년까지 영업했던 옛 '공화춘'은 현재 짜장면박물관으로 이용되고 있다.

'공화춘'의 직계 자손이 운영하는 차이나타운 입구 '신승반점'은 짜장면, 특히 간짜장이 제법 맛있다. 용화반점은 전통 중국요리로 마니아들 사이에서 명성이 자자하다. 인천의 또 다른 맛집 골목으로 떠오른 간석동은 관광지가 아니다. 인천 사람들의 오랜 생활공간이었다.

이곳에 있는 '부암갈비'는 몇 년 전부터 줄 서는 곳으로 유명하더니 최근 방송에 소개되면서 대기시간이 더 늘었다. 오후 4시 30분에 갔는데 대기번호가 16번이다. 그 덕분에 주변 커피 집에 대기 손님이 몰려있다. 1978년 영업을 시작했으니 영업력이 상당한 집인 것만은 분명하다. 이 집의 메뉴는 생돼지갈비와 양념돼지갈비뿐이다. 생돼지갈비로 유명해졌고 사람들도 대부분 그걸 먹는다.

주문하면 생돼지갈비가 말려 나온다. 갈비를 중심으로 양쪽으로 포를 떴다. 삼겹살과 붙은 돼지갈비는 생각보다 기름이 많다. 삼겹살 인기가 높아지면서 돼지갈비의 뼈 끝 부위까지 발골을 한다. 삼겹살에 붙은 오돌뼈가 갈비를 덜어간 부위다. 기름이 많은 돼지갈비는 금세 익는다. 기름과 살이 적당히 섞인 삼겹살과 다를 바 없는 돼지갈비는 소주와 먹을 만하다. 거의 대부분 식당에서 파는 양념돼지갈비는 갈비뼈에 돼지

신승반점 짜짱면

신승반점 간짜장

부암갈비 생돼지갈비

앞다리살이나 뒷다리살을 붙인 것이다. 실제 돼지갈비는 작고 살코기가 거의 없다. 퍽퍽한 앞다리살이나 뒷다리살의 맛을 보완하고자 칼집을 내 양념에 잰다. 돼지갈비만 파는 집은 거의 없다. 그래서 이 집에서 맛보는 생돼지갈비는 새로운 경험이 된다.

식자재 전문가인 후배는 사람들이 이 집에 열광하는 이유를 남들이 하지 않은 것을 하면서 버텨온 덕분이라고 말했다. '인고의 세월에 대한 선물'이라는 거다.

04
군사도시의 부대볶음 우연이 아니다
동두천의 오래된 맛

경기 동두천은 대한민국이 여전히 분단국가라는 사실을 보여주는 군사도시다. 의정부와 동두천에는 특히 미군이 많다. 동두천시의 43%가 미군기지다.

동두천 음식에는 전쟁 상흔이 직접적으로 남아 있다. 그러나 현존하는 가장 오래된 부대찌개집은 의정부 '오뎅식당'이다.

1960년대 초반 장사를 시작한 '오뎅식당'은 미군부대를 출입하던 우리나라 사람들이 가져온 햄과 소시지, 스팸, 쇠고기를 볶아서 팔았다. 부대찌개는 이후 만들어졌다. 부대찌개 조상에 해당하는 '부대' 고기로 만든 부대볶음은 '오뎅식당'에서 자취를 감췄다. 그럼에도 부대볶음은 동두천에서 깊이 뿌리 내리고 있다.

동두천에 부대찌개가 등장한 것은 1970년대 초반이다. '실비집'이 처음 장사를 시작했고 '호수식당'이 그 뒤를 이었다. 인기 많은 '호수식당' 입구에는 대기자를 위한 의자들이 놓여 있을 정도다.

부대볶음은 커다란 철판에 소시지와 햄, 양파와 양념장을 넣어 볶아 먹는 음식이다. 소시지와 햄이 상당히 많고 매콤하면서도 달콤한 맛이 동시에 나는 것이 특징이다. 동두천 부대찌개는 의정부 부대찌개와 닮은 점이 많다. 당면과 쑥갓이 들어가는 것은 의정부 부대찌개와 다르다.

경기도와 평안도 실향민들은 의정부와 동두천에 많이 정착했다. 고향과 가깝고 미군부대가 있어 안전했기 때문이다. 게다가 미군부대 주변에는 돈이 돌고 먹을거리도 상대적으로 많았다. 실향민들은 장사를 하거나 식당을 운영했다.

평양 출신 실향민이 1950년대 초반 세운 '평남면옥'도 그런 경우다. 오랜 시간이 흘렀지만 '평남면옥' 맛은 별로 변하지 않았다. 서울의 평양냉면 문화에 큰 영향을 미친 의정부 '평양면옥'과 더불어 경기 북부 냉면 문화를 이끌어왔다. '평남면옥'의 육수는 동치미 국물과 쇠고기 육수를 섞어 만들었다. 평양을 중심으로 한 평안남도는 일제강점기 '냉면국'이란 별칭이 붙을 정도로 냉면이 성행하던 곳이다.

평안도에서 냉면은 '겨울 일상 음식'이었다. 몇 집 걸러 한 집마다 냉면을 뽑는 틀도 있었다. 냉면 사리로는 대개 메밀의 겉껍질을 벗겨낸 하얀 국수를 사용했다. 겉껍질이 들어간, 거뭇하고 거친 국수는 '막국수'라 불렀다. 면발은 단순했지만 육수는 다양했다. 겨울에 주로 먹기에 동치미 국물이 대세를 이뤘지만, 동치미 국물에 쇠고기 육수를 섞은 동치미 쇠고기 육수도 많이 먹었다. 고급 식당이나 부잣집에선 쇠고기 육수

동두천부대볶음

호수식당

만 사용했고, 평안도 명물 '평북돈(平北豚)'을 사용한 돼지고기 육수나 꿩, 닭고기 육수도 냉면 국물로 많이 먹었다.

'평남면옥'은 동치미 국물과 쇠고기 육수를 섞어 사용한다. 동치미 국물의 톡 쏘는 청량감과 채소 특유의 단맛이 쇠고기 육수의 묵직함과 어울려 깊고 시원한 맛을 내는 게 특징이다. 메밀과 고구마 전분을 섞은 면발은 매끄럽고 부드럽다. 기존 평양냉면 면발과 조금 다른 식감이다.

'선주후면(先酒後麵)'이란 말처럼 냉면집에서는 으레 냉면집 특유의 안주에 술 한 잔을 곁들이는 경우가 많다. 서울 남대문 '부원면옥'의 빈대떡과 닭무침, '을지면옥'의 돼지편육, 장충동 '평양면옥'의 커다란 만두가 유명한데, '평남면옥'에서는 돼지고기와 쇠고기를 채소와 섞고 겨자소스를 뿌린 무침이 술안주로 제격이다.

05
맛있는 음식 정 많은 사람들 아름다운 동네
부천 원미동의 소박한 밥상

경기 부천시 원미동(遠美洞)은 '멀고 아름다운 동네' 였다. 양귀자 연작 소설 '원미동 사람들' 로 많은 사람이 원미동을 기억하고 있다.

원미동은 주변 원미산에서 따온 이름이다. 산을 중심으로 언덕들이 있는 이 아름다운 동네는 서울이 본격적으로 개발되면서 터전을 옮긴 사람들이 많이 정착했다. 원미산으로 가는 고개 조마루에 사람이 몰려들고 원미구청이 들어서자 상가들이 생겨났다. 조마루로 가는 언덕 입구 사거리에는 거대한 감자탕집이 두 군데 있다.

전국에서 가장 유명한 감자탕 체인점 '조마루해장국' 본점과 '청기와 뼈다귀해장국' 본점의 긴 건물이 길을 마주하고 서 있다. 서민에게 인기 있는 감자탕은 감자가 들어 있는 감자탕과 감자가 없는 뼈다귀해장국으로 나뉜다. 살코기를 발라낸 뼈를 저가에 구매해 국을 끓여 먹는 방식은 한국인의 탕 문화 산물이다. 쇠뼈와 그 부산물이 설렁탕으로 재탄생했다면, 돼지뼈를 활용한 것이 감자탕이다. 오랫동안 국내산 돼지뼈와 수입산 돼지뼈는 구별이 쉬웠다. 국내산 돼지뼈에는 살코기가 거의 없고 외국산 돼지뼈는 살코기가 상대적으로 많았기 때문이다. 요즘은 이런 구분이 무색할 정도로 감자탕용 뼈를 따로 만든다.

'청기와뼈다귀해장국'은 '조마루해장국'보다 유명도에서 조금 밀리지만 1988년 '조마루해장국'보다 1년 먼저 장사를 시작했다. 가게 안에는 '뼈해장국' '뼈전골' 같은 메뉴가 붙어 있다. 돼지뼈 원산지는 덴마크나 호주다. 뼈전골을 시키면 풍성한 돼지뼈 위에 들깨, 다진 마늘, 양념장, 깻잎과 우거지가 수북이 쌓인 전골이 나온다. 그 속에 감자는 없다. 국물은 된장을 기본으로 한다. 구수한 된장국물에 뼈와 채소, 양념이 섞이지만 다른 감자탕처럼 자극적이지 않고 순하고 편하다. '청기와뼈다귀해장국'에서 조마루 언덕을 몇 발자국 오르면 사람들이 줄을 서는 식당이 나온다.

8년 전 개업한 화교 중식당 '태원'이다. 50년간 중화음식을 만들어온 고수의 손맛을 보려고 11시 30분 식당 문을 여는 순간부터 사람이 들어차고 이내 문밖으로 줄을 선다. 테이블이 적은 탓도 있지만 무엇보다 제대로 된 중화요리를 맛볼 수 있기 때문이다. 가장 인기 있는 요리는 '옛날짬뽕'이다. 보통 백짬뽕이라 부르는데 신선하고 푸짐한 해물 밑으로 하늘거릴 정도로 얇은 최상의 면발이 닭과 돼지뼈를 섞은 하얀 국물 속에 담겨 있다.

1970년대까지만 해도 짬뽕국물은 지금처럼 붉은색이 없었다. 그래서

 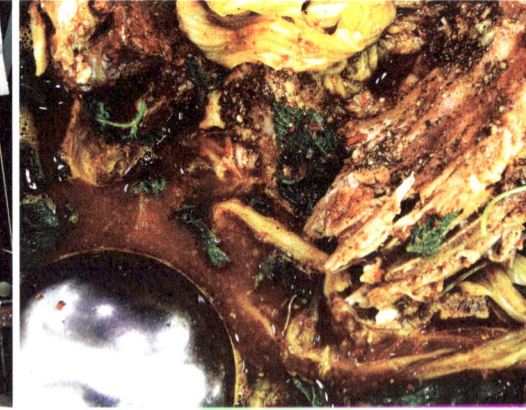

조마루해장국과 청기와뼈다귀해장국　　　　　　　　청기와감자탕

옛날짬뽕이란 말을 사용한다. 짬뽕의 원조 나가사키 짬뽕도 돼지뼈와 닭으로 우린 하얀 국물이다. 하지만 한국의 하얀 짬뽕은 월남고추가 들어가 진한 고깃국물맛과 함께 매콤하다. 진한 국물과 매콤한 면발이 정교한 시계 속 톱니바퀴처럼 잘 맞물려 정확하고 섬세한 맛을 낸다. 고춧가루와 고추기름이 더해진 일반 짬뽕은 '오징어짬뽕'으로, 오징어 특유의 시원함이 더해진다. 볶음밥도 인기 메뉴. 불기운이 살아 있는 고슬고슬한 밥과 달달한 짜장의 조화는 한국화한 중국 음식의 가능성을 보여준다. 볶음밥 위 두툼한 달걀프라이는 센 불에서만 가능한 중국식이다. 작은 실내에는 원탁 3개와 사각 탁자 하나가 놓여 있다. 원탁은 모르는 사람들이 합석하기 좋은 구조다.

　저녁이면 모르는 사람들이 더 많은 요리를 먹으려고 즉석에서 원탁 모임을 결성하기도 한다. 원미동 조마루에 가면 사람 냄새 나는 식당을 만날 수 있다.

06
진하고 걸쭉한 국물과 건더기 밥 한 공기 뚝딱!
평택 부대찌개

　부대찌개는 기묘한 음식이다. 전쟁과 기아, 서양과 한국의 가장 대중적인 음식이 결합해 낳은 슬픈 음식이다.

　부대찌개 기원을 미군부대에서 버린 음식물 찌꺼기를 넣고 끓인 꿀꿀이죽으로 생각하는 경우가 많지만, 꿀꿀이죽은 일반인이 먹던 음식이 아니다. 가난한 노동자나 실향민, 고아같이 생존을 위해 무엇이든 먹어야 했던 사람들의 음식이다. 꿀꿀이죽은 유엔(UN)탕, 양탕 등으로도 불렀다. 부대찌개가 미군부대와 연관 있는 것은 확실하지만 음식물 찌꺼기가 아닌 미군부대에서 흘러나온 고기나 가공육과 관계 깊다.

　경기 의정부는 부대찌개 기원지다. 의정부 부대찌개는 미군부대에서 근무하던 사람들이 햄이나 소시지 같은 가공육을 근처 식당으로 가져와 김치찌개에 넣어 끓여달라고 하면서 시작된 음식이다. 보통 부대찌개에는 돼지고기 어깨 살(스팸)과 다리 살(소시지), 넓적다리 살(햄)이 골고루 들어간다. 돼지의 중요 부위를 한꺼번에 먹을 수 있는 것이다. 부대찌개는 의정부는 물론 미군부대가 대규모로 주둔한 곳에서는 공통적으로 나타난 음식이다. 서울 이태원과 경기 문산에도 오래된 부대찌개집이 제법 있다. 대한민국에서 가장 큰 미군기지가 있는 경기 평택에도 부대찌개 전문점이 많다. 평택 신장동은 1951년 미 공군기지인 오산캠프가 들어서기 전까지는 10여 가구가 숯을 구워 먹고살던 숯골이었다. 넓고 평탄한 땅 덕에 오산캠프는 확장을 거듭해 현재는 660만㎡가 넘는 거대한 기지로 변모했다. 6·25전쟁 때 미군기지 옆은 가장 안전한 장소였고, 먹을거리도 쉽게 구할 수 있었다. 자연스럽게 사람이 모여들고 장이 서고 식당이 들어섰다. 지금도 오산캠프 입구의 잘 정비된 상점가에는 사람이 넘쳐난다.

오산캠프 상점가 뒤 좁은 골목에는 오래된 2층 건물에 '김네집'이란 부대찌개집이 있다. 1970년 평택에서 부대찌개 식당을 처음 시작한 '최네집'이 창업한 곳이다. 90년대 '최네집'은 평택IC 근처로 자리를 옮겼고, '최네집'에서 오랫동안 주방을 맡았던 아주머니가 가게를 인수했다.

'최네집' 부대찌개는 '김네집'에 비해 맛이 순하다. 미군부대에서 근무하던 주인 최 씨가 부대 파티 때 부대찌개를 만들었는데, 그 맛이 좋아 사람들 권유로 식당을 시작했다. 오산캠프 주변은 예전에 송탄으로 불려 평택 부대찌개는 대개 송탄식 부대찌개를 가리킨다.

부대찌개를 주문하면 커다란 냄비에 맑은 육수와 햄, 소시지, '민찌'(잘게 다진 고기), 대파, 양파, 그리고 송탄식 부대찌개의 상징인 커다란

▲ 김네집 부대찌개　◀ ▶ 최네집 부대찌개

슬라이스 치즈 2장이 담겨 나온다. 반찬은 겉절이 한 가지다. 부대찌개가 완성되기 직전 다진 마늘을 넣는다. 커다랗고 넙적한 그릇에 잘 지은 고슬고슬한 밥이 담겨 나오면 식사 준비가 끝난다.

치즈가 녹은 국물은 진하고 걸쭉하다. 부대찌개는 짜고 맵지만 치즈 맛과 고기 맛이 강해 밥과 함께하면 제법 잘 넘어간다. 부대찌개는 김치찌개에 돼지고기 대신 가공육을 넣은 것이다. 부대찌개는 짜고 맵고 자극적이지만, 우리는 이 음식을 먹으며 20세기 후반을 지나왔다.

부대찌개가 한식인가 아닌가 하는 논쟁이 있는데, 이게 한식이 아니면 무엇이 한식일까 하는 의문이 든다.

07

맑고 진한 겨울 육수의 참맛

경기 북부의 냉면

해방 이후 남북에 한 하늘을 이고 살 수 없는 정권이 들어서면서부터 비극이 시작됐다. 북한 공산정권의 핍박 속에서 더는 살 수 없던 많은 이가 고향을 등지고 남쪽으로 내려왔다.

분단이 반세기 이상 지속되리라 예상한 사람은 거의 없었다. 그들은 빨리 돌아가고 싶은 마음에, 또는 행여나 멀리서라도 고향이 보일까 가급적이면 고향과 가까운 남녘땅에 둥지를 틀었다. 함경도 사람은 강원 속초에, 평안도와 황해도 사람은 서울과 경기 의정부, 연천, 동두천 같은 곳에 모여 살면서 고향에 갈 날을 손꼽아 기다렸다.

실향민들은 고향 생각이 날 때마다 냉면을 먹었다. 그래서 휴전선과 가까운 경기 북부에는 실향민들이 창업한 수십 년 역사의 냉면집이 즐비하다.

휴전선과 맞닿은 연천군에는 '군만면옥'과 '황해냉면'이 있다. 고춧가루 고명으로 유명한 의정부 '평양면옥'도 사실은 1970년대 초반 연천군 전곡리에서 창업해 87년 의정부로 옮긴 냉면집이다. 이 식당은 경기 북부는 물론 평양식 냉면업계에 커다란 영향을 미친 곳으로, 냉면 위에 뿌린 고춧가루 고명과 얇고 꼬들꼬들한 면발, 날 선 칼처럼 깔끔한 국물로 잘 알려져 있다.

고춧가루는 육수의 느끼함을 잡아주고 감칠맛을 더하며 속을 따뜻하게 하는 등 다양한 기능을 한다.

대한민국을 대표하는 냉면 명가인 서울 '을지면옥'과 '필동면옥'도 바로 이곳 의정부 '평양면옥' 주인의 형제자매가 만든 곳이다.

경기 양주 송추삼거리 검문소 주변 식당가에 1980년 자리 잡은 '송추평양면옥'은 인근 군부대 군인들과 면회 온 가족들 때문에 유명해진 곳이다. 이 집 육수는 여느 냉면집과 조금 다르다. 의정부 '평양면옥'과 달리 복잡한 향과 맛이 난다. 쇠고기 육수에 꿩 육수와 동치밋국을 섞어 쓰기 때문이다. 뒷맛은 은근히 달다. 감칠맛도 상당하다. 얇은 면발도 적당히 탄력 있고 적당히 끊긴다.

원래 평안도 사람들은 겨울이면 동치밋국을 주로 사용했다. 동치미에서 만들어진 천연 탄산의 맛은 사이다보다 쨍하고 상쾌하다. 그렇다고 평안도 사람들이 동치미의 국물만을 사용한 것은 아니다. 고급 식당에서는 쇠고기 정육만으로 우린 기품 있는 국물을 먹었다.

'우래옥'과 '능라도'의 육수는 이를 바탕으로 한다. 돼지고기 육수를 사용하는 집도 있었다. 서울 남대문의 '부원면옥'이 대표적이다.

송추평양면옥

꿩은 양식이든 자연산이든 겨울에 먹는 것이 맛있다. 꿩 국물의 깊은 감칠맛 때문에 '꿩 대신 닭'이라는 말까지 생겼을 정도다. 예전에는 꿩 국물을 사용하는 냉면집이 제법 있었지만 지금은 거의 자취를 감췄다.

'송추평양면옥'은 그 꿩 국물을 우려 육수에 섞는다. 꿩 살코기를 경단처럼 다져 냉면에 넣어준다.

평양 부자들은 동치미를 담글 때 동치미에 쇠고기나 꿩고기를 넣었다는 얘기도 전해온다. 동치밋국에 꿩 살코기의 단백질이 녹아들면서 감칠맛이 배가된다.

옛날 평양에서는 고깃국물을 맹물이라고 불렀다. 고기 육수는 기본적으로 탁하면 안 되는 것이었다.

서울 장충동 '평양면옥'에서 맹물처럼 맑은 육수를 만드는 것을 봤다. 끓이고 거르고 식히고 거르고를 이틀 정도 반복하면서 불순물을 걸러내야 이슬같이 맑으면서 고기 맛은 진한 육수가 만들어진다.

2012년 불고깃집으로 문을 연 경기 남양주 '광릉한옥집'이 최근 냉면 마니아들 사이에서 회자되고 있다. 불고깃집으로 출발했지만 냉면과 육개장으로 정평이 나 있다. 묵직한 놋쇠그릇에 한우 우둔살로 뽑은 깊은 맛의 육수, 100% 메밀로 만든 면발 등 여러 곳에서 명가의 향기가 은근하게 풍긴다.

냉면은 원래 겨울 음식이었다. 원판 불변의 법칙이라는 말도 무색하게, 요즘은 겨울철에도 냉면 명가들을 찾는 사람이 별로 없다. 분명한 사실은 육수는 겨울이 되면 최상의 상태가 된다는 점이다.

맑고 진하고 시원한 겨울 육수를 들이켜다 보면 아무 생각이 들지 않는다.

3장

푸드 인
강원

일평균 기온이 20도가 넘어가면 찬 음식들이 불티나게 팔린다. 뭍에 사는 이에게 여름 별식으론 보통 냉면과 막국수가 꼽히지만, 해안가에선 물회 인기가 더 높다. 회를 좋아하는 이에겐 두말할 나위 없다. 시원한 국물에 숭덩숭덩 회를 썰어 넣은 후 후루룩 마시듯 먹는 물회는 한국식 음식 문화의 또 다른 변형이다. 활어와 장을 푼 국물을 함께 먹는 문화는 한국인만의 독특한 음식체계이기 때문이다.

01
찬바람 불면 아바이마을 냉면 생각
속초냉면 or 함흥냉면

고향을 잃은 자에게 음식은 추억의 실체다. 고향에서 먹던 음식을 만들어 먹으며 그 음식에 고향 이름을 붙인다. 함경도 '국수'는 그렇게 '함흥냉면'이 됐다.

함흥으로 대표되는 함경도 사람들의 면 문화는 부산에서 밀면이 됐고, 서울에선 함흥냉면, 속초에선 속초냉면 혹은 함흥냉면이 됐다. 함흥냉면은 1950년 6·25전쟁 이후 대규모 피난민 때문에 만들어진 음식으로 추정되지만 확실한 기록은 없다. 51년 피난 수도 부산에서는 실향민이 세운 냉면집들이 영업을 시작한다.

54년 미군이 찍은 사진에는 '함흥냉면옥'이 회국수란 이름과 함께 등장한다. 51년 속초에도 '함흥냉면옥'이란 식당이 장사를 시작한다. 함흥냉면옥은 지금도 영업을 한다.

▲ ◀ 속초 함흥냉면   ▶ 속초 단천식당 함흥냉면

함흥냉면옥이 있던 속초시 중앙동은 당시 지번도 없던 땅이었다. 함흥냉면옥이 장사를 시작하면서 주소가 만들어졌다. 중앙동 건너편 아바이 마을에 함경도 사람들이 집단으로 정착했다. 사람이 살지 않던 모래사장에 함경도 어마이, 아바이는 떠나온 고향별로 모여 살았다.

1950년 12월 흥남철수 때 함경도 사람 10만여 명이 고향을 떠났다. 거제도에 내린 피난민은 거제와 부산 등에 정착하기도 했지만, 고향과 가장 가깝고 미군정이 실시되던 비교적 안전한 속초로 가장 많이 모여들었다. 양양군의 작은 포구였던 속초는 지금까지도 실향민 비율이 가장 높은 땅으로 남았다.

함경도 실향민 집단 정착지 아바이마을에 함흥냉면집이 들어선 것은 1970년대 초반이다.

함경도식 육개장인 가리국과 함흥냉면을 함께 파는 '신다신식당'과 함흥냉면으로 유명한 '단천식당'은 그때부터 지금까지 아바이마을 터줏대감 구실을 한다. 단천식당은 몇 년 전 불이 나면서 현대식 3층 건물로 변했다. 다신식당은 창업주들이 병원에 입원해 있을 때 아들이 건물을 리모델링하고 이름도 신다신식당으로 바꿨다.

두 식당을 창업한 할머니들은 여전히 건강하고 활발하다. 일제강점기부터 씩씩하고 생활력 강하기로 소문난 함경도 어마이에겐 세월도 비켜갔다.

함흥냉면의 질기고 매운맛이 종종 함경도 어마이 기질을 닮았다고 이야기한다. 일제강점기 함흥에서는 주로 감자전분으로 만든 질긴 국수를 고기육수에 말아 먹었다. 국수 꾸미(고명)로는 가자미식해가 가장 많이 올랐다. 이 국수를 '회(膾)국수'라 불렀다. 육고기가 올라가면 '육(肉)국수'란 이름이 붙었다. 1920년대 기록에는 함경도 일대에서 먹던 국수에 관한 기사가 자주 나온다.

20년대 함경도에선 국수가 대중적인 외식으로 자리 잡았음을 추정할 수 있다. 회국수, 육국수, 국수와 더불어 '농마국수'란 이름도 썼다. 감자전분으로 만든 국수를 농마국수라 부른다. 지금 함흥을 대표하는 국수집 '신흥관'에서는 이 농마국수를 판다. 추억의 음식을 재현하는 데 가장 큰 걸림돌은 기후와 재료 차이다.

남한에서 가자미는 함흥이나 흥남보다 덜 잡힌다. 그래서 가자미 대신 명태가 그 자리를 대신했다. 감자전분 대신 고구마 전분을 사용하는 것도 같은 이유다. 지금도 함경도 농마국수는 국물이 있는 물국수다. 하지만 남한에서 함흥냉면은 국물이 점차 사라진 비빔냉면이 됐다.

매웠던 맛은 단맛이 강해졌다. 질긴 면발을 오물오물 씹으며 먹던 문화는 가위로 면발을 끊은 뒤 마시 듯 먹는 섬뜩하고 기괴한 모습으로 바뀌었다. 오래 살기를 바라는 의미가 담긴 국수를 잘라먹는 습관은 무지에서 온 서글픈 현실이다.

찬바람 부는데 무슨 냉면 타령이냐고 하겠지만, 평양이든 함흥이든 북한에서 냉면은 원래 겨울이 제철이었다.

02

시원 달콤 매콤, 여름을 날린다
물회 왕국 강원 속초

 일평균 기온이 20도가 넘어가면 찬 음식들이 불티나게 팔린다. 뭍에 사는 이에게 여름 별식으로 보통 냉면과 막국수가 꼽히지만, 해안가에선 물회 인기가 더 높다. 회를 좋아하는 이에겐 두말할 나위 없다.

 시원한 국물에 숭덩숭덩 회를 썰어 넣은 후 후루룩 마시듯 먹는 물회는 한국식 음식 문화의 또 다른 변형이다. 활어와 장을 푼 국물을 함께 먹는 문화는 한국인만의 독특한 음식체계이기 때문이다.

 물회는 원래 선원들 음식이었다. 선원들은 배를 탈 때 된장이나 고추장을 준비해간다. 고된 노동 뒤 꿀맛 같은 식사시간, 그들은 상처가 나 상품가치가 떨어진 생선들을 모아 회를 떠 찬합에 넣고 물에 푼 된장이나 고추장을 섞어 먹었다. 원양어선 선원들은 상어에게 뜯어 먹혀 상품가치가 없어진 다랑어를 국수처럼 가늘게 썰어 시원한 얼음물에 초고추장을 푼 '참치 즉석 (물)회'를 먹기도 했다.

선원들이 먹던 물회가 처음으로 상업화한 것은 1960년대 초반 경북 포항에서였다. 포항을 비롯해 동해안에선 고추장이나 초장을 물에 타서 먹는 물회 문화가 일반화했다. 하지만 남해안과 제주에선 된장에 회를 넣는 문화가 더 보편적이다. 강원 속초는 포항과 더불어 물회 문화가 성행한 도시다.

작은 식당으로 시작해 두 번이나 이사하면서 몸집을 불린 '봉포머구리물회'는 사람들이 가장 많이 찾는 물횟집이다. 밖에서 기다리다 안에 들어가도 시장 같은 왁자한 분위기가 감돈다. 이곳의 인기 비결은 당연히 저렴한 가격에 많은 양의 해산물을 물회로 먹을 수 있다는 점이다. 육수는 들깨를 갈아 넣어 걸쭉한 맛이 난다. 단맛과 매운맛, 신맛이 어우러진 투박한 질감의 맛이다. 각종 채소와 함께 물회 재료로는 광어, 방어, 가자미, 해삼, 멍게, 개불, 오징어 등을 쓴다.

'봉포머구리물회' 앞에 자리 잡은 '청초수물회'의 규모도 만만치 않다. '봉포머구리물회'가 재래시장에서 먹는 분위기라면 이곳은 실내 장식이나 음식이 정돈돼 있다. 물회 육수가 셔벗처럼 얼려 나오는 것도 이 집만의 특징이다. 들깨가 들어가지 않아 육수가 상대적으로 가볍다. 양이 적고 가격도 비싼 편이지만 상당히 안정인 맛이다.

'청초수물회' 옆에 있는 '속초어장물회'는 수족관을 운영하고 있다. 물회에 사용하는 재료들을 바로 잡아 요리한다는 사실을 보여주기 위한 것이다. 그만큼 싱싱하다는 얘기. 먹는 방식도 독특하고 재미있다. 재료를 각각 따로 제공함으로써 자신이 먹고 싶은 물회를 만들어 먹을 수 있

속초어장물회　　　　　　　　　봉포머구리물회

는다. 횟집이라면 어디나 물회를 판다. 속초 동명항은 횟집이 길게 늘어선 횟집촌이다.

　어부가 잡아온 해산물을 파는 '이모횟집'은 싱싱한 해산물로 이름이 높다. 싱싱한 해산물이 맛의 관건인 물회가 메뉴에서 빠질 리 없다. 육수는 단맛이 강하지만 부담스럽진 않다. 키위 같은 과일로 단맛을 강화했기 때문이다. 키위에는 생선이나 육류를 부드럽게 하는 성분이 있다. 방금 잡은 활어도 키위 앞에선 부드러워질 수밖에 없다.

　들깨를 넣지 않아 국물이 가볍고 경쾌하다. 다양한 어물과 잘 어울리는 편이다.

03

고추장, 된장, 김치의 환상적 조화
강원 원주의 다양한 맛

강원도와 경기도 경계에 위치한 원주의 음식 문화는 경기도와 강원도의 음식 문화를 두루 갖추고 있다. 원주역 주변에 있는 '남경막국수'는 강원도식 동치미 국물과 경기도식 쇠고기 육수로 만든 막국수로 유명한 집이다.

원주 시내에서 한참을 가야 하는 황둔에도 쇠고기 육수를 이용한 개운한 막국수가 있다. '황둔막국수'에서는 겉껍질이 있는 채 도정한 메밀을 사용한다. 직접 재배한 채소를 사용하고 편육이나 수육 메뉴가 없는 것이 특징이다. 황둔에는 막국수 말고도 오색찐빵 문화가 건재하다. 작은 마을인데도 가게 10여 곳에서 예쁜 찐빵을 팔고 있다. 흰색쌀찐빵부터 단호박쌀찐빵, 쑥쌀찐빵 등 쌀을 이용한 찐빵이 많은 게 특징이다.

원주의 독특한 음식 문화로 장(醬)칼국수도 빼놓을 수 없다. 장을 이용한 국물 문화는 원주는 물론이고 강원도에 널리 펴져 있다. 된장이나 고추장을 별도로 사용하기도 하고, 두 가지를 섞어 이용하기도 한다. 원주역 주변 '장수칼국수'와 원주시외버스터미널 주변 '영월장칼국수', 중앙시장 근처 '원주칼국수'가 자웅을 겨루고 있다. '원주칼국수'에서는 장수제비와 장칼국수 두 가지만 취급한다. 장칼국수는 멸치로 우린 국물에 막장을 넣는다. 바로바로 담아 먹는 막장은 염분이 적어 국물이 짜지 않고 개운하며 가볍다. 원주에는 칼만둣국을 '칼만'으로 줄여 부르는 음식 문화도 널리 퍼져 있다. 시민전통시장에 들어서면 칼국수와 만두를 파는 가게가 제법 많다.

1999년 문을 연 '원주김치만두'는 국수와 만두를 같이 먹는 칼만두가 가장 유명하다. 원주식 만두는 한결같이 김치를 넣는다. 김치 외에 당면과 녹두가 들어가 있다.

'할머니만두'는 시민전통시장에서 가장 오래된 노포다. 원주식 추어탕도 원주의 장문화를 대변하는 대표적인 음식이다. 고추장, 들깨, 고춧가루, 버섯, 감자, 미꾸라지를 함께 끓인 후 다진 마늘과 미나리를 넣고 다시 끓인, 꽤 얼큰한 추어탕이다.

단구파출소 주변 '원주복추어탕'은 4년 묵은 고추장으로 깊은 맛을 내는 덕에 미꾸라지 고유의 잡내가 나지 않는다. 곁들여 먹는 총각무도 추어탕과 잘 어울린다.

원주의료원 주변에 있는 '홍업순대'는 장을 이용한 순댓국으로 사랑받는 집이다. 돼지사골 국물에 된장을 풀어 넣어 맛이 개운하고 돼지 냄새가 거의 나지 않는다. 1967년 시작한 노포다. 순댓국과 더불어 고구마를 이용한 순대나 전통 피순대 등도 맛볼 수 있다.

'흥업순대'가 처음 장사를 시작했던 원주시 흥업면에서는 전통 방식으로 만든 메밀묵을 이용하는 '흥업묵집'도 유명하다. 겉껍질을 벗기고 만든 아이보리 색깔의 메밀묵을 아이 손가락 굵기로 길게 썰고 김치와 김가루, 파를 넣어 먹는 메밀묵국은 강한 맛은 하나도 없지만 개운하고 시원해 여름 인기 메뉴다. 배추, 파를 넣고 지진 메밀전과 김치 등을 넣고 지진 메밀전병도 심심하지만 맛있다. 문막에 있는 리조트 한솔오크밸리 앞 '하얀집가든'은 오리 진흙구이로 유명해진 집이다. 통통한 오리 안에 찹쌀과 검은 쌀, 밤, 은행, 인삼 등을 넣고 진흙을 발라 구운 진흙구이 오리는 기름이 쪽 빠져 담백한 맛이 나지만 보양식으로 인기가 높다. 오리를 먹고 난 다음 먹는 잔치국수도 맛이 그만이다.

원주 장칼국수

원주 칼만둣국

04

섭탕, 째복탕, 막국수… 자연 그대로의 맛

강원 양양의 토속 먹을거리

　강원 속초는 현재 동해 북부를 대표하는 도시지만 6·25전쟁 전까지만 해도 양양군의 작은 마을이었다. 전쟁 후 실향민이 대거 속초로 몰려들고 경제가 활성화하면서 양양은 지역의 중심 자리를 속초에게 내줬다.
　속초의 음식 문화는 대개 함경도 실향민들에 의해 만들어졌지만 양양에는 강원 토박이의 오래된 음식 문화가 많이 남아 있다. 양양은 설악산 끝자락과 동해안이 맞닿아 있는 지형 덕에 식재료가 풍부하고 먹을거리도 다양하다. 특히 늦봄까지 조개의 계절이다.
　양양 수산항에는 40년 경력의 해녀 박복신 씨가 있다. 요즘 박씨가 주로 잡는 것은 섭이라 부르는 홍합이다. 4월부터 6월까지가 제철 섭은 섭새김의 옛말인데 모양이 툭 튀어나온 것을 보고 지은 강원도 사투리다. 자연산 홍합인 섭은 이맘때면 살이 실하게 차오른다. 양식 홍합의 작은 알과 비교가 안 된다. 꽉 찬 속은 단단하고 깊은 맛이 난다. 박씨는 직접 잡은 섭을 해안가에 있는 자신의 식당 '해녀횟집'에서 판다.

자연산 섭을 제철에 가장 맛있게 먹는 방법은 섭과 파 정도만 넣고 끓이는 섭탕이다. 섭에서 나오는 맑고 투명하고 푸른 국물은 깊고 개운하다. 꾸밈없는 천연의 맛이란 이를 두고 하는 말이다.

속은 쫄깃하다. 간을 따로 안 해도 맛이 좋다. 술안주로나 식사로 좋지만 해장용으로도 그만이다. 동해안 맑은 물속 모래에는 민들조개가 산다. 물이 더러워지면 무리를 지어 맑은 곳으로 자리를 옮기는 깔끔한 성격의 조개다. 하지만 작은 모양 때문에 현지에서는 쩨쩨하고 볼품없다 해서 '째복'이라는 이름이 붙었다. 째복은 조개의 왕이라 부르는 백합과 사촌간이다.

어부 한석환 씨는 수산항에서 째복을 캐고 그의 아내는 째복만 파는 식당 '수산항물회'를 운영한다. 바지락과 비슷한 크기의 째복을 넣고 끓인 째복탕은 재첩국과 비슷한 국물 맛이 난다. 개운하고 달달하다. 후루룩 마시는 재첩과 비교해 월등히 큰 몸집 덕에 씹는 맛도 즐길 수 있다. 고추장과 된장을 섞은 장국에 칼국수를 넣은 째복장칼국수는 가장 양양다운 음식이다. 얼큰하고 개운한 맛이 난다. 속초나 양양 하면 빼놓을 수 없는 째복물회는 더운 여름에 먹기 좋은 음식이다. 양양에는 유명한 막국숫집이 많다. 특이한 것은 산악지대의 막국수와 바닷가의 막국수 문화가 극명하게 갈린다는 점이다.

석교리에 있는 '영광정 메밀국수'는 동치미 메밀국수 명가다. 살얼음이 살짝 낀 동치미 국물과 건건하고 잘 씹히는 무는 아무 곳에서나 맛볼

째복국   장칼국수

수 없는 명품 동치미다. 단맛이 거의 없고 개운하다. 투박하지만 입에 착 착 감기는 면발과 순한 동치미는 잘 어울린다. 해변 마을 송전리에는 막 국숫집이 몇 군데 모여 있다. 간장을 달여 채소와 섞은 육수를 사용하는 게 인상적이다. 양양은 예부터 장을 이용한 문화가 발달한 곳으로 장칼 국수 같은 음식 문화가 모두 양양의 장 문화를 활용한 대표적인 예다.

　가장 오래되고 유명한 '송월막국수'는 막국수에 김을 잔뜩 넣어 김국 을 연상케 하는 독특한 막국수를 판다. '송전메밀국수'는 김이 상대적으 로 적게 들어간 막국수를 내놓는다. 100% 메밀로 만든 면을 사용한다. 국물이 개운하고 간장 때문에 단맛이 감도는 게 특징이다. 간장막국수는 겨울 한철에만 제대로 먹을 수 있는 동치미 막국수의 단점을 보완하고자 사철 먹을 수 있는 간장을 이용하면서 탄생한 음식 문화다.

05
겨울에 딱이야 추위야 물렀거라
인제 황탯국과 막국수

강원도 인제의 산에서 명태가 익어간다.

인제군 북면 용대리는 설악산 입구다. 겨울바람은 차고 거세다. 이곳에선 지금 명태들이 한겨울을 나고 있다. 봄이면 황태라는 멋진 이름을 달고 세상에 나갈 날을 기다리며 얼고 녹는 과정을 반복한다. 황금색이 도는 황태 살은 포슬거리고 구수하다.

옛날에는 황태를 노랑태, 더덕북어로 불렀다. 명태는 6·25전쟁으로 한반도 허리가 끊기면서 주산지가 동해 북쪽에서 강원 속초와 주문진으로 바뀌었다. 원산과 함흥에서 몰려온 함경도 실향민들은 고향과 가장 가까운 속초에 둥지를 틀고 명태 사업을 시작했다.

그들은 가장 비싼 황태를 재현하기 위해 고향처럼 추운 곳을 찾아 덕장을 만들었다. 평창 횡계리와 인제 용대리가 그곳이었다. '인제 가면 언제 오나' 할 정도로 오지였던 용대리에서 실향민 출신 사업가들이 1960년대 황태덕장을 시작했다.

동해에서 잡힌 명태는 산속에서 겨울을 나고 다시 속초로 온 뒤 전국으로 팔려 나갔다. 함경도 출신들이 장악하고 있던 서울 중부시장은 황태·북어 유통의 중심지가 됐다. 용대리 주민들은 처음엔 고용인으로 일을 했지만 80년대 '용바위식당'에서 원주민으론 처음 황태덕장을 연 후 상황이 많이 달라졌다. 작은 마을 용대리에서 생산되는 황태는 연매출 500억 원을 넘길 만큼 규모가 크다.

용대리 칼바위 근처의 '용바위식당'은 직접 만든 황태를 이용한 황태정식을 판다. 황태정식 원조집의 명성과 맛을 제대로 지켜오는 드문 집이다. 황탯국의 진하고 깊은 국물과 보드라운 황태 살, 산나물과 잘 지은 밥까지 흠잡을 것 없는 식당이다. 황태의 양도 다른 곳보다 배는 많다.

1924년 발간된 '조선무쌍신식요리제법(朝鮮無雙新式料理製法)'에는 콩(태)으로 만든 두부와 콩나물 그리고 명태를 넣은 삼태탕(三太湯)이 나온다. 황탯국은 대부분 삼태탕과 비슷하다. 칼바람으로 지친 몸을 푸는 데 따스하고 개운한 황탯국만한 음식이 없다.

인제의 또 다른 명물 음식은 막국수다.

양구로 넘어가는 길목 천변에 '서호순모밀국수'가 있다. 모밀은 메밀의 강원도 사투리. 간판에 '순모밀'이란 이름을 내걸 정도로 순메밀로 정평이 난 집이다. 겉메밀이 하나도 섞이지 않은 순메밀면에 오이와 달걀, 깨와 김가루를 얹어 낸다. 동치미 맛이 좋을 뿐 아니라 동치미 특유의 군내가 옛 추억을 살린다. 면에선 약한 향과 단맛이 배어 나온다. 어

◀ 서호순모밀국수　▲ 인제 남북면옥 막국수　▶ 인제 남북면옥 수육

떤 집보다 면의 단맛이 인상적이다. 고춧가루로 간을 한 무김치가 톡 쏘는 신맛을 낸다. 건건한 막국수와 잘 어울린다. 특히 산도가 입맛을 자극한다.

신맛과 단맛을 동시에 가진 무청 역시 수준급이다. 기본 찬과 면의 조합이 무난하다. 균형이 잘 잡힌 막국수다. 고향의 냉면을 찾는 실향민이 이 집 오랜 단골들이다. 인제군청과 가까운 곳에 있는 '남북면옥'도 막국수와 수육으로 유명하다. 막국수를 주문하면 그때서야 만들기 시작한다. 막국수를 먹기 전에 막국수와 환상의 짝꿍인 수육을 먼저 먹는다. 수육은 고소하고 김치는 맛을 거든다. 면은 인제 지역의 메밀로 만든 100% 메밀면이다.

'전씨네 막국수'는 토박이가 즐겨 찾는 곳이다. 투박한 메밀면에 동치밋국과 김칫국을 섞은 국물이 나오는 게 특징. 시원하고, 단맛이 나지만 나쁘지 않다. 면의 향이 강한 편인데 직접 밭에서 기른 메밀을 사용한다고 한다. 식재료로 쓰는 배추와 무까지 직접 농사짓는다. 막국수의 원형을 간직한 집으로 꼽힌다.

호수, 막국수와 함께 춘천의 '삼수'인 이외수 선생의 서명 글이 신발장 앞에 맛집 증명서처럼 붙어 있다. 겨울에 무슨 막국수 타령이냐고 하는 이도 있겠지만 냉면처럼 막국수도 늦겨울이 제철이다. 특히 수입 메밀이 아닌 직접 생산하는 메밀은 1월에서 3월 사이 가장 맛있다.

06
혀가 즐거운 맛 생각만 해도 군침이 절로
춘천닭갈비와 막국수

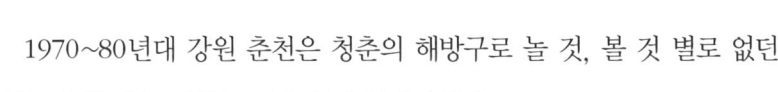

  1970~80년대 강원 춘천은 청춘의 해방구로 놀 것, 볼 것 별로 없던 시절 춘천 가는 기차는 작은 축제 공간이었다.
  춘천은 2000년대 들어서면서 드라마 '겨울연가' 인기에 힘입어 대한민국을 넘어 아시아 관광지가 된다. 춘천의 명동이라 부르는 중앙로는 서울 명동 못지않게 잘 정비돼 있다. 중앙로 한켠에 춘천을 상징하는 닭갈비를 파는 골목이 있다.
  춘천에서 닭갈비와 막국수의 존재감은 어느 음식도 따라오지 못한다. 춘천 물가지수 반영에 직접적인 기준이 되기 때문에 가격도 마음대로 올릴 수 없다.
  '춘천닭갈비' 하면 커다란 철판에 듬뿍 담긴 채소와 매콤한 양념, 푸짐한 닭고기가 떠오른다. 하지만 닭갈비란 이름이 뭔가 어색하다. 갈비

샘밭막국수

유포리막국수

는 대개 구워 먹기 마련이다. 춘천닭갈비도 이름처럼 처음에는 구워 먹는 음식이었다. 춘천닭갈비가 처음 등장한 것은 1960년 전후 어느 선술집에서다. 안주용 돼지고기 공급이 중단되자 주인이 닭고기를 넓게 떠 고추장, 간장, 마늘, 생강 등으로 양념해 하루 새운 후 석쇠 위에 올려 굽는 '닭불고기'를 개발했다.

1960년대 후반에는 지름 50cm 정도 되는 철판 위에 양념한 닭고기와 양배추를 썰어 넣고 볶아 먹는 지금의 춘천닭갈비가 등장한다. 80년대 춘천이 본격적인 관광지가 되자 중앙로에 관광객을 대상으로 한 닭갈비 골목이 형성된다. 철판 닭갈비가 대세지만 최근 구워 먹는 닭갈비집도 다시 인기를 얻고 있다.

80년대 닭갈비가 먼저 춘천 향토음식으로 선정되고 막국수가 그 뒤를 잇는다. 춘천은 강원 영서의 중심지다. 1970년대 초반까지 춘천 주변 깊은 산에는 불을 놓아 밭을 일궈 살아가는 화전민이 있었다. 그들에게 메밀은 생명이었다. 메밀은 척박한 땅에서도 빠르게 잘 자란다. 메밀은 껍질을 벗기고 반죽하는 순간부터 맛이 변하는 예민한 식재료다. 밀가루 음식처럼 하루 전 반죽해 놓으면 면이 풀어져 먹을 수 없다. 화전민은 먹기 직전 빻은 메밀가루로 반죽해야 제맛이 난다는 것을 알고 있었다.

막국수의 '막'은 '마구' 만든 음식이 아닌 '방금' 만든 음식을 뜻한다. 강원도 막국수 문화는 크게 영동과 영서로 나뉜다. 고성, 양양, 강릉 등 영동에서는 겉껍질이 들어간 검은색이 도는 메밀면을 선호한다. 하지만 춘천과 인제, 원통 등 영서 지역 메밀 명가는 겉껍질을 완전히 제거해 상아색이 감도는 속메밀만 사용한다.

1970년대 소양강댐 공사가 시작되자 전국에서 노동자들이 춘천으로 몰려든다. 수련모임 온 대학생과 주변의 군인까지 가세하면서 싸고 양 많고 소화 잘되는 춘천막국수는 '강원도의 힘'에서 대한민국 최고 먹거리로 화려하게 등장한다. 지금도 막국수 가게는 꾸준히 늘고 있다.

춘천에만 막국수 전문점 200여 곳과 막국수를 취급하는 식당이 500여 곳 있다. 막국수 명가도 손에 꼽을 수 없을 만큼 많고 개성도 강하다.

춘천 시내 '부안막국수' '별당막국수' '실비막국수' '남부막국수' '명가막국수'가 유명하다. 소양강댐 가는 길에도 명가가 수두룩하다. 전국 3대 막국수 혹은 5대 막국수에 이름을 올리는 '샘밭막국수'와 '유포리막국수'가 주변에 있다.

두 막국숫집에서 멀지 않은 곳에 춘천막국수체험박물관이 있다. 막국수에 관한 정보는 물론 직접 막국수를 만들어볼 수도 있다.

4장

푸드 인
충청

시골집 같은 식당에 자리 잡은 뒤 이 집에서 가장 유명한 채묵밥과 도토리전을 시킨다. 멸치로 우린 육수에 도토리묵을 채 썰어 넣고 김치, 김가루, 깨소금, 다진 고추양념을 넣은 채묵밥은 투박하고 건건하다. 함께 나온 조밥과 함께 먹으면 심심하지만 개운한 맛이 난다. 감자전분과 도토리가루를 반죽해 만든 도토리전은 얇고 쫄깃하다. 배추김치, 팽이버섯, 고추, 양파 등이 갈색의 전 위에 그림처럼 현란하게 펼쳐져 있다.

01
한방순대, 묵밥, 특양, 올갱이해장국
제천의 맛집

충북 제천은 중부 내륙지역의 전형적인 특성을 지닌 곳이다. 산들에 겹겹이 둘러싸여 있어 산에서 나는 물산이 풍부하다.

조선시대부터 유명했던 약령시(藥令市)는 일제강점기에도 발전을 거듭해 지금은 서울, 대구와 함께 전국 3대 약초시장으로 발전했다. 제천 중앙시장 근처에는 약초를 이용한 한방순대(약초순대)를 만드는 곳도 있다.

'개미식당'이 바로 그곳으로, 한약재를 넣고 24시간 우린 육수로 만든 순대와 국을 판다. 한약재는 돼지고기와 내장의 잡내를 잡는 데 안성맞춤이다. 진한 국물에는 들깻가루가 많이 들어가 있다. 이곳 사람들은 순대나 고기를 초장에 찍어 먹는 습관이 있는데 오래된 전통이라 한다.

제천 IC와 멀지 않은 곳에 자리 잡은 '묵마을'은 이름 그대로 도토리묵 전문점이다. 도토리는 오랫동안 구황식물이자 화전민이 즐겨 먹던 식재료였다.

1970년대 중반 완전히 사라진 화전민들은 막국수나 도토리묵을 팔아 생계를 이었다. '묵마을'에서는 주변에 있는 월악산과 금수산에서 직접 딴 도토리를 사용한다. 가을 도토리는 며칠 동안 물에 담가 떫은 성분을 빼야 먹을 수 있다. 이맘때는 떫은 성분이 사라지지만 미세한 쓴맛은 남아 있다.

시골집 같은 식당에 자리 잡은 뒤 이 집에서 가장 유명한 채묵밥과 도토리전을 시킨다. 멸치로 우린 육수에 도토리묵을 채 썰어 넣고 김치, 김가루, 깨소금, 다진 고추양념을 넣은 채묵밥은 투박하고 건건하다. 함께 나온 조밥과 함께 먹으면 심심하지만 개운한 맛이 난다. 감자전분과 도토리가루를 반죽해 만든 도토리전은 얇고 쫄깃하다. 배추김치, 팽이버섯, 고추, 양파 등이 갈색의 전 위에 그림처럼 현란하게 펼쳐져 있다.

제천 시내 '금왕식당'은 올갱이해장국으로 명성이 자자하다. 민물 고둥인 다슬기의 충청도 사투리인 올갱이(또는 올뱅이)는 깊고 은은한 맛 때문에 해장국의 대명사가 됐다. 민물에서 나는 물고기나 고둥은 약간의 흙내가 나는 탓에 대개 된장국에 넣어 먹는다. '금왕식당'도 예외가 아니어서 올갱이와 된장, 부추를 함께 넣고 끓인다.

이 집이 유명해진 데는 구수한 된장맛과 개운한 올갱이 육수는 물론, 국물에 들어 있는 많은 양의 올갱이도 한몫했다. 올갱이에 밀가루 옷을 입혀 육즙을 보호하는 것도 특이하다.

외지인보다 제천 토박이가 즐겨 찾는 식당으로는 '대림숯불갈비'를 빼놓을 수 없다. 오후 2시에 찾았을 때도 넓은 식당 안에 손님이 많았다.

묵마을 도토리전 　　　　　　　　　　대림숯불갈비

  1층에서는 돼지고기를 팔고 2층은 쇠고기를 내놓는 식당이다.
   2층에 올라 자리를 잡으니 동행한 토박이는 쇠고기 대신 특양을 주문한다. 소의 첫 번째 위인 양은 고소한 맛과 살캉거리는 식감으로 조선시대 왕가의 잔치에 빠지지 않는 고급 부위였다. 풀을 먹고 자란 소의 양이 특히 맛있는데, 우리나라 소는 대부분 복합사료와 콩을 먹여 마블링을 얻는 데 주력한 탓에 질 좋은 양은 뉴질랜드나 호주에서 많이 들어온다.
   '대림숯불갈비'에서는 양 중에서도 가장 두꺼운 부위인 국내산 한우 특양을 사용한다. 국내산 특양도 반갑지만 먹는 방식이 독특하다.
   주문하면 누런 유기불판이 나온다. 서울의 육수형 불고기 불판과 비슷하게 생겼다. 여기에 고깃국물을 붓고 양념한 특양을 마늘과 함께 굽는다. 촘촘히 칼질이 된 양은 국물 덕에 타지 않고 먹기에 편하다.
   양이 다 익으면 불판 가장자리에 있는 양념에 찍어 먹는다. 달달하고 칼칼한 맛이 동시에 나는 양념과 양이 잘 어울린다.

02
뜨거워서 더 시원한 최고 보양식
대전과 충남 금산의 삼계탕

어린 시절 가장 이해하기 힘든 얘기 가운데 하나가 뜨거운 음식을 들고 나서 "시원하다"고 하는 어른들 말씀이었다. 하지만 목욕탕의 온탕과 삼계탕의 뜨거운 국물이 시원하다고 느껴질 무렵, 나는 어느새 아버지 나이가 돼 있었다.

닭과 인삼이 만나 하나가 되고 그것을 뜨겁게 끓여 내는 삼계탕을 먹으면 몸이 개운해진다.

삼계탕 얘기가 나오면 빠지지 않는 논쟁거리가 삼계탕의 주인, 즉 핵심 재료가 무엇이냐는 것이다.

인삼이 귀했을 때는 닭을 중심으로 해 계삼탕이라 불렀고 인삼이 대중화하면서 삼계탕으로 이름이 변했다는 설도 있다. 물론 추정이지만 그랬을 가능성이 적잖다.

1894년 이제마가 쓴 사상의학서 '동의수세보원(東醫壽世保元)'에는 삼계고(蔘鷄膏)가 설사병 치료제로 등장한다. 1921년 9월 11일자 '매일신보'에 실린 조선요리점 '해동관' 개점 광고 말미에 '계삼탕(鷄蔘湯)-보원제로 극상품'이란 문구가 나온다. 필자가 현재까지 확인한 계삼탕, 즉 삼계탕에 관한 최초의 기록이다.

삼계탕이란 단어는 1923년 일본인이 작성한 '중추원 조사자료'에 처음 등장한다. 이 자료에는 '여름 3개월간 매일 삼계탕(蔘鷄湯), 즉 암탉 배에 인삼을 넣어 우려낸 액을 정력(精力)약으로 마시는데, 중류 이상에서 마시는 사람이 많다'고 적고 있다.

그 당시 삼계탕은 닭고기를 먹는 게 아닌, 국물을 우려서 먹는 약의 일종이었다.

1956년 12월 28일자 '동아일보' 기사에는 지금 먹는 삼계탕과 거의 흡사한 계삼탕 조리법이 등장한다.

> '계삼탕 – 삼복더위에는 계삼탕을 먹으면 원기가 있고 또 연중에 질병에 걸리지 않는다 하여 사람들은 많이들 먹는다. 계삼탕이란 닭을 잡아 털을 뽑고 배를 따서 창자를 낸 뒤 그 속에 인삼과 찹쌀 한 홉, 대추 4, 5개를 넣어서 푹 고아서 그 국물을 먹는 것이다.'

1960년대 이후 인삼가루가 아닌 생삼인 수삼(水蔘)이 정부 규제 완화와 냉장시설 발달로 대중화의 길을 걷게 되자 상인들은 계삼탕보다 인삼에 방점을 둔 삼계탕이란 이름을 내걸고 영업을 한다. 육류 소비가 급증

▲ ◀ 금산수삼시장　▶ 금산 원조삼계탕

하는 1975년 이후 닭 한 마리와 인삼을 같이 먹을 수 있는 삼계탕은 여름 최고 보양식으로 등극하게 된다.

　금산인삼 유통의 중심지인 충남 금산군 금산수삼시장은 여름이면 활력이 넘친다. 인삼 최대 수요 철이 이맘때이기 때문이다.

　인삼은 750g을 한 채로 부른다. 삼계탕용 인삼은 인삼 중에서도 가장 작아 한 채에 100~120다마(개)다. 크기가 작다고 연수가 적은 건 아니다.

　금산인삼은 대개 4년이 돼야 출하된다. 조선시대부터 인삼으로 유명했던 금산에 삼계탕집이 생긴 건 1990년대 중반이다.

금산수삼시장 건너편 상가 2층에 있는 '원조삼계탕 본점'은 지역 사람들이 즐겨 찾는 곳이다. 인삼 본고장답게 인삼 한 뿌리가 들어 있고 인삼가루도 뿌린 삼계탕을 판다. 콩가루도 더해져 국물 맛이 고소하다.

하지만 충청도 삼계탕 문화의 중심지는 대전이다. 금산과 같은 생활권에 있다. 옛날 역전 모습이 여전히 남아 있는 대전역 부근 동구 공영주차장 앞에는 대전에서 가장 오래된 삼계탕 전문점 '금성삼계탕'이 있다. 금산인삼과 충남 연산의 닭, 대추 같은 좋은 재료를 사용한다. 1970년대 말 대전역 앞에서 '대흥삼계탕'으로 시작해 93년 지금 자리로 옮겨와 영업하고 있다.

'금성삼계탕'이 여느 지역의 삼계탕과 가장 다른 점은 쌀을 닭 배 안에 넣지 않고 뚝배기에 끓여 낸다는 것이다. 국물에 당근을 넣는 것도 색다르다. 쌀을 뚝배기에서 직접 끓이기 때문에 걸쭉한 죽 한 그릇을 먹는 기분이 든다.

03
갓 지은 굴밥에 달보드레한 간장게장
서산·태안의 명물

뭍에 사는 사람이 대거 바닷가로 이동하는 시기가 다가왔다. 시원한 바닷바람에 회 한 접시 곁들이는 문화는 이제 바다 여행의 일상이 돼버렸다. 광어와 우럭은 '국민 횟감'으로 등극한 지 이미 오래다. 회의 졸깃한 식감을 유난히 좋아하는 한국인에게 우럭이나 광어만큼 좋은 횟감은 없기 때문이다. 양식의 발달로 가격이 저렴해진 것도 두 생선이 '국민 횟감'으로 등극하는 데 일조했다. 일본에서는 두 생선이 한국보다 가격이 훨씬 비싸다. 우럭은 예부터 서해안에서 많이 잡히던 생선이다. 냉동 시설이 좋지 않던 시절 많이 잡히면 잡힐수록 보관이 중요했다. 충남 서산에선 우럭을 소금에 절여 말린 우럭포가 흔했다.

서산 시내에 자리 잡은 '산해별미'는 우럭에 젓국으로 간을 한 우럭젓국으로 이름난 곳이다. 우럭 대가리와 뼈로 육수를 우리고 꾸덕한 우럭과

산해별미 우럭젓국

화해당 간장게장

두부, 무를 넣어 끓인 우럭젓국은 투명하고 개운한 국물 맛이 일품이다. 서산의 맑은 햇살에 수분을 내주고 감칠맛을 얻은 우럭은 천연 조미료다. 부드러운 두부와 쫄깃한 말린 우럭의 조화도 좋다. 과음의 취기가 우럭젓국 한 그릇에 눈 녹듯 사라진다.

'서산' 하면 떠오르는 것이 어리굴젓이다. 서산 간월도 근처에는 여전히 어리굴젓을 만드는 공장들이 있다. '얼얼하다' 혹은 '어린 굴로 만든다' 해서 이름 붙은 어리굴젓은 서울 부자들이나 먹던 귀한 음식이었다. 주변이 간척되면서 어리굴젓 맛의 핵심을 차지했던 자그마한 굴은 사라졌지만, 그렇다고 굴의 명성이 완전히 없어진 것은 아니다.

간월도에는 '맛동산'이라는 굴 전문점이 있다. 어리굴젓을 유명하게 만든 굴밥 원조집이다. 주문하면 새로 밥을 짓기 때문에 시간이 걸리지만 굴을 넣고 지은 밥은 그 자체로 요리다. 돌솥에 지은 밥을 퍼서 달래, 간장, 무채, 콩나물과 함께 슥슥 비벼 먹으면 식욕이 살아난다.

간월도 선착장에 있는 '큰마을영양굴밥'도 비슷한 음식을 한다. 서산 바로 옆에 붙은 태안은 안면도, 꽃지해수욕장 같은 유명 관광지 덕에 사람들이 사시사철 몰린다. 태안은 질 좋은 꽃게로도 유명하다.

'화해당'은 그 꽃게로 만든 간장게장 덕에 전국적인 명성을 얻었다. 주문과 동시에 돌솥밥을 앉히기 때문에 한참 기다려야 하는 단점이 있지만 맛으로 충분히 보상받을 수 있다. 밥과 함께 등딱지, 몸통과 다리가 분리된 간장게장이 나온다. 봄에는 알이 찬 암컷이 맛있고 가을에는 살이 오른 수컷이 맛있다.

'화해당'은 봄에 꽃게를 사 급랭한 뒤 1년 내내 사용한다. 김이 솔솔 나고 윤기가 자르르 흐르는 밥은 그 자체로 맛있다. 여기에 간장게장을 얹어 먹으면 밥이 술술 넘어간다. 간장은 짜지 않고 감칠맛이 많이 난다. 간장게장의 식감은 달보드레하다. 태안에는 꽃게 명가가 많다.

꽉 찬 알들을 골라 내는 '토담집'이나 꽃게탕을 파는 '일송꽃게장백반'이 그곳. 박속밀국낙지탕도 태안의 별미 가운데 하나다. 박속을 파내고 낙지와 대파, 마늘, 감자, 조개 등을 넣어 끓여 내는데 국물 맛이 개운하고 시원하다.

원북면사무소 앞에 위치한 '원풍식당'이 유명하다. 여름철 남해안 별미인 붕장어를 구워주는 '통개수족관'도 제법 알려진 집이다. 여름이 제철인 붕장어를 숯불에 구워 먹으면 은근한 단맛이 입안을 감돈다. 서산, 태안의 음식은 식재료가 좋아 그 자체 맛을 살리는 경우가 대부분이다.

5장

푸드 인
전라

이중환은 '택리지'에서 전주를 "천 마을 만 부락에서 삶에 이용할 물건이 다 갖춰졌고, 관아가 있는 곳에는 민가가 빽빽하고 물화가 쌓여 있어 한양과 다름없는 큰 도회지"라고 했다. 남도의 풍부한 물산이 모여든 덕에 다양한 음식을 선보일 수 있는 물적 토대가 마련됐고 그것을 바탕으로 세련된 음식과 서민 음식이 동시에 발전해왔다.

01
가격 대비, 상상하는 그 이상의 맛
전주의 서민적 외식 문화

전북 전주에는 비빔밥이나 한정식 같은 화려한 음식도 많지만 서민형 먹거리도 차고 넘친다. 한옥마을에 있는 '베테랑 칼국수'의 칼국수와 만두, '옴시롱감시롱'의 쫄깃한 떡볶이나 전북대 앞 '해이루'의 감자탕은 독자적인 맛으로 전국적 음식이 됐다. 전주비빔밥에 콩나물은 조연이지만 콩나물해장국에 콩나물은 당당한 주연이다. 남부시장식(수란을 넣어 먹는 방식) 콩나물해장국을 대표하는 '현대옥'과 펄펄 끓는 국물로 유명한 '삼백집', 따스한 국물로 인기몰이를 하고 있는 '왱이집'이 유명하다. 술을 마신 다음 날 맑고 시원한 국물은 몸에 좋고, 아삭거리는 콩나물 씹는 식감은 정신에 좋다. 서민들을 즐겁게 하는 저녁 음식도 즐비하다.

전주 막걸리 집들은 2만 원 정도 하는 막걸리 한 주전자를 시키면 20여 가지 음식을 내놓는다. 엄청난 양과 맛에 처음 온 외지 사람은 눈이

휘둥그레진다. 그런데 거기서 끝나는 게 아니다. 막걸리 한 주전자를 더 시키면 대여섯 가지 음식이 추가로 나온다. 반찬 한 가지도 돈을 내고 먹어야 하는 일본 관광객들이 전주 막걸리 집에 환호하는 것은 당연하다. 전주 막걸리 집이 지금처럼 상업적으로 터를 잡은 것은 1980년대 이후부터다.

전주 막걸리 집에서 막걸리를 먹는 방법에는 몇 가지가 있다. 먼저 시중에서 판매하는 막걸리를 그대로 먹는 방법이다. 다음은 윗술이라 부르는 막걸리를 먹는 것이다. 막걸리의 탁한 부분을 가라앉히고 위에 청주처럼 맑은 부분만 먹는다. 텁텁한 맛이 없어 여름에 인기가 많다. 또, 막걸리 2에 윗술 1을 섞어 먹거나 반대로 먹는 방법이다. 자기 취향대로 막걸리를 먹는 재미가 있다. 전주 삼천동에만 막걸리 집 30여 곳이 성업 중인데, 터줏대감격인 '용진집'이 유명하다. 가맥집과 야식집도 음식문화 측면에서 보면 막걸리 집 범주에 들어간다.

가맥이라는 이상한 단어는 '가게 맥주'의 준말이다. 가게에서 맥주와 안주를 파는 형태다. 전주 시내 어디를 가나 가맥집이란 간판을 쉽게 찾아볼 수 있다. 그중 '전일슈퍼'를 빼놓을 수 없다. 커다랗고 포실한 황태의 맛은 맥주 안주의 정점에 있다. 감칠맛이 강한 갑오징어 구이도 좋다. 가맥집들이 이름처럼 맥주를 중심으로 돌아간다면 야식집들은 소주를 중심으로 음식을 만든다. 돼지불백과 김밥, 그리고 전주의 별식인 구운 양념족발이 야식집들의 주요 메뉴다. 젊은이들이 좋아하는 자극적인 맛이 주류를 이루는데, 분위기나 가격이 사람을 편안하게 해준다. '진미집'과 '오원집'이 양대 산맥을 이루며 사람들을 유혹한다. 날이 더워지

진미집 소바콩국수

소바가 냉소바

면 소바집들에 사람이 많아진다.

'소바'란 이름이 붙었지만 쓰유에 찍어 먹는 일본식 정통 소바와 거리가 멀다. 면발 원료에 메밀보다 밀가루가 더 많이 섞여 있고, 국물은 그냥 콩물이다. 한 마디로 정리하면 소바콩국수다. 1950년대 중반 남부시장 주변에서 시작된 소바콩국수는 단맛이 강한 게 공통된 특징으로, 전주 사람들은 팥빙수같이 시원하고 달달한 전주식 소바를 먹으며 여름을 난다.

남부시장에 있는 '진주집'과 금암동에 있는 '금암소바'가 유명하다. 소바는 원래 쓰유라는 일본식 육수에 소바를 찍어 먹는 음식이다. 전주 소바집들도 처음에는 쓰유와 소바를 따로 팔았지만 손님이 많아지자 쓰유 국물에 소바를 말아 판매하더니, 다시 콩물에 마는 지금의 전주식 소바 문화가 정착했다.

소바 국물에 소바 면을 넣은 중간 형태의 냉소바를 파는 효자다리 근처 '소바가'에도 날이 더워지면 사람이 제법 많다.

02

쫄깃한 식감… 고기 다루는 솜씨도 최고
전주의 돼지고기

맛의 다양성만 놓고 보면 전주는 서울과 견줄 만하다. 전라도가 전주와 나주의 첫 글자를 딴 지명이라는 점에서 알 수 있듯이 전주는 오랫동안 전라도의 행정, 문화 중심지였다.

이중환은 '택리지'에서 전주를 "천 마을 만 부락에서 삶에 이용할 물건이 다 갖춰졌고, 관아가 있는 곳에는 민가가 **빽빽**하고 물화가 쌓여 있어 한양과 다름없는 큰 도회지"라고 했다.

남도의 풍부한 물산이 모여든 덕에 다양한 음식을 선보일 수 있는 물적 토대가 마련됐고 그것을 바탕으로 세련된 음식과 서민 음식이 동시에 발전해왔다.

'전주' 하면 대부분 전주비빔밥이나 콩나물해장국을 떠올리지만 전주에 며칠만 있어 보면 전주 사람의 깊은 육고기 사랑을 알 수 있다.

▲ 조점례 남문 피순대   ◀ 조점례 남문 피순댓국   ▶ 가운데집 양념족발

　전주의 대중적인 돼지고기 문화는 1960년대 이후 본격화한 것이다. 전주 남문시장은 1894년 동학혁명 이전부터 장이 서던 유서 깊은 곳이다. 60년대 이전에는 '전북의 현금 80%가 전주에 있고, 전주의 현금 60%가 남문장에 있다'고 할 정도로 남문장 규모와 위세는 대단했다.

　시장 먹자골목에는 전주를 대표하는 콩나물국밥집 가운데 하나인 '현대옥'을 비롯해 현지인과 외지인이 모두 좋아하는 맛집이 많다. 그중에서도 유독 사람이 많이 몰리는 곳이 '조점례 남문 피순대' 집이다.

　아침 7시 문을 열 때부터 밤 12시 문을 닫을 때까지 사람들로 복작거리는 이곳의 주 메뉴는 순댓국과 피순대다.

전라도는 전국에서 유일하게 피순대 문화가 남아 있다.

전라도는 지역에 따라 소창, 대창, 막창 등 다양한 순대껍질을 사용하지만 순대 속만은 선지가 그 중심에 있다. 곡성에서는 100% 선지만 넣은 순대를 '똥순대'라고 부르기도 한다. 남쪽에서 북쪽으로 올라갈수록 선지에 비해 채소와 밥 비율이 조금씩 높아진다.

'조점례 남문 피순대'는 선지와 채소, 다진 고기 같은 재료의 섞임이 기막히다. 선지를 좋아하는 전라도 사람과 선지를 적게 먹는 외지인도 부담 없을 정도로 적당한 선을 지키는 것이 비결이다.

깊은 국물맛의 순댓국과 초콜릿 같은 짙은 갈색의 순대 한 점은 전주의 대중적인 돼지고기 문화의 깊이를 보여준다.

피순대와 더불어 전주의 돼지고기 문화를 대표하는 음식은 매운 양념족발이다. 전주 시내에 넓게 퍼진 양념족발을 대표하는 곳은 '가운데집'이다. 시내에서 벗어난 용산다리 앞 천변에 있는 몇 개의 식당 중 '가운데 있는 집'이란 뜻의 이 집은 1968년 시작했는데, 양념족발은 단족(앞발뼈, 뒷발뼈 마디를 자른 것)만 사용한다. 살코기는 별로 없고 거의 콜라겐으로만 이뤄진 껍질이 주를 이룬다.

단족발을 매콤한 양념에 재운 뒤 숯불에 구워내는 양념족발은 쫄깃한 식감과 향긋한 숯불향, 매콤 달콤 소스가 어우러져 별미다.

전주 사람들은 생삼겹살 같은 생고기보다 양념을 한 고기 요리를 즐겨 먹는다. 내장과 족발이 아닌 돼지고기 살코기로 유명한 집도 많다.

그중 전주의 밤 음식 문화를 대표하는 야식집 '오원집'과 '진주집'은

1980년대 장사를 시작했다. 두 집 대표 메뉴인 '돼지구이 한 접시'는 삼겹살 부위에 양념을 발라 연탄불에 구워주는 방식이다.

80년대 소갈비의 본격화와 더불어 돼지불고기도 대중적인 인기를 얻게 된다. 주머니 사정상 소갈비가 부담스러운 서민에게 돼지불고기는 대체재 구실을 톡톡히 했다. 곡성과 담양, 나주, 광주 등 전라도에는 돼지불고기로 유명한 지역이 많다.

전주는 예나 지금이나 전라도 음식이 모여들고, 다른 지역으로 퍼져나가는 관문이다.

03

찬바람 불면 홍어와 나주곰탕 생각

나주의 맛

교통과 냉장시설의 발달, 재배기술의 비약적 발전으로 제철음식에 대한 인식이 점차 희박해지지만 여전히 제철에 산지에서 먹어야 하는 음식은 도처에 있다. 찬바람이 불어야 홍어는 잘 잡히고 맛도 쫀득하다. 따스한 국물과 지글거리는 돼지고기 한 점도 그리워진다.

전남 나주에 가면 이 모든 것을 만날 수 있다. 선조 임금이 "나주가 없으면 호남이 없고, 호남이 없으면 조선이 없다"고 했을 정도로 나주는 호남 쌀이 모여 한양으로 올라오는 조선 곳간이었다. 일제강점기에도 나주 영산포구는 일본으로 가는 물산이 끊이질 않았다. 1915년 이례적으로 내륙 강변인 영산포구에 등대를 세웠을 정도다.

일제강점기 이후 서서히 기울기 시작한 물산 중심지 영산포구는 1978년 영산호 물막이 공사로 배가 끊기면서 등대 불빛이 꺼지고 영화도 잃었다. 하지만 영산포의 옛 영화는 홍어를 통해 되살아났다. 국내 삭힌 홍어의 70% 정도를 만들고 유통하는 영산포는 활력이 넘친다. 등대 바로 뒤부터 이어지는 '홍어 거리'의 30여 개 가게에서 삭힌 홍어를 만들고 판다. 거리에는 홍어 냄새가 진동한다.

고려시대부터 흑산도는 홍어 주산지였다. 왜구 때문에 섬을 비우는 공도(空島)정책을 실시하면서 흑산도 영산에서 나주로 온 사람들은 새로운 마을에 영산이란 이름을 붙이고 모여 살았다. 조선 건국 후 왜구가 소탕되자 영산 사람들은 흑산도로 돌아가기도 하고, 일부는 영산에 남았다. 흑산도에서 많이 잡히던 홍어가 흑산도와 영산포 사람들을 통해 전라도 일대에 유행했다. 흑산도에서 영산포까지 오는 보름 정도의 긴 뱃길에 홍어는 삭는다. 푹 삭은 홍어가 자연스럽게 탄생한 것이다.

흑산도에 유배 중이던 정약전이 1814년 쓴 '자산어보(茲山魚譜)'에는 "나주 가까운 고을에 사는 사람들은 삭힌 홍어를 먹는다"고 적혔다. 1801년 동생 정약용은 강진으로, 형 정약전은 흑산도로 유배를 떠난다. 한양을 출발한 형제는 나주 율정에서 마지막 밤을 보낸 뒤 헤어져 영영 보지 못한다.

율정 주막은 현재 동신대 근처 831번 국도변에 있다. 옛 율정 주막 근처에는 '송현불고기' 집이 있다. 슬레이트 지붕을 인 낡고 작은 한옥이지만, 손님이 줄을 서는 집이다. 간장, 고춧가루, 참기름, 마늘, 생강, 양파, 설탕, 배를 넣어 재운 뒤 숙성시킨 돼지고기를 연탄불에 구워준다. 간장과 참기름 때문에 반짝반짝 빛나는 돼지불고기는 달콤한 맛과 탄력 있는 식감으로 사람을 불러 모은다.

'송현불고기'와 더불어 나주를 대표하는 돼지불고기 집 '사랑채'는 '송현불고기'와는 사뭇 다른 외관을 하고 있다. 중요민속자료 제263호로 지정된 우아한 한옥 남파고택의 한 켠에 자리한, 소박한 한정식을 파는 공간이 사랑채다. 값이 저렴해도 모든 음식을 직접 만들어 내놓는 이 집의 대표 메뉴는 연탄으로 구운 간장 돼지불고기다. 어느 쇠고기 요리와 비교해도 품격이 떨어지지 않는다.

그래도 나주 하면 떠오르는 음식은 역시 곰탕이다. 나주곰탕 명가들은 나주 매일시장 주변에 10여 곳이 옹기종기 모였다. 가장 오래되고 유명한 나주곰탕 삼총사인 '하얀집' '남평집' '노안곰탕집'은 같은 듯 다른 맛을 낸다. 이곳은 6·25전쟁 직후부터 곰탕을 팔기 시작한 것으로 알려졌다. 세 집 모두 수준이 높다. 어느 집에 들러도 전국 최고 수준의 곰탕을 맛볼 수 있다.

홍어애국

송현불고기

04

시원한 개운함 vs 고소한 감칠맛
장흥 된장물회와 한우삼합

8월 10일쯤 남도는 마지막 더위가 기승을 부렸다. 34도가 넘는 날씨 때문에 일부 지역에서는 야외 작업 금지령을 내렸다.

지인 몇 명과 남도를 돌다 과음한 다음 날 해장을 위해 전남 장흥군 회진면을 찾았다. 회진면은 된장물회로 유명해졌다. 동해안 물회가 고추장이나 초고추장을 풀고 설탕을 넣어 매콤달콤한 맛으로 먹는다면, 장흥 물회는 구수한 된장 맛으로 먹는다. 1940년대 선원들이 선상에서 상품 가치가 없는 생선을 썰고 된장과 열무김치를 넣어 먹던 음식 문화가 그 출발점이었다. 그래서 이름도 된장물회 또는 열무김치물회로 부른다. 선원들 음식으로 시작해 마을 사람들의 여름 별식이 된 된장물회는 1990년대 중반 낚시하는 사람들에게 알려지면서 외식으로 등장한다.

된장물회 원조집으로 알려진 '우리횟집'은 소박한 어촌 식당이다. 얼음 동동 떠 있는 차가운 물회로 해장을 하자는 제안에 일행 몇 명은 아침부터 찬 음식 먹기를 원하지 않았지만 물회 맛을 보고는 입을 닫았다.

커다란 그릇에 5명분 물회가 나온다. 예전에는 망둥이, 조기, 전어 등 다양한 생선을 가리지 않고 넣었지만 요즘에는 외지인이 많아지면서 광어나 도다리, 우럭 같은 비린내 없는 생선을 주로 사용한다. 잘게 썬 회와 열무김치가 누르스름한 된장과 섞여 있고 그 위에 고춧가루가 뿌려져 나온다. 개운하고 구수하고 시원하다. 단맛이 나지 않아 먹기에도 편하다. 회를 친 뒤 20~30분 냉장고 냉동실에 넣어 얼기 직전 꺼낸다. 그 때문일까. 회에서도 시원한 맛이 난다. 된장과 열무, 고춧가루같이 투박한 재료를 사용했지만 어느 것 하나 튀지 않고 조화롭다. 회진면에서 차로 약 3분 정도 가면 나오는 삭금마을도 된장물회로 유명하다. 작은 생선인 쑤기미를 이용한 된장물회가 삭금마을표 된장물회다. '용궁횟집' 등 4곳에서 된장물회를 팔고 있다. 장흥읍의 토요시장은 한우 판매로 유명한 곳이다.

'명희네음식점'에서는 한우 우둔살을 넣은 한우물회를 판다. 장흥은 전남에서 소 사육이 가장 많은 곳이자 키조개, 표고버섯 재배 전국 1위를 달리는 식재료의 고장이다. 장흥 한우는 여러 사료를 섞은 배합사료보다 풀이나 짚을 먹이는 소의 비율이 타지역보다 높다. 곡물을 먹여 마블링이 많은 소와 달리 올레산이 많아 감칠맛이 도드라진다.

토요시장에는 한우삼합이라는 독특한 음식을 파는 식당이 많다. 쇠고기와 그 고장에서 많이 나는 표고버섯, 키조개를 함께 구워 먹는다. 이들 식재료는 모두 감칠맛이 나는 성분이 많다. 천연조미료들이 경연을 벌인 덕일까. 어느 식당을 가도 한우삼합 맛이 비슷하고 좋다.

▲ 된장물회　◀ 한우삼합　▶ 장흥 남포 굴구이

　장흥은 2008년부터 산을 치지 않는 무산(無酸) 김을 생산하기 시작했다. 김에 붙은 잡것들을 제거하기 위해 사용하던 산 대신 나흘에 한 번씩 김을 바닷속에서 건져 올려 태양빛을 쐬게 하는 방식으로 바꿨다. 한나절 태양빛을 받으면 김을 제외한 나머지 것들은 거의 사라진다. 번거롭긴 하지만 이 방식 때문에 장흥 무산 김은 전국적으로 유명해졌다. 참기름이나 소금, 조미료를 가미하지 않은 날김은 그 자체로 맛있다. 남해안의 여름 별미인 갯장어 샤브샤브도 요즘 한창 제철이다. 겨울이면 남포마을 소등섬에선 자연산 굴구이와 굴떡국이 유명하다.

　장흥은 자연이 준 먹을거리가 넘쳐나는 곳이다.

05
남도 한정식과 뱀장어구이
강진의 맛

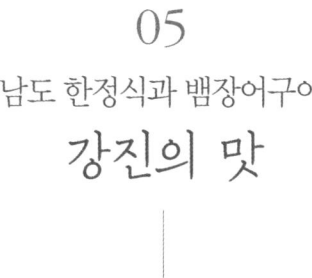

전남 강진만은 강진군을 반으로 가르며 강진읍까지 좁고 깊게 들어와 있다. 강진만이 끝나는 지점에 탐진강이 흐른다. 맑은 탐진강에는 1급수에서만 사는 작은 민물 새우 토하(생이)가 있다.

강진군 육지 끝자락에 있는 옴천면은 질 좋은 토하로 유명하고, 바로 옆 병영면은 콩으로 널리 알려진 비옥한 땅이다. 칠량면은 고려 때부터 청자 제조로 유명했고, 조선시대에는 물론 6·25전쟁 이전까지만 해도 칠량옹기가 전국에서 판매됐다.

오래 전부터 군사요충지이자 도자 생산지이며 물산이 풍부했던 강진에는 부자와 한정식집이 많다. 조선시대에 왕족과 귀족들이 유배를 오면서 시작됐다는 이야기도 전해지지만 기록으로 남은 것은 없다.

1922년 10월 10일자 '동아일보'에 강진 요리옥에 관한 기사가 나오는 것으로 봐서 일제강점기 유행했던 요리옥이 한정식에 영향을 미친 것은 분명해 보인다.

자가용이 필수품이 되고 여행이 중산층의 즐거움이 된 1980년대 강진 한정식집들은 전성기를 누린다.

유홍준 선생의 베스트셀러 '나의 문화유산답사기'에 우리나라 3대 한정식집으로 이름을 올린 '해태식당'이 가장 유명했고, 강진 사람들 사이에서 '해태식당' 못지않게 유명한 '명동식당'도 1980~90년대 전성기를 누린다. '해태식당'은 이름을 그대로 달고 영업하고 있고, '명동식당'은 딸이 이어받으면서 이름을 '예향'으로 바꿨다. 최근 들어 우아한 한옥에 새롭게 둥지를 틀었다. 육회의 차진 맛은 물론, 밥과 함께 먹기 좋은 부드러운 토하젓이며 두툼한 광어회, 표고버섯탕수까지 다 맛있다. 2000년대 들어 한정식 인기는 예전만 못하지만 한 상 푸짐하게 차리는 남도식 한정식은 여전히 멋진 음식 문화다. 탐진강과 강진만이 만나는 강진읍 앞 목리는 예부터 뱀장어가 잘 잡히는 곳이었다.

1801년 강진으로 유배를 온 정약용이 1802년 지은 '탐진어가(耽津漁歌)'에 '계량에 봄이 들면 뱀장어 물때 좋아/ 그를 잡으러 활배가 푸른 물결 헤쳐 간다'란 뱀장어에 관한 기록이 나올 정도로 탐진강 뱀장어는 유명했다. 목리 탐진교 밑에는 50년 넘게 뱀장어를 잡아 팔아온 '목리장어센터'가 있다. 1995년까지는 자연산 뱀장어만 팔았다. 지금도 목리 주변에서는 자연산 뱀장어가 드물게나마 잡힌다. 자연산 뱀장어를 먹으려면 며칠 전 주문해야 한다.

양식과 자연산을 구분하는 확실한 방법은 양식은 뼈와 맞닿은 살이 하얕거나 붉지만 자연산은 노랗다. 쓸개가 파란색이면 양식이고 노란색이면 자연산이 분명하다. 요즘은 양식 뱀장어를 주로 쓰지만, 수족관에서 해감해 흙냄새를 제거한 후 손님상에 내놓는다.

'목리장어센터'를 비롯해 강진의 장어구이는 기름기를 많이 뺀 소금구이를 선호한다. 소금구이는 쫀득한 식감이 일품이다.

목리장어센터

전국에서 가장 규모가 작은 면인 옴천면에는 '옴천식당' 한 곳만 영업을 하고 있다. 달랑 한 곳이라고 무시하면 안 된다. 맛이 상당하기 때문이다. 맑지만 진한 맛이 일품인 곰탕도 좋지만 된장맛이 나는 보신탕이 더 유명하다.

병영면에는 돼지불고기 백반으로 유명한 '수인관'이 있다. 백반 한 상이 한정식 부럽지 않게 푸짐하게 나온다. 오랫동안 남도 밥상의 트레이드마크였던 엄청난 반찬의 향연이다. 하지만 주인공은 돼지불고기다. 먹는 내내 불 위에 올려놓아 온도를 유지하는 것도 정겹다.

병영면에는 전국적으로 유명한 병영막걸리도 있다. 돼지불고기와 곁들이면 그만인 지역 막걸리다.

06
입에 착착 제철 참꼬막 말이 필요 없소
보성군 벌교

전남 보성군은 인구가 4만6000여 명밖에 안 되지만 먹을거리로 유명하다. 가을이면 득량만 율포의 두툼한 전어구이가 사람들을 유혹한다.

겨울이면 주변 바다에서 꼬막이 난다. 갯벌에서 나는 참꼬막은 수심 10m 정도의 모래진흙밭에서 사는 새꼬막보다 성장은 더디지만 맛은 깊다. 벌교읍은 보성읍보다 인구가 2배가 훌쩍 넘을 정도로 사람이 많다. 옛 모습을 간직한 벌교역에 내리면 역 앞에서부터 갯내음이 진동한다. 역에서 벌교시장으로 이어지는 길가에는 뻘내음을 그대로 간직한 꼬막들이 자루에 담겨 사람들 손길을 기다린다. 호남 사람에게 겨울에 벌교 간다는 말은 '참꼬막 사러 간다'는 말로 통한다. 참꼬막 90% 이상이 전남에서 잡히고 그 반 이상이 벌교 여자만 대포와 장암에서 난다.

벌교시장 입구에 있는 '우리식당'은 테이블이 몇 개밖에 없는 허름한 대폿집이다. 가게 앞에서 파는 꼬막을 사오면 삶아준다. 재료 그 자체가 맛인 제철 참꼬막은 삶아 먹어도 맛있다. 꼬막은 우리말이다.

'재물보(才物譜)'(1798)에 '호남사람들이 고막이라 칭한다'는 말이 처음 등장한다. 이후 정약전의 '자산어보(玆山魚譜)'(1814)에도 고막(庫莫)이란 말이 나온다. '자산어보'에서는 한자로 '감'으로 표시하고 와롱자(瓦壟子), 와롱자(瓦龍子), 복로(伏老), 강요주(江瑤珠), 괴륙(魁陸), 괴합(魁蛤) 같은 한자와 속명을 여럿 기록하고 있다. 와롱자는 중국과 한국에서 공통으로 사용하는 말로, 기와지붕(부챗살마루) 같은 꼬막 껍데기를 보고 지은 것임을 쉽게 알 수 있다.

우리말 고막 혹은 꼬막은 '작은 조개'를 뜻한다. 고막과 꼬막에 쓰이는 '고'와 '꼬'는 '고맹이' '꼬맹이'처럼 구별 없이 사용하는 경우가 많다. 특히 '꼬'는 '꼬마' '꼬투리' 같이 작은 사물을 지칭하는 접두어이며, '막'도 작은 공간을 나타내는 '오막' '오두막' '움막' 등에 사용하는 말이다. 따라서 고막 혹은 꼬막은 '작은 집에 사는 것'이란 의미로 기와지붕처

우리식당 참꼬막

벌교 참꼬막

럼 생긴 꼬막 껍데기를 연상하면 쉽게 그 연원을 생각할 수 있는 단어다. 참꼬막은 '제사꼬막'으로도 부른다. 전남 남해안 제사상에 빠지지 않는 귀물이다.

참꼬막에 비해 양도 많고 가격도 저렴한 새꼬막은 '개꼬막' '똥꼬막'이란 천한 이름이 붙었다. 그러나 산지에서 제철에 먹는 새꼬막은 참꼬막에 결코 뒤지지 않는다.

성장이 더딘 참꼬막은 3년산을 최고로 치지만 새꼬막은 어린 1년생이 보드라운 속살 덕에 더 맛있다. 수분이 많은 참꼬막은 삶아 먹는 게 맛있고, 새꼬막은 다양한 방법으로 요리해 먹는 것이 좋다.

벌교역에서 우측으로 조금 걸어가면 먹자골목이 나온다. '국일식당'은 벌교의 수많은 꼬막 전문집 중에서도 가장 유명하고 세련된 꼬막 요리를 낸다. 꼬막정식을 주문하면 살짝 데친 꼬막회와 꼬막무침, 꼬막전 등을 맛볼 수 있다.

'국일식당' 근처 '역전식당'도 겨울에는 꼬막을 판다. 여름에는 순천과 보성의 여름 별미 짱뚱어탕으로 유명하다. 우렁이 음식으로 유명한 '벌교우렁집'에서도 겨울엔 우렁꼬막정식을 맛볼 수 있다.

보성읍에는 저렴한 가격에 남도 한정식을 맛볼 수 있는 '수복식당'이 있다. 겨울에는 꼬막정식이 한정식보다 인기가 많다.

'수복식당'과 멀지 않은 '보성양탕'에서는 전남 사람들이 즐겨 먹는 보양식 양탕(염소탕)을 맛볼 수 있다. 육개장처럼 맵고 개운한 맛이 나는 게 특징이다.

07

청정 자연이 키운 은어와 한우 맛난다, 맛나

곡성

강원 정선과 전남 곡성은 재래시장 덕에 유명해진 곳이다. 외진 곳에 있지만 기차가 다녀 사람 왕래가 빈번한 것도 닮았다. 인구 3만 명을 넘긴 곡성에는 1년에 400만여 명의 관광객이 찾아든다. 전국 유일의 기차마을인 곡성 기차마을(오곡면 오지리)을 관광하고, 곡성장에서 특산물을 사는 사람이 대부분이다.

매월 끝자리 3일과 8일 열리는 오일장에 토요장이 더해진 곡성장은 재래시장답게 지역 식재료가 넘쳐난다. 해발 700m를 넘나드는 곡성은 섬진강 맑은 물이 흐르고 일교차가 심해 작물이 다양하고 맛도 좋다.

5~6월 오곡면 압록마을에선 대한민국 최고의 은어가 잡힌다. 은어와 함께 맑은 물에 사는 참게도 유명하다. 맑은 물에서 자란 은어는 회로 먹으면 수박향이 난다. 여기에 고소한 은어튀김도 인기 많은 메뉴다.

한일순대국밥 토렴　　　　　　　　　　　한일순대국밥

　압록마을에서 나는 다양한 민물생선으로 끓인 매운탕도 빼놓을 수 없다.
　김치 달인으로 유명한 주인이 운영하는 '새수궁가든'은 좋은 식자재 사용으로 이름나 현지 주민이 많이 이용한다. 큰 일교차는 소 사육에도 영향을 미친다. 경북축산연구소가 있는 경북 영주나 한우로 유명한 강원 횡성 같은 곳이 다 일교차가 심한 곳이다. 곡성도 비슷하다.
　곡성에서 광주로 넘어가는 길목에 있는 옥과면의 '옥과한우촌'은 크고 넓지만 사람으로 넘쳐난다. 소를 키우던 주인이 몇십 년 전 시작한 이곳은 곡성을 넘어 광주와 전남 일대까지 소문이 자자하다.

옥과한우촌

　한우 중에서도 암소만 판매하는 식당은 생고기도 파는 일종의 정육점 식당이다. 오전에만 먹을 수 있는 토시살 구이나 꽃등심도 인기가 많지만 한우를 날로 먹는 생고기도 좋다. 당일 잡은 암소 엉덩잇살과 기름기가 많고 단단한 차돌박이를 생고기로 판다. 참기름을 살짝 친 덕에 엉덩잇살은 차지고 고소하다. 얇고 길쭉하게 썬 차돌박이 생고기는 고소하고 기름진 맛이 알맞게 난다. 생고기가 부담스러운 사람은 '생비'(생고기를 얹은 비빔밥)나 '익비'(익힌 고기를 얹은 비빔밥)를 먹기도 한다. 전라도 비빔밥의 공통된 특징인 생고기를 제대로 즐길 수 있다.

　곡성 오일장 앞에 있는 '순한 한우 명품관'은 곡성 사람이 최고로 치는 식당이다. 곡성축협에서 운영하는데 질 좋은 거세우를 맛볼 수 있다. 하루에 100그릇만 판매하는 갈비탕은 오후가 되면 떨어지기 십상이다.

시장 한편에 순댓국밥과 백반을 파는 식당이 5곳 몰려 있다. 장을 보러 온 사람들을 위한 식당이라 아침 일찍 문을 연다. 순대 속에 선지만 넣은 '똥순대' 국밥은 다른 곳에서는 맛볼 수 없다. 똥은 돼지의 옛말인 '돗'에서 나왔다.

곡성과 가까운 전북 남원에 주소를 둔 50년 역사의 중국집 '금생춘'도 곡성 사람의 발길이 잦은 곳이다. 주소지는 남원이지만 곡성과 맞닿은 곳에 자리해 곡성 사람은 이곳에서 짬뽕이나 짜장면을 즐긴다. '금생춘'의 성공 덕에 곡성에는 중국집이 많다.

'금생춘'의 간판 메뉴는 짬뽕으로, 곡성 명물인 고춧가루를 사용한 국물은 얼큰하면서 단맛이 나지만 무겁지 않다. 제대로 뽑아낸 얇고 하늘거리는 면발도 상당한 수준이다. 국물과 면발이 봄날 연인처럼 가볍고 싱그럽다. 짜장면에는 '옛날 짜장'이란 이름이 붙었다.

고기가 귀한 시절 짜장면에는 주로 감자와 당근, 양파 같은 채소를 넣었는데 이를 '옛날 짜장'이라 부른다. 면발은 짬뽕과 같은 얇은 수타면이다.

08

'피굴'에 붕장어탕, 황가오리 애까지

고흥의 이색 먹을거리

흔히 '굴' 하면 경남 통영을 떠올리지만 전남 고흥은 일제강점기 한반도 최대 굴 산지 가운데 하나였다. 지금도 굴로 유명하며, 최근 귀해진 자연산 굴이 제법 나온다.

고흥의 자연산 굴은 3~4년생이 주를 이루고, 일반 양식굴이 겨울이 제철인 데 비해 3월에서 6월 사이 것이 더 맛있다. 자연산답게 몸집은 작지만 향이 좋고 2년 이상 양식한 굴에서 나는 특유의 아린 맛도 없다.

고흥의 특이한 먹을거리 가운데 '피굴'이란 음식이 있다. 피굴은 껍데기를 가진 굴을 말한다. 피굴을 먹으려면 일단 굴을 껍데기째 살짝 끓인 후 속을 골라내 따로 보관한다. 냉장고에 서너 시간 넣어 차게 식힌 국물에 보관해둔 굴을 넣고 김 등을 뿌려 먹으면 된다.

개운하면서 시원하고 감칠맛이 나는 피굴은 아쉽게도 술꾼의 해장 음

▲ 참빛횟집 붕장어탕　◀ 도라지식당 황가오리회　▶ 피굴

식으로만 널리 알려졌을 뿐 정규메뉴로 파는 식당은 없다. 고흥 전통음식 전문 식당에 하루 전 부탁해야 먹을 수 있는 음식이다. 고흥군 과역면 '해주식당'은 백반과 삼겹살을 파는 평범한 식당이지만 4인 이상이 주문하면 고흥 고유의 다양한 해산물 음식을 한정식으로 내놓기도 한다.

　피굴도 미리 부탁하면 먹을 수 있다. 자연산 굴을 꼬치에 꿰어 간장과 설탕에 조린 굴간장조림도 독특하고, 낙지를 팥과 함께 끓인 구수한 낙지팥죽도 이색적이다. 고흥 토박이 사장의 고흥산 식재료에 대한 깊은 이해가 녹아든 수준 높은 요리를 맛볼 수 있다.

　예부터 고흥에서 가장 부유한 곳은 소록도와 마주보고 있는 녹동항이다. 녹동항은 신항과 구항으로 나뉘는데 장어탕을 잘하는 식당이 제법 많다. 붕장어는 기름기가 뱀장어의 절반이고 살은 두툼하다. 구이로 먹어도 좋지만 남해안 사람들은 붕장어탕을 여름 보양식으로 많이 먹는다.

신항 앞 '참빛횟집'은 현지인들이 인정한 붕장어탕 맛집이다. 개운하면서도 얼큰한 국물과 우거지, 보드라운 붕장어는 환상의 궁합을 자랑한다. 아침식사용, 해장용, 점심식사용, 저녁 술안주용 등 어떤 분위기와도 잘 어울리는 만능 음식이며, 재료에 대한 이해와 적절한 조리법이 톱니바퀴처럼 딱딱 맞아 돌아가는 훌륭한 밥상 노릇도 한다. 직접 만든 김치나 호박무침도 붕장어탕의 맛과 실력을 반감하지 않을 정도로 좋다.

고흥 읍내에서는 '도라지식당'의 명성이 자자하다. 허름한 대폿집 분위기의 술집인데 음식이 독특하다. 이 집의 시그니처 음식은 황가오리회다. 황가오리는 노랑가오리라고도 부르는데 몸이 이름처럼 노랗다. 이 식당에선 황가오리 중에서도 15kg이 넘는 큰 것들만 취급한다. 황가오리의 속살은 붉다. 마블링이 짙게 밴 쇠고기 등심처럼 보인다. 먹어보면 쫀득한 맛이 난다. 홍어와 비슷한 식감이지만 좀 더 쫀득하다. 홍어 애를 최고로 치듯이 황가오리 애도 최고 대접을 받는다. 홍어 애보다 식감이 좀 더 강하고 마지막 풍미는 홍어 애를 압도한다. 아귀 애도 황가오리 애에 비하면 싱겁다. 15kg 이상인 황가오리를 식재료로 사용하는 이유 또한 애의 풍미 때문이라는 게 식당 주인장의 설명이다.

다른 일식집에선 잘 볼 수 없는 꽁치회도 명물이다. 우리가 흔히 회로 먹는 것은 학꽁치회다. 꽁치는 학꽁치보다 기름기가 많고 선도 유지가 쉽지 않아 회로 먹기가 어렵다. 이 식당은 갓 잡은 싱싱한 꽁치를 손질해 얼기 직전의 선어 상태에서 회로 내놓는다. 꼬들꼬들하고 시원한 맛이 독특하다. 이 식당은 회뿐 아니고 생선구이나 탕도 잘한다. 고흥 토박이들이 사랑하는 식당이다.

09

톡톡, 살캉살캉 고소한 그 맛
목포의 민어

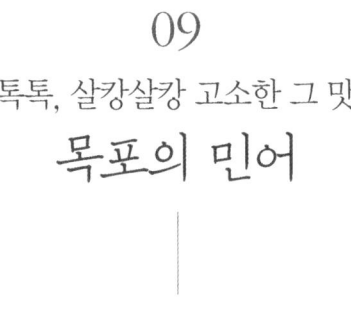

1897년 남도의 쌀과 면화를 일본으로 수출하기 위해 세운 항구도시 전남 목포는 일제강점기에 전성기를 맞는다. 목포종합수산시장은 1908년 동명동 어시장으로 출발했지만 2004년 지금의 이름으로 바뀌었다.

목포종합수산시장은 냉장시설이 없던 시절의 어물 보관 방식을 따르는 종합박물관이다. 전국 홍어의 80%가 이곳을 통해 거래된다. 홍어가 겨울을 대표하는 목포 어물이라면 여름은 단연 민어의 철이다.

1931년 7월 3일자 '동아일보'에는 유월 그믐(음력 6월 마지막 날) 이후에 잡히는 민어는 온통 기름져서 늦은 봄이나 이른 여름에 나는 민어의 맛과는 아주 다르다고 적고 있다. 호박도 이때가 제철이라 호박 나기 전 민어는 맛이 없다고 적고 있다. 민어와 호박을 넣고 끓인 민어탕을 여름 최고 보양식으로 여겼다. 1611년 허균이 쓴 '도문대작(屠門大嚼)'에 민

영란횟집 민어회   움천식당

서 흔한 생선이자 맛 좋은 생선으로 나올 정도로 일제강점기까지 흔한 생선이었다.

  17세기 중반에 쓰인 '옥담시집'(玉潭詩集)에는 '민어(民魚)'란 시가 나온다. '입이 크기는 농어와 닮았는데/ 비늘은 농어보다 조금 크다네./ 피부는 풍성한 살로 채워졌고/ 창자는 속현을 가득 안은 듯하네./ 솥에 끓이면 탕이 맛있지만/ 회를 치기에는 좋지 않아라/ 건조시킨 뒤 한번 먹어 보시라./ 밥 먹을 때 손이 먼저 가리라.' 시에도 나왔지만 민어는 살이 무른 편이라 회를 뜨기 쉽지 않다. 특히 바로 잡은 민어회는 맛을 제대로 즐길 수 없다. 잡은 뒤 하루에서 일주일 정도 두면 민어의 깊은 맛이 난다.

민어는 전으로도 제격인 생선이다. 부드러운 속살이 깊은 맛을 낸다. 민어 암컷은 수컷에 비해 가격이 반 정도밖에 안 된다. 특히 여름이 산란철인 암컷은 알에 모든 영양이 집중돼 살이 푸석하다. 그 대신 알로 만든 어란을 명품으로 쳐준다. 수컷 중에서도 10kg이 넘는 민어를 제일로 친다. 크기에 따라 가격 차가 커서 별도로 이름이 붙었다.

전남에서는 민어의 특대자를 개후치, 소자를 홍치 또는 불등킨이라고 부르고 경기도 상인들은 최소자를 보굴치, 그다음부터 어스레기, 상민어 및 민어 등의 순으로 부르고 있다.' ('동아일보' 1955년 9월 6일자) 민어는 서남해안에서 고루 나는데 예전이나 지금이나 전남 신안군 임자도는 민어 최대 산지다. 신안에서 올라온 민어는 중앙시장을 거쳐 목포는 물론 전국으로 팔려 나간다.

목포 만호동에는 민어거리가 있다. 식당 여섯 곳에서 민어를 취급한다. 홍어 하면 '금메달식당'이 떠오르듯 민어 하면 '영란횟집'을 빼놓을 수 없다. 민어회를 시키면 껍질이 붙은 민어회와 붉은 살이 감도는 민어 한 접시는 물론 민어껍질, 부레(공기주머니), 뼈다짐, 깨소금이 함께 담겨 나온다.

조선시대 최고 접착제 재료였던 부레는 쫄깃한 식감과 고소한 맛이 동시에 느껴진다. 살캉살캉 씹기에 좋은 음식이다. 껍질은 보드레하고 뼈다짐은 입안에서 톡톡 씹힌다. 회는 살캉살캉 입안을 감돌다 넘어간다.

된장에 뼈, 대가리, 간, 내장, 알을 넣고 끓인 지리(맑은 탕)는 기름지지만 느끼하지 않고 개운하다.

10
젓갈의 짠맛, 밥의 단맛, 갓김치의 쌉싸래한 맛
순천의 국밥과 한정식

남해안을 여행하다 보면 반드시 전남 순천에 닿는다. 전라선과 경전선이 만나는 지점이자 전주에서 여수로 이어지는 17번 국도와 목포-부산 간을 연결하는 2번 국도의 교차점이다.

전남에서 산이 가장 많은 지역이지만 바다와 접해 있고 섬진강과 보성강도 흐른다. 주변 산과 뭍과 바다에서 나는 물산들이 모여 일대로 퍼져나가기 때문에 순천에는 시장이 많다.

북쪽 산지에서 내려오는 물산은 '웃장'이라 부르는 북부시장으로 모이고, 남쪽 산물은 '아랫장'인 남부시장으로 흘러든다. 웃장은 전라도에선 보기 드물게 돼지국밥 골목이 형성돼 있다.

1980년대 초 '상원식당'에서 시작된 전라도식 돼지국밥은 현재 웃장에서 가장 오래된 '제일식당'으로 이어지고 있다. 특이한 점은 시장 골

▲ 할머니 옛날 순대국밥집 대창피순대　◀ 건봉국밥 순댓국밥　▶ 대원식당 한정식

목에 들어서도 돼지국밥 골목이나 순댓국밥 골목의 트레이드마크처럼 각인된 돼지 냄새가 나지 않는다는 것.

돼지 냄새는 일반인에겐 추억의 냄새지만, 사실 돼지고기 관리와 조리 과정에서 산패해 생기는 것이다. 당연히 젊은이들은 싫어하는 냄새다. 그런 냄새가 나지 않기 때문일까.

식당 10여 곳 가운데 가장 오래되고 사람도 제일 붐비는 '제일식당'에 들어서면 의외로 젊은 손님이 많다. 콩나물국밥을 연상케 하는 돼지국밥은 맑고 개운하다. 콩나물 덕에 시원하고 마늘 덕에 달달한 맛이 난다.

국은 살코기와 뼈로 낸 맑은 탕이다. 고기는 주로 머리고기를 사용한다. 내장은 아예 취급하지 않는다. 순대는 광주에서 가져온 당면순대다. 전라도 일대가 피순대 문화권인 것을 감안하면 웃장의 돼지국밥은 확실히 독특하다. 웃장에서 위로 한참을 가면 순천시 끝자락에 위치한 괴목리가 나온다.

옛 괴목리 오일장 자리에 있는 '할머니 옛날 순대국밥집'에서는 콩나물이 들어간 묵직한 대창피순대를 판다. 전라도 음식의 한 축인 젓갈로 맛을 낸 묵은지와 갓김치에 순대를 곁들여 먹는 것이 독특하다. 순천에서 가장 큰 시장인 아랫장에도 순댓국밥집이 몇 군데 들어서 있다.

'건봉국밥'의 순댓국밥은 탁한 국물이지만 생각보다 진하지 않고 오히려 개운하고 경쾌하다. 돼지국밥에 딸려 나오는 김치만 4가지다. 콩나물과 새우젓, 된장, 양파, 고추, 마늘도 곁들여진다. 남도의 반찬은 푸짐하고 풍성하다. 돼지국밥에 나오는 반찬이 아무리 많다 해도 한정식과는 비교할 수 없다.

순천에는 한정식으로 이름이 자자한 '대원식당'이 있다. 어둠이 내려앉은 저녁 한옥집은 고향집처럼 정감이 있다. 탁자가 없는 구들방에 자리를 잡는다. 같이 온 일행들이 어색해한다. 잠시 후 두 여성이 음식이 가득한 큰 상을 들고 들어온다. 진석화젓, 토화젓, 갈치속젓에 봄을 가득 담은 나물과 된장찌개, 돼지불고기, 낙지구이, 갓김치가 두루두루 맛있다.

남도에서는 가격 문제나 너무 많은 반찬 수 탓에 일정 수준의 맛을 유지하는 한정식집이 점점 줄어들고 있다. 다행히 '대원식당'의 맛은 변함

없지만 가격이 오르고 반찬 수는 줄었다. 식당 주인이 음식과 먹는 법을 열심히 설명한다. 미슐랭 스타를 받은 레스토랑에서나 볼 수 있는 설명 덕에 맛에 대한 이해가 높아진다.

간이 적절하고 각별하다. 재료 자체의 맛보다 양념과 재료의 조화를 중요시하는 한국인의 음식 만들기가 잘 녹아 있다.

진석화젓을 밥에 비벼 갓김치를 곁들이니 젓갈의 짠맛이 밥의 단맛, 갓김치의 쌉싸래한 맛과 어울려 한국적인 음식의 한순간을 완성한다.

'명궁관' '세복식당' '선암식당' 같은 다양한 가격과 차림새의 한정식집도 여전하다.

11
막걸리 한 잔에 서대회무침 한 점
여수의 해물요리

'버스커 버스커'의 노래를 빌리지 않아도 전남 여수의 바다는 아름답다. 그 이름처럼 물이 수려하다(麗水). 뭍과 섬을 연결하는 다리와 시장도 한 몸처럼 잘 어울린다.

2012 여수세계박람회(엑스포)가 열린 여수역 주변은 현대식 건물이 많이 들어섰지만 여수 진남관 앞거리는 아직도 온통 재래시장이다. 서시장, 중앙선어시장, 여수수산물특화시장, 여수수산시장, 교동시장 같은 시장들이 부두를 따라 길게 늘어서 있다. 여수의 주인공은 역시 생선이다. 서대(서대기)회무침은 시장 인근 식당에서 다 취급하지만 이 중에서도 잘하는 집은 따로 있다.

중앙선어시장 근처에 있는 '구백식당'은 서대회무침과 서대회비빔밥으로 이름을 떨친다.

여수에는 여수막걸리나 개도막걸리 같은 유명 막걸리가 많다. 이 막걸리로 만든 막걸리식초로 서대를 다듬으면 회가 부드러워지면서 감칠맛도 풍부해진다.

식초는 술을 발효시킨 다음 만드는 게 전통 방법이고 또 가장 맛있다. 서대회와 더불어 금풍생이(군평서니)라는 노릇한 생선구이도 인기가 좋다. 생선구이에는 톡 쏘는 막걸리가 제격이다. 막걸리는 요즘 같은 봄날 더 맛있다. 해안가의 막걸리 문화는 육지와 좀 다르다. 막걸리의 부유물을 가라앉힌 맑은 술, 즉 위 술만 마시는 문화가 깊이 자리하고 있다. 텁텁하지 않고 맑아 생선에 제격이다.

'구백식당'과 쌍벽을 이루는 '삼학집'에서도 금풍생이와 서대회무침을 먹을 수 있다.

여수 사람들은 점심시간마다 게장 전문점 앞에 긴 줄을 선다. 그중에서 '황소식당'이 원조 격이다. 이곳에서는 꽃게 대신 민물게(참게)를 닮은 작은 돌게(민꽃게)로 게장을 담근다. 돌게로 만든 간장게장과 양념게장은 다른 지역과 비교조차 안 될 정도로 가격이 저렴하고 '리필'도 가능하다. 게장을 시키면 반찬 10여 개와 조갯국이 나온다. 저렴하고 양 많고 맛 좋은 서민 맛집의 삼박자를 두루 갖추고 있다.

여수 국동항 주변에는 '자매식당'을 비롯한 붕장어 전문점이 10여 곳 몰려 있다. 관광객보다 현지인이 더 많이 찾는 곳이다. 이곳의 최고 인기 메뉴는 단연 통장어탕이다. 1.5kg이 넘는 커다란 붕장어는 구워 먹기엔 시간이 너무 많이 든다. 다른 생선에 비해 기름기가 많지만 뱀장어에 비하면 반 정도밖에 안 된다. 이 커다란 붕장어를 여수 아주머니들은 시래

▲ 통장어탕   ◀ 여수 소금 붕장어구이   ▶ 여수 양념 붕장어구이

기와 된장을 넣어 국으로 끓여 낸다.

　붕장어 살은 풍성하고 고소하며 기름지다. 국물은 진하면서도 탁하지 않고 개운하다. 여기에 여수 봄날의 명품인 톡 쏘는 갓김치를 곁들이면 봄날 사라진 미각을 되찾는 데 더할 것이 없다. 알싸한 갓김치와 은근하고 깊은 맛을 내는 장어국은 상극 같은 재료들이 만나 상생으로 거듭나는 특이한 체험을 선사한다.

　1kg 미만의 붕장어는 구워 먹는다. 바로 앞 항구에서 경매를 한 붕장어는 양념하지 않고 소금만 쳐서 먹는 게 가장 맛있다. 고소한 감칠맛과

단맛이 동시에 난다.

여수 밤바다의 주인공은 단연 교동 포장마차촌이다. 천변을 따라 이어진 포장마차 수십 개에는 가게 이름 대신 경매인 숫자를 의미하는 번호가 붙어 있다. 사람이 가장 많은 23번 집은 모둠불판이 유명하다. 키조개 관자, 새우, 냉동삼겹살에 부추와 채소를 풍성하게 올려 구워 먹는 음식이다. 해산물 맛이야 당연하고 냉동삼겹살도 그에 못지않게 맛있는 게 이 집의 반전이다.

풍성한 안주와 시원한 술 한 잔을 곁들이면 봄바람이 살랑대는 여수 밤바다가 더욱 아름답게 보인다.

12

톡 쏘는 홍어냐 담백한 민어냐 아, 고민되네
해산물 천국 목포의 맛

사계절이 뚜렷한 건 미식가에겐 축복이다. 철마다 다른 식재료가 요리사 손을 거쳐 식탁에 오르기 때문이다.

겨울은 단연 해산물의 계절이다. 전남 목포는 일제강점기 호남 곡물을 일본으로 실어 나르는 항구로 번성했다. 거리 곳곳에는 일제강점기에 지은 근대 건축물이 남아 있다. 호남의 곡물, 서해와 남해의 해산물이 목포로 모였다. 돈과 식재료가 넘쳐나니 음식이 발달한 건 당연했다.

기온이 내려가고 바다가 거칠어지면 신안군 흑산도 주변에서 홍어가 잡힌다. 세모꼴의 큰 이 홍어는 남도 제일의 미식이 됐다. 홍어는 변화의 먹을거리다. 날로 먹으면 꼬들꼬들한 식감으로, 삭히면 톡 쏘는 암모니아 향으로 먹는다. 그러나 흑산도 홍어는 상당히 비싸기 때문에 큰맘 먹어야 맛볼 수 있다.

독천식당 갈낙탕

목포 혹은 홍어에 대해 들어본 사람이라면 홍어명가 '금메달식당'을 모를 리 없다. 한동안 국내에 홍어 배가 한 척만 남았을 때, 그 배에서 잡은 귀한 홍어를 팔면서 명성을 쌓아온 집이다. 흑산도 홍어 맛을 제대로 즐길 수 있는 명가지만 가격이 비싸다.

'금메달식당'이 고급 홍어 요리를 대표한다면 '덕인집'은 서민적인 홍어 요리를 대변한다. 가게 입구에는 흑산도에서 잡힌 홍어에만 부착하는 흑산도 홍어 태그를 모아 놨다. 흑산도 홍어만 취급하지만 '금메달식당' 보다 가격은 반값으로, 투박한 선술집 같은 곳이다.

흑산도 홍어를 삼겹살, 묵은 김치와 함께 내놓는 '홍어삼합'이 주요 안주지만 꽃게무침, 고래고기, 민어찜, 가오리찜 같은 다양한 해산물을 맛볼 수 있다. 목포의 서민적인 모습을 가장 깊이 느낄 수 있는 곳이다.

목포항 근처 동명항 시장(목포종합수산시장)은 홍어 유통의 메카다. 최고급 흑산도 홍어에 이어 칠레산, 아르헨티나산이 대세를 이루고 있다. 시장 주변에는 저렴한 홍어를 먹을 수 있는 식당이 많다.

목포에 홍어처럼 강한 음식만 있는 건 아니다. 꽃게무침으로 유명한 '초원음식점'은 허름하지만 꽃게무침 맛은 전국 제일을 자랑한다. 봄꽃게를 한번에 사서 냉동실에 넣어두고 1년 내내 내놓는데 보드라운 게살에 고춧가루와 양념을 넣어 만든 꽃게무침은 밥하고도 잘 맞고 술안주로도 좋다.

'인동주마을'은 꽃게장백반으로 명성이 자자하다. 4인에 4만 원짜리 꽃게장백반을 시키면 꽃게, 홍어 같은 제철 해산물이 한 상 가득 나온다. 최고 음식을 1인분에 고작 1만 원이면 먹을 수 있다. 왜 남도음식이 오랫동안 정상에 있는지 이 집의 깐깐한 음식이 말해준다. 민어는 다년생으로 여름이 제철이지만 겨울에도 잡히고 맛있다.

목포 '영란횟집'은 빼놓을 수 없다. 민어회는 물론 다양한 민어요리를 한자리에서 맛 볼 수 있다. 민어는 방어처럼 클수록 맛있다. 민어회에서는 홍어만큼은 아니지만 미세한 암모니아 냄새도 난다. 홍어 맛에 익숙한 사람은 민어회의 미세한 냄새에 자동으로 반응한다.

'영란횟집'이 외지인이 많이 찾는 집이라면, '삼회횟집'은 토박이가 많이 찾는 민어 전문점이다. 낙지로 유명한 '독천식당'도 있다. 갈비탕에 낙지를 넣은 갈낙탕은 식사로도 좋고 해장국으로도 적당하다. 갈낙탕 하나만 먹어도 좋지만 대부분 낙지비빔밥과 갈낙탕을 함께 먹는다.

낙지만 넣고 끓여낸 연포탕도 별미다. 맑은 국물은 시원하고 낙지는 매끈하면서 쫄깃하다. 목포에는 해산물 전문점만 있는 건 아니다. 호남 제일의 콩물을 자랑하는 '유달콩물'은 담백한 콩국수로 사람들을 불러 모은다.

'등대식육식당'은 목포식 육회를 내놓아 토박이들이 사랑하는 집이다. 육회에 김치를 곁들여 먹는 것이 가장 큰 특징이다.

13

은어밥에 재첩회, 참게탕도 한 그릇
섬진강의 여름 먹을거리

　전라도의 젖줄 섬진강은 여전히 맑다. 난개발로 수많은 강이 모습이 바뀌었지만 섬진강은 용케 살아남았다. 섬진강의 하류 끝 광양이 개발되면서 하구 모습은 조금 변했어도 상류에선 이맘때면 은어가 나고 재첩의 살이 오르며 참게도 잡힌다.
　안타깝게도 자연산 은어는 극소수가 잡히는 탓에 식당에선 대개 양식 은어를 사용하지만 섬진강 은어는 여름철 최고 미식 재료다.
　맑은 섬진강에서 자란 은어는 바위의 이끼를 먹고 자란 덕에 수박향이 난다. 섬진강변 은어는 구이나 회로 먹지만 은어를 얹어 지은 은어밥도 빠지지 않는 여름 별미다. 은어의 향이 쌀밥에 배어 감칠맛이 강하고 은근한 향도 일품이다.
　전남 곡성군 압록은 섬진강 은어 중에서도 가장 좋은 은어가 나는 지

재첩회

역이다.

　은어 명가로 유명한 곡성군 '용궁산장'은 은어로 만든 음식으로 유명하다. 단맛이 도는 은어회, 석쇠에 구워 소금에 찍어 먹는 은어 소금구이, 뼈째 먹을 수 있는 은어튀김까지….

　은어는 은은하고 깊은 맛 때문에 어떤 방법으로 요리해도 제맛을 내는 귀한 식재료다.

　섬진강의 또 다른 명물로 참게를 빼놓을 수 없다. 요즘은 참게의 일종인 동남참게가 주로 잡힌다. 간장게장은 원래 꽃게가 아니라 민물게인 참게로 만든 음식이다. 전국적으로는 경기 파주 참게가 가장 유명하고 남쪽에선 섬진강 참게가 이름이 높다.

하동을 기점으로 섬진강 상류에는 참게가 많이 잡히고 밑으로는 재첩이 많다. 하동군 위쪽 섬진강변에 참게집들이 집중적으로 몰려 있는 것도 이 때문이다.

하동읍 '섬진강재첩횟집'은 참게로 만든 탕이 맛있다. 들깨가루, 찹쌀가루, 콩가루 등 8가지 넘는 곡물을 넣어 걸쭉한 죽처럼 만든 국에 참게를 넣어주는 참게가리장국으로 이름난 집이다. 국물이 진하고 고소해 여름 보양식으로 인기가 많다.

이 집에서는 쇠고기를 먹인 참게를 50일간 숙성시킨 참게 간장게장도 맛볼 수 있다.

원래 게장이란 낱말은 게를 간장에 담가 만들었다는 의미와 함께 게의 내장으로 담갔다는 이중적 의미를 지니고 있다. 간장게장은 살이 아니라 내장의 감칠맛과 간장의 달고 짭짤한 맛이 더해져 밥반찬의 절대강자가 된 음식이다.

광양시 진월면 '청룡식당'은 섬진강변에 40년째 둥지를 틀고 있는 재첩 명가다. 재첩이 듬뿍 담긴 재첩국은 맑고 깊다. 강하지 않지만 마음을 움직이는 힘이 있다.

'청룡식당'이 유명해진 데는 재첩국과 더불어 재첩회가 일조했다. 재첩회라는 이름 때문에 생재첩을 먹는 것으로 생각하지만 '청룡식당'의 재첩회는 재첩을 밥과 함께 비벼 먹는 일종의 비빔밥이다. 뜨거운 물에 살짝 데친 호박과 재첩, 양념으로 버무린 재첩회를 참기름이 담긴 그릇에 넣고 밥과 함께 비벼 먹는 음식이다. 하동과 남해 일대에서는 호박을 살짝만 데쳐 먹는데 아삭한 식감이 환상적이다. 호박이라는 생각이 들지 않을 정도다.

재첩회 비빔밥은 남해가 고향인 나도 어릴 적 많이 먹었던 음식이다. 한 그릇 싹싹 비벼 먹다 보니 섬진강 맑은 물이 고맙고, 재첩 잡느라 허리 숙여 고생한 어머니들이 생각나며, 겨우내 익은 된장과 간장, 고추장이 정겹고, 섬진강변에서 자라는 호박, 마늘종 같은 이 땅의 식재료들이 사랑스러우며, 투박하지만 건강하고 맛있는 음식을 만들어낸 할매들의 삶이 거룩하게 느껴진다.

섬진강변에서 밥을 먹다 보니 번뇌는 온데간데없고 맛있는 것들 덕에 몸만 불어난다.

6장

푸드 인
경상·부산

경상도에는 일정 금액을 내면 술과 안주가 푸짐하게 나오는 문화가 있다. 경남 삼천포(현 사천)에서는 이런 집을 '실비집'이라 부르고 마산은 '통술집', 통영은 '다찌' 혹은 '실비'라 한다. 정확한 유래는 알 수 없지만 '통술'은 통째로 상을 내온다거나 통에 술을 담아내기 때문에 붙은 이름으로 추정된다. '실비'는 저렴한 가격에 술과 안주를 푸짐하게 먹을 수 있다는 뜻에서 붙은 이름이다.

01
졸깃한 식감과 은근한 감칠맛
통영의 장어 요리

    장어는 여름 생선이다. 하지만 오래전부터 한국인이 즐겨 먹던 생선이 아니어서 장어에 대한 인식은 부족한 편이다.

    장어 하면 사람들은 대개 기름진 뱀장어를 생각한다. 뱀장어는 보통 민물장어라고도 부른다. 민물장어란 이름과 달리 뱀장어는 바다에서 태어나 민물에서 자란 뒤 다시 바다로 돌아간다.

    뱀장어를 가장 많이 먹는 곳은 일본, 그중에서도 도쿄다. 도쿄가 '우나기', 즉 뱀장어를 많이 먹는다면 붕장어와 하모(갯장어)는 간사이 지방 사람들이 즐겨 찾는다. 아나고는 우리말로 붕장어라고 하는 생선이다. 모양새는 뱀장어와 비슷하지만 기름기가 반밖에 안 돼 담백하다.

    하모는 교토에서 유명하다. 7월 한 달 동안 열리는 기온마쓰리는 하모 마쓰리로도 불린다. 일본말 하모는 '물다'라는 뜻의 하무에서 온 말이고, 갯장어의 '개'도 잘 무는 개와 습성이 비슷해 붙은 이름이다. 부산 지역에서 주로 먹는 곰장어는 일본에선 거의 먹지 않는다.

곰장어를 제외한 나머지 장어 음식 문화는 일본에서 넘어온 게 대부분이다. 장어를 좋아하는 일본 사람에게 한반도 바다는 장어의 보고였다. 경남 통영은 장어 문화가 발달한 곳이다. 현재는 남한 붕장어의 90%가 통영을 거쳐 전국에 유통될 정도다. 붕장어를 한국인이 전혀 먹지 않은 것은 아니다.

갯장어회

정약전의 '자산어보'(玆山魚譜 · 1814)에는 '해대려, 속명 붕장어(鯯長魚), 눈이 크고 배안이 묵색(墨色)으로 맛이 매우 좋다'고 적고 있다. 조선시대에도 섬사람이나 바닷가 사람들이 즐겨 먹었음을 알 수 있다. 붕장어 황금어장인 통영 바다에 일본인이 출몰한 건 19세기 무렵. 일제강점기엔 히로시마, 오카야마 어부들의 정착촌이 통영에 있었을 정도다.

붕장어는 제철 어획 현장에서 아무런 간도 하지 않고 구워서 맛을 보면 그 진가를 알 수 있다. 탱글탱글한 식감과 고소하고 은은한 단맛을 느낄 수 있다. 통영 서호시장 근처에 있

붕장어 말리기

는 '장어잡는날' 은 붕장어 소금구이를 즐길 수 있는 곳이다.

좋은 장어를 고르고 깔끔한 손질과 직접 만든 반찬, 붕장어구이 맛을 살려주는 소스가 물 흐르듯 편안하다. 구이가 가장 좋지만 여름 붕장어는 탕으로 먹는 게 좋다.

전남 여수와 녹동의 붕장어탕이 유명하지만 이 집 장어탕도 맛있다. 1년 미만의 작은 붕장어는 깨장어로 불리는데 통째 구워 먹는다. 일본에서는 튀겨서 먹는다. 종종 9kg이 넘는 거대한 붕장어가 잡히는데 중탕으로 익혀 약으로 먹기도 한다. 산 붕장어와 죽은 붕장어의 가격 차이는 크다.

통영 서호시장 입구에는 말린 장어를 파는 가게가 있다. 중앙시장 뒤쪽에 있는 '풍년식당' 은 반(半)건조 장어에 양념을 발라 연탄불에 구워낸다. 절반 정도 말린 생선은 수분이 줄어들면서 맛이 깊고 진해진다. 밥과 함께 먹기에 적당한 맛과 식감을 지녔다. 6월이 되면 살이 오르고 본격적으로 잡히는 하모는 몸에 잔가시가 많아 손질이 까다로운 생선이지만 깊고 풍부한 맛이 난다.

일본에선 몸에 수백 번 칼질을 해 국물에 넣어 먹는 유비키를 가장 좋아한다. 칼집 때문에 하얀 몸통이 뜨거운 국물 속에서 둥글게 말려 꽃처럼 되기 때문에 붙은 이름이다. 하지만 통영에선 하모를 유비키 대신 회로 먹는 문화가 퍼져 있다. 졸깃한 식감과 은근한 감칠맛 때문에 여름 최고 술안주로 유명하다.

서호시장 안 '중앙횟집' 과 북신동 '원조하모횟집' 이 유명하다.

02

실비에 제철 해산물이 한가득~
통영의 이색 진미

경상도에는 일정 금액을 내면 술과 안주가 푸짐하게 나오는 문화가 있다. 경남 삼천포(현 사천)에서는 이런 집을 '실비집'이라 부르고 마산은 '통술집', 통영은 '다찌' 혹은 '실비'라 한다. 정확한 유래는 알 수 없지만 '통술'은 통째로 상을 내온다거나 통에 술을 담아내기 때문에 붙은 이름으로 추정된다. '실비'는 저렴한 가격에 술과 안주를 푸짐하게 먹을 수 있다는 뜻에서 붙은 이름이다.

실비집은 6·25전쟁이 끝난 후 1950년대 서울에서 유행하던, 가난한 사람들을 위한 저가 식당이었다. 심지어 정부기관의 식당에도 이 이름이 붙었고, 50년대 후반에 발간된 부산시 상공지도에도 여러 곳이 등장한다. 당시 부산 실비집들이 현재 삼천포에서 유행하는, 술과 안주가 동시에 나오는 형태의 실비집이었는지는 명확지 않다. 유래와 관련해 가장

▲ 멍게정식　◀ 강변실비 회　▶ 강변실비 도미찜과 홍합

말이 많은 것은 다찌다.

　일본에는 서서 술을 마시는 '다치노미' 문화가 아직까지 남아 있다. 통영의 다찌가 일본 선술집 문화인 다치노미에서 나온 것이라고 추정은 하지만 이 역시 확실한 것은 아니다.

　다찌 선술집 메뉴의 기본은 술이다. 술을 시키면 안주가 따라 나오고, 술을 더 시키면 안주도 그만큼 더 준다. 술값이 소주 한 병에 1만 원이 넘는 이유는 안주가 딸려 나오기 때문이다. 정해진 안주는 없고 제철 재료로 만든 음식들이 상에 오른다.

통영에는 유명한 다찌 집이 많다. '대추나무', '벅수실비'와 더불어 '강변실비'도 명성이 자자하다.

초봄에는 진달래와 쑥을 이용해 만든 화전(花煎)의 인기가 높다. 요즘 살이 오르기 시작하는 털게도 먹음직하다. 단맛이 일품인 농어와 기름기 적은 봄 전어, 달달하고 쌉쌀한 멍게, 식초에 살짝 절여 부드러운 해삼에, 봄이면 살이 오르고 기름이 차는 멸치회까지 맛볼 수 있다. 하지만 '강변실비'의 최고 인기 메뉴는 생선구이다. 두툼한 도미구이는 생선구이의 정수를 그대로 보여준다. 작지만 살이 실한 도미를 고르는 안목은 물론, 뼈에 붙은 살은 익히지 않는 적당한 굽기, 파와 간장, 고춧가루로 만든 소스까지 어우러져 생선구이의 참맛을 느끼게 한다. 생선 재료 본연의 육즙 맛이 소스에 의해 증폭된다.

이맘때가 제철인 공멸치(까나리)와 고구마순을 넣어 끓인 공멸찌개, 두릅도 봄의 미각을 돋운다.

통영은 붕장어의 최대 산지이자 유통지다. 국내 붕장어의 80% 이상이 이곳에서 거래된다. 그러다 보니 '장어잡는날' 같은 붕장어 탕과 구이를 하는 식당도 즐비하다. 붕장어, 갯장어와 더불어 바다장어 삼총사인 곰장어(먹장어)를 하는 식당도 제법 많다. 관광객들은 거의 찾지 않는 무전동 통영종합버스터미널 부근에는 곰장어 골목이 있다. 밤이면 연탄불 위에서 곰장어들이 익어간다.

국내산 곰장어는 비싼 편인데, 부산에 비해 통영의 곰장어 가격은 견딜 만하다.

40년 관록의 '야간열차'에선 노부부가 여전히 곰장어를 굽는다. 민물에 씻지 않고 바다에서 건져 간단히 손질한 후 석쇠에 껍질째 굽는 통영식 곰장어구이의 특징을 그대로 보여준다. 부산에서는 곰장어 껍질을 벗겨서 굽는데, 곰장어 가죽은 부드럽고 연해 고급 재료로 알려져 있다. 통영식 곰장어구이는 곰장어의 부드러운 껍질과 쫀득한 몸통을 동시에 맛볼 수 있어 술안주로 제격이다.

통영은 '꿀빵'으로도 유명하다. 최근 들어 인기가 높아지자 "제대로 된 꿀빵 먹기가 힘들어졌다"는 불만이 여기저기서 들려온다.

서호시장 근처에 자리 잡은 '통영제과점'은 옛날 방식이 통영 꿀빵을 제대로 맛볼 수 있는 곳이다. 직접 만든 팥은 적당히 달고 팥향이 나면서 식감도 좋다. 포실한 빵도 좋고 끓여 재운 물엿 맛도 적당히 달다. 후식으로 이만한 것이 없다.

까면 깔수록 깊은 맛이 하나 둘씩 모습을 드러내는, 진정한 맛의 고수들이 모인 곳이 바로 통영이다.

03
국물 맛의 궁극을 보여주마!
진주의 해장국

경남 진주는 들여다볼수록 매력적인 곳이다. 멈춘 듯 고요하게 흐르는 남강은 진주의 기품을 그대로 보여준다. 진주의 대표 음식 중에는 비빔밥이 있다.

1929년부터 영업을 시작한 '천황식당'의 비빔밥이 화려한 비빔밥의 전형을 보여준다면, 중앙시장에 작고 허름하게 터를 잡은 '제일식당'은 소박하고 간단하다.

1929년 잡지 '별건곤'에는 진주비빔밥에 관한 기사가 나오는데 바로 육회비빔밥이었다. '천황식당'과 '제일식당'의 비빔밥도 역시 육회비빔밥이다. '제일식당'의 비빔밥에는 갖은 채소가 들어간다. 시금치, 콩나물, 호박, 고사리를 잘게 썰어 얹은 밥에 양념한 육회, 조선간장, 고추장을 넣어 비벼 먹는다. 간장은 채소들의 풍미를 좋게 하고 단맛과 은근한 짠맛으로 식욕을 돋운다. 고추장은 육회의 비린 맛을 잡아주고 물성을 강화한다. 진주비빔밥에 빠지지 않고 곁들여지는 음식이 있으니 바로 선지해장국이다.

외지인들은 '제일식당'에서 대개 비빔밥만 먹지만 진주 토박이들은 해장국을 더 즐겨 먹는다. 해장국은 새벽 4시부터 오전 11시 30분까지만 판다. 잘게 썬 시래기와 푹 삶은 고기 건더기, 밥이 사골국물에 말아져 나온다. 간단하고 먹기 편하지만 푸짐하다. 반찬은 국물이 자작자작한 깍두기 한 가지뿐이다. 국과 반찬을 모두 숟가락으로 떠먹을 수 있어 해장국만 먹는 손님에겐 젓가락을 주지 않는다.

진주는 일제강점기 삼천포(현 사천시)와 운하로 연결할 것을 계획했을 정도로 바다와의 접근성이 좋다. 그 덕에 내륙도시이지만 해물요리를 잘하는 식당이 제법 있다.

중앙시장의 '하동복집'이 대표적인 집이다. 1955년 시작한 것으로 알려진 이 집의 주 재료는 아귀와 복어다. 사천 수산물 가게와 60년 동안 거래를 이어오고 있다. 생아귀를 가장 맛있게 먹는 방법은 소금으로만 살짝 간을 하는 것이다. 재료 자체의 맛이 탁월하다. 내장은 부드럽고 살은 달보드레하다. 밀복을 사용한 이 집의 복국은 국물 맛의 끝을 보여준다. 복어, 콩나물, 미나리 등 최소한의 재료에 양념은 마늘과 소금만 넣는다. 일제강점기 징용을 가 요리를 배운 창업자는 재료 본연의 맛을 살리는 일본 요리를 기본으로 한국의 맛을 접목했다. 생김무침, 무채, 물메기 알젓, 멸치볶음 등 직접 만든 반찬들도 한결같이 신선하고 간이 잘 맞는다.

'제일식당' 해장국, '하동복집' 복국과 더불어 진주 3대 해장국으로 꼽히는 '송강식당'의 내장탕도 중앙시장의 빼놓을 수 없는 명물이다. 재료는 역시 사천에서 공수해온다. '송강식당'의 내장은 다른 곳과 다르게 장어 내장을 기본으로 대구 알, 대구 이리, 아귀 내장, 명태 알, 명태 이리가 들어가고 간혹 물메기 알도 들어간다. 화려한 생선 내장의 향연이다.

중앙시장과 좀 떨어진 곳에 있는 '평양빈대떡'은 '거지탕'이라는 독특한 음식을 판다. 원래 거지탕은 제사 때 먹고 남은 생선 대가리와 전 등을 넣고 다시 끓인 음식이었다. 거지들에게 제사 음식을 나눠주면 거지들이 이것을 잡탕처럼 끓여 먹었다 해서 거지탕 혹은 진주 사투리로 거랭이탕이라고 부른다. 하지만 제사 후 먹는 음식이란 의미로 '후렴전탕'이란 단어도 사용한다. 거지탕을 진주식으로 파는 식당은 '평양빈대떡'이 유일하다. 생선 서너 점을 지져 밑바닥에 깔고 각종 전을 부친 후 말려서 넣는다. 짜고 맵고 양도 많지만 과하지 않다.

국을 끓이면 생선과 전의 몸에서 나온 것들이 국물에 녹아들어 더욱 깊은 맛을 낸다. 술과 함께 먹기 좋은 독특한 음식이다.

복어국

거지탕

04
달달, 알싸한 멍게에 참기름 넣고…
통영의 봄철 음식

   봄이 되면 경남 통영은 행복한 웃음이 넘실거린다. 거리를 꽉 메운 관광객과 현지인들은 제철 음식을 먹으며 봄날의 따스함을 만끽한다. 통영 서호시장은 현지인이 주로 이용하는 시장이다. 통영 앞바다 150개 섬에서 나는 봄나물들이 이곳으로 모인다. 섬 할머니들이 봄나물을 캐서 내다 파는 곳이다. 섬 노지에서 자란 달래, 냉이, 쑥은 재배나물과 비교하기 힘든 향을 자랑한다. 이곳에서 캔 쑥으로 만든 음식이 그 유명한 통영 도다리쑥국이다.

   옛 통영 버스터미널(무전동)에 있는 '팔도식당'은 관광객보다 현지인이 사랑하는 밥집으로, 이맘때면 도다리쑥국을 판다. 그윽한 쑥향과 도다리의 무덤덤하고 개운한 맛이 절묘한 맛을 만들어낸다. 다른 곳에 비해 국물맛이 약해 쑥향이 더욱 강하다. 직접 담근 갓김치의 알싸한 맛이 쑥 향과 어울려 복합적인 맛을 낸다. 반찬도 좋고 전통 있는 노포의 분위기도 편안하다. 통영은 남해안의 유명 도시가 다 그렇듯 '다찌 문화'가 발달했다. 다찌는 통영이 원조로 일정한 금액을 내면 술과 안주를 푸짐하게 내놓는 식당 또는 판매 방식을 가리킨다.

'대추나무'는 통영의 전통음식을 골고루 맛볼 수 있는 '다찌'로 유명하다. 조개를 다져 양념과 함께 구운 통영 전통음식 유곽도 나온다. 통영 다찌들은 이즈음 도다리쑥국 대신 조개쑥국을 내놓는다. 현지인이 도다리쑥국보다 조개쑥국을 더 많이 먹기 때문이다. 도다리는 2월까지가 맛있고 3월 이후에는 쑥이 좋기 때문에 도다리와 쑥이 만나 절정의 맛을 내는 기간은 너무 짧다. 도다리쑥국이 통영을 넘어 전국적인 유행이 되면서 외지인은 누구나 도다리쑥국을 입에 달고 다니지만, 현지인은 살이 올라 쫄깃하고 풍만한 식감에 깊은 국물맛까지 내는 조개와 쑥을 함께 넣어 국으로 먹는다. 쑥은 한반도 어디에서나 잘 자라는 식물로, 예로부터 우리 조상들이 가장 사랑한 봄철 식재료였다. 흰색이 도는 작은 쑥의 향이 특히 강하다.

통영 노포인 '호동식당'은 봄철 졸복탕으로 유명하다. 원래 졸복은 참복과 전혀 다른 생선이지만 졸복이 인근 바다에서 거의 사라진 뒤 지금은 작은 참복을 의미하는 단어로 고착됐다. '호동식당'은 물에 소금과 졸복만 넣고 끓인 뒤 봄철 미각의 최고봉인 미나리를 마지막에 넣는다. 국물이 맑고 맛이 깊다. 감칠맛이 넘실거리고 미나리는 아삭거린다. 반찬은 좀 평범하지만 졸복을 넣은 복국만은 사람의 허기와 욕망을 채울 만큼 매력적이다. 통영의 봄은 붉은 꽃처럼 피어난 멍게에서도 느낄 수

조개쑥국

호동식당 졸복탕

있다.

통영은 대한민국 멍게의 70%를 양식하는 제일의 생산지다. 대개 2년산 멍게를 출하하지만 마지막 출하 월인 6월에는 1년생 가운데 크게 자란 멍게들도 시장에 나온다. 2년이 지나도 잘 자라지 않은 멍게들은 속을 따내서 모아 판다.

멍게는 현지에서 먹으면 단맛이 돈다. 멍게 특유의 휘발성 향이 거의 나지 않는다. 멍게의 휘발성 향은 신티올(cynthiol)이라는 불포화 알코올에서 나오는데 채취 후 몇 시간이 지나면 나기 시작한다. 속설에는 이 성분이 숙취에 좋다고 하지만 과학적 근거는 없다. 거제에선 통영 멍게를 봄날에 급속 냉동한 뒤 사시사철 분말 형태로 넣어 먹는 멍게 비빔밥이 유명하지만, 통영에는 생멍게 비빔밥 문화가 널리 퍼져 있다.

통영의 음식연구가 이상희 선생이 운영하는 '멍게가'에서는 통영식 멍게 비빔밥을 맛있게 먹을 수 있다. 달달하고 알싸한 멍게향이 참기름향과 합해져 봄날의 미각을 깨운다.

05
육회비빔밥, 복국 찍고 짜장면…
창원의 봄철 맛집

봄이 다가오면 이상하게 비빔밥이 생각난다. 실제 우리 조상들은 정월 대보름이면 묵나물로 비빔밥을 해 먹었고 입춘 날에는 다섯 가지 맵고 어린 나물인 오신채(五辛菜)를 넣어 비빔밥을 만들어 먹었다. 어리고 매운 기운은 새로운 봄을 상징하며 겨우내 지친 속을 달래기에 부족함이 없다.

경남 창원 상남동에 자리한 경창상가는 창원이 본격적으로 개발된 1970년대 말부터 존재했던 화석 같은 상가다.

창원에서 가장 오래된 이 상가 안에 육회전문점 '마산집'이 있다. 작고 허름한 이 공간은 84년 이래로 창원 사람들의 사랑 속에서 견고하게 뿌리를 내렸다.

간판에는 육회비빔밥과 함께 경상도 식탁에 빠지지 않는 소고깃국밥,

마산집 육회비빔밥

수육의 대명사인 양수육이 큼지막하게 적혀 있다.

'마산집'의 최고 인기 메뉴는 육회비빔밥이다. 양은냄비에 잘 지은 밥과 콩나물, 고사리, 도라지를 넣고 그 위에 붉은 육회와 검붉은 고추장을 올린다. 색동옷처럼 화려하고 화사하다. 보는 것만으로도 봄이 느껴진다. 고추장에서 나물까지 어느 것 하나 직접 만들지 않은 것이 없다. 고추장은 맵거나 짜지 않고 밥과 육회, 나물이 하나로 어우러지게 한다. 은근한 봄 향기처럼 은근하고 기품 있다. 함께 나오는 국물도 두부와 조개가 들어가 시원하면서도 개운하다. 비빔밥과 잘 어울린다. 저녁이면 술꾼들은 양수육이나 육회 한 접시를 먹고 육회비빔밥으로 마무리를 한다.

명서밀면　　　　　　　　　　　　　　　　남성식당 복국

　창원 재래시장의 대표 격인 명서시장은 1984년 개설됐다. 명서시장과 비슷한 나이를 가진 '명서밀면'은 창원을 넘어 밀면의 본고장인 부산에서도 손님이 찾아올 만큼 소문이 자자하다.

　밀면은 면, 육수, 양념 등 3대 요소가 각각 제맛이 나면서 합쳤을 때 그 맛이 조화로워야 한다. '명서밀면'의 육수에는 사골뿐 아니라 한약재가 들어가 더 개운하다. 차갑고 깨끗한 육수는 해장에도 제격이다. 면은 얇고 달며 양념은 과하지 않다. 부산의 밀면 명가들과 비교해도 결코 뒤지지 않는다.

　창원과 통합한 마산은 아귀찜으로 유명하다. 토박이들은 말려 먹는 아귀보다 생아귀를 주로 먹는다. 생아귀를 찌면 살은 차지고 내장은 달보드레하다. 석전동 마산우체국 뒤편에 자리한 '흥부식당'이 유명하다. 생아귀는 겨울이 제철이지만 초봄까지도 맛있다.

신포동 마산어시장 주변에는 복국집이 20여 군데 거리를 이루고 있다.

처음 장사를 시작한 집은 복국거리 입구에 있는 '남성식당'이다. 복어로 국물을 따로 낸 후 다른 재료를 섞는 게 이 집의 장수 비결이다. 국물이 개운하고 시원하다.

복국은 주로 까치복을 사용하는데 개운한 국물에는 까치복이나 밀복을 많이 넣는다. 단순하고 건건하지만 먹다 보면 속이 든든해지고 은근히 젖어 들게 하는 매력이 있다.

마산역 앞에는 짜장면으로 유명한 '홍원'이 있다. 이곳에선 일반 짜장면보다 간짜장을 추천하고 싶다. 이 집 간짜장의 면과 소스는 일반 짜장면과 같지만 소스를 본인이 직접 부어 먹으면 면의 식감이 확 살아난다.

'홍원'은 수타면으로도 유명한데 손으로 뽑은 면은 고들고들하고 맛있다. 짜장 소스는 달달하지만 단맛이 과하지 않다.

창원을 다녀보면 복수육 같은 비교적 비싼 음식도 다른 곳에 비해 저렴하게 먹을 수 있다. 해산물들은 언제나 신선하다. 창원과 마산, 진해가 통합되면서 맛의 다양성이 더욱 풍부해졌다. 입맛에 따라 가볼 만한 곳이 무척 많은 도시다.

06
돌게장에 뜨거운 밥을 쓱쓱~
거제 장승포의 봄 음식

　거제도는 제주도 다음으로 큰 섬이다. 하지만 이제는 뭍과 이어진 신거제대교와 거가대교 덕에 섬 같지 않은 섬이 됐다. 6·25전쟁 때는 포로수용소가 들어섰고 흥남철수 때는 함경도 실향민들이 터를 잡은 땅이기도 하다. 1970년대 대우조선해양과 삼성중공업이 조선소를 건립하면서 거제의 한쪽 귀퉁이던 장승포는 시(市)로 승격될 만큼 크게 발전했다. 장승포시는 95년 다시 거제군과 합쳐져 거제시가 됐다.

　조선업의 침체로 활기가 좀 떨어지긴 했지만 거제 장승포의 '싱싱게장'은 30년 넘게 간장게장 정식으로 명성을 얻고 있다. 혼자 가도 거하게 차려지는 밥상을 보면 주인장의 후한 인심이 느껴진다. 정식의 주인공은 게장이지만 함께 나오는 생선찌개와 생선구이, 다양한 반찬도 입맛을 돋운다. 게장은 간장게장과 게장무침, 두 가지가 나오는데 '무한리필'

할매 함흥냉면

천화원 삼선짬뽕

이다. 양으로 승부를 거는 이런 마케팅이 조선소의 혈기 왕성한 노동자들을 불러 모았다.

'싱싱게장'의 게장에는 서해안 꽃게 대신 남해안에서 잡아 올린 돌게가 들어간다. 돌게는 박하지, 벌떡게 등 다양한 이름으로 불린다. 몸집이 꽃게 절반에도 못 미치지만 게장으로 먹기 딱 좋을 만큼의 내장과 담백한 살을 갖고 있다. 원래 꽃게는 게장으로 먹지 않고 찜이나 국으로 많이 먹었다. 게장으로 담그는 게는 민물에 사는 참게였다. 참게는 돌게와 비슷한 크기로 내장을 주로 먹었다. 게장이란 말이 '참게의 장'을 뜻하는 말에서 왔다고 주장하는 사람도 있다. 돌게도 꽃게처럼 봄, 가을에 살이 올라 맛있다. 돌게장은 봄에 잡은 게로 만들어 1년쯤 숙성시킨 뒤 먹는다.

장승포 신부시장 뒤편에 있는 '할매함흥냉면'은 진짜 함흥 출신 주인이 운영하는 냉면 전문점이다. 1951년 전쟁통에 장승포에 정착한 뒤 수십 년이 흐른 90년대 중반 식당을 시작했지만 함흥식 냉면 고유의 맛을 맛깔나게 재현했다. 함흥식 냉면은 평양식 냉면과 달리 잘하는 집을 정말 찾기 힘든데 이 집은 손에 꼽을 만큼 맛이 좋다. 고구마 전분과 메밀을 9 대 1로 섞어 반죽한 면발에 고춧가루, 생강, 마늘, 양파 등 10여 가지 재료를 무쳐 만든 양념장을 비벼내는 요리법은 이 집만의 독특한 방식이다. 면발은 오돌오돌하고 양념장은 단맛이 도드라지지만 기분 좋게 입안에서 감돈다. 20년대 병원을 식당으로 쓰고 있어 오래된 일본식 가옥 특유의 분위기가 난다. 단 10월 말에서 3월까지는 영업하지 않는다.

'할매함흥냉면'에서 마실 나가듯 조금 걸으면 하얀색 건물에 '1951년 천화원'이란 간판을 단 중국집이 눈길을 끈다. 함경도 흥남에서 1·4후퇴 때 거제로 내려온 화교가 문을 연 이래 지금까지 영업하고 있는 노포(老鋪) 중의 노포다. 현재 건물은 1970년에 지은 것이다.

이 집 음식은 담백하다. 재료 맛을 중요시하는 산동식 중국요리가 고스란히 담겨 있다. 삼선짬뽕 국물은 해물로 우린 육수에 간장으로 간을 했다. '짬뽕=매운 것'을 연상하는 한국인에게 이 집 짬뽕은 기스면이나 울면에 가깝다. 고춧가루나 고추 양념장을 일절 쓰지 않는 데다 배추와 목이버섯, 해산물 같은 깔끔한 감칠맛을 내는 재료를 주로 사용한다. 1970년대 이전에 먹던 짬뽕과 비슷하고 배추를 넣은 중국식 우동도 연상케 한다. 북한 출신 새터민이 남한 음식을 먹어본 뒤 가장 인상적이라고 꼽는 게 매운맛이다. 맵고 감칠맛이 센 짬뽕이 다른 국물 음식을 점점 제압하고 있는 형국이다. 봄바람처럼 살랑거리면서 심심한 이 집 짬뽕 한 그릇을 먹다 보면 여기가 해산물로 유명한 거제고, 장승포임을 깨닫게 된다.

정말 봄이다.

07

구수, 매콤… 온몸이 따듯해온다
창원 돼지국밥

추위가 절정을 맞고 있다. 사람들은 따듯한 음식을 찾아다닌다. '따듯한 남쪽나라'라는 표현답게 남도는 서울에 비해 겨울에도 5도 정도 기온이 높다. 그렇다고 기온이 남태평양 섬들처럼 뜨거운 것은 아니다.

겨울이면 남도에서도 따듯한 국물 음식들의 인기가 올라간다.

2010년 7월 1일 경남의 창원시, 마산시, 진해시가 창원시로 통합됐다. 인구 100만 명이 넘는, 한국에서 가장 큰 기초지방자치단체가 탄생한 것.

일제강점기 급성장한 마산시는 이제 마산구로 남았고, 해양기지와 벚꽃으로 유명한 진해시는 진해구로 바뀌었다.

마산은 일제강점기 당시 한반도 최대 사케(일본 술) 생산지였다. 물이 좋은 게 가장 큰 이유였다. 몽고간장도 같은 이유로 마산에 둥지를 틀었다.

▲ 마산 종가돼지국밥　◀ 마산집 돼지국밥　▶ 진해 일미식당

　마산 하면 사람들은 아귀찜을 떠올리지만 마산 사람들은 아귀찜보다 복어를 더 많이 찾는다. 복어만큼 인기 많은 음식은 돼지국밥이다.
　마산구에 자리 잡은 '종가돼지국밥'은 창원에서 가장 큰 돼지국밥집이다. 24시간 쉬지 않고 영업할 정도로 장사가 잘 된다. 진하고 진득한 경상도식 탁한 사골국을 기본으로 한다. 마산구 산호동주민센터 옆에 있는 '소문난돼지국밥'은 젊은이도 많이 찾는다. '돼지국밥=아저씨' 라는 등식이 이곳에선 적용되지 않는다.
　커다란 스테인리스 그릇에 탁하고 진한 국물과 돼지고기들이 그득히 담겨 있다. 된장과 고춧가루를 섞은 양념장 때문에 구수하고 매콤한 맛이 동시에 뒷맛으로 남는다. 남녀노소가 좋아할 정도로 맛있고 양도 많은 것이 이 집의 인기 비결이다.

진해구는 거제시와 맞닿아 있다. 진해구 용원항에서는 겨울 진객 대구가 한창 주가를 올리고 있다.

진해 시내에 자리 잡은 중앙시장에서도 대구가 제철을 맞았다. 하지만 장을 보러 온 사람들에게 중앙시장 돼지국밥 골목은 대구탕 한 그릇보다 인기가 많다. 중앙시장에는 돼지국밥 골목이 두 군데 있다.

중앙시장에서 가장 오래된 돼지국밥집인 '가덕집' 주변의 작은 돼지국밥 거리와 중앙시장에 있는 돼지국밥 거리가 그곳이다. '가덕집'은 전형적인 시장형 돼지국밥집의 모습을 간직하고 있다. 식당 분위기가 허름하고, 맛도 냄새도 전통적인 돼지국밥의 원형을 보여준다.

진해구 돼지국밥집을 대표하는 '일미식당'은 1980년대 초반 장사를 시작했다. 이 집은 돼지머리만을 이용한 돼지국밥으로 이름 높다. 돼지머리를 이용한 돼지국밥은 돼지국밥 초창기에 가장 많았다.

부산 범일동 '할매국밥집'도 초창기에는 돼지머리를 이용했다. 당시 돼지머리가 가장 저렴한 부위였기 때문이다. 하지만 단지 저렴하다는 이유만은 아니다.

24년 발간된 '조선무쌍신식요리제법'에는 '(돼지) 대가리가 으뜸이 되는 것은 껍질과 귀와 코가 다 각각 맛이 좋기 때문'이라고 적혀 있다. 실제 '일미식당' 입구에는 손질이 완벽하게 된 깨끗한 돼지머리가 놓인 것을 볼 수 있다. 재료만 봐도 이 집 돼지국밥 맛이 떠오를 정도다.

돼지머리로 우린 육수는 깔끔하고 깊다. 다양한 질감을 느낄 수 있는 돼지머리 고기는 졸깃함과 부드러움을 동시에 갖추고 있다. 육수는 끓인 뒤 곧장 내는 게 아니라 12시간 숙성한 뒤 내놓는다. 돼지머리 끝부분에 400g 정도만 붙은 뒷통살은 쇠고기 안창살 같은 식감을 낸다. 허름한 식당이지만 음식 질은 좋다.

하루에 100그릇만 팔 정도로 자부심이 강하다. 돼지국밥 한 그릇을 먹으면 마음까지 따듯해진다. 돼지국밥이 있는 한 창원은 여전히 따듯한 남쪽나라가 맞다.

08

한 그릇에 담아낸 조화와 전통
진주 비빔밥

19세기 진주에는 경남 최대 시장이 있었다. 남강을 통해 김해 소금이 유통되고 젓갈, 쌀, 곡물이 경상도 전역으로 퍼져나갔다. 든든한 하부 구조 덕에 경상감영이 들어선 진주는 경상도 정치·행정·문화·경제 중심지가 됐다. 북 평양, 남 진주로 대변되는 기녀 교방(敎坊)문화도 화려하게 꽃을 피웠다. 진주에 화려한 음식 문화가 성행한 건 우연이 아닌 필연이었다. 그 중심에 꽃보다 고운 화반(花飯), 진주비빔밥이 있다.

1960년대 이후 전주비빔밥이 대세가 되면서 '넘버 원' 명성을 내줬지만, 진주에는 여전히 비빔밥 명가들이 자리한다. 그러나 지금 진주비빔밥은 교방에서 한량이 먹던 화반과는 조금 다르다. 장터를 오가던 장사꾼을 위한 음식에서 출발했기 때문이다.

1927년 문을 연 '천황식당'은 근처 '제일식당'과 더불어 외식으로서의 진주비빔밥을 대표하는 곳이다. 창업 당시부터 사용한 오래된 간판, 6·25전쟁 이후 다시 지은 기와집과 빛바랜 탁자, 특히 세월을 흡수해 고운 빛이 감도는 파란색 의자에 앉으면 음식은 맛으로만 먹는 것이 아니라 추억과 분위기로도 먹는다는 사실을 단박에 알 수 있다.

삶거나 데친 고사리, 무채, 숙주나물 같은 나물과 쏙대기(돌김) 무침이 밥알보다 조금 길게 잘려 있고 그 위를 붉은 육회와 '엿꼬장'이라 부르는 독특한 고추장이 물들인다. 밥은 국물 간이 약간 돼 있어 비비기 편하다. 잘게 자른 고명, 고추장과 밥이 한 몸처럼 섞이고 쉽게 넘어간다. 짠 김치와 깍두기는 건건한 맛을 돕는다. 육회비빔밥에 빠지지 않는 맑은 선짓국도 오래된 음식의 기품을 보여준다. 피를 한 번 걸러내 회색이 감도는 선지는 부드럽고, 피를 그대로 응고시킨 선지는 검고 거칠다. 심심하고 깊은 맛이 도는 경상도식 쇠고깃국은 선지와 한 몸처럼 어울린다.

'천황식당'에서 비빔밥을 먹다 보면 경북 안동 헛제삿밥이 떠오른다. 제사 음식을 비벼먹는 문화는 비빔밥의 가장 강력한 기원이다. 경상도 출신인 필자도 어릴 때 제사 후 이런 음식을 자주 먹었다. 음식 맛을 모르던 소년에게 건건한 쇠고기뭇국은 맛없는 음식의 전형이었다. 세월의 인이 몸과 뇌리에 박혀 이 음식을 맛있게 먹는 다른 내가 만들어졌다.

1920년대 외식이 본격화할 무렵 비빔밥은 대표 외식 품목이었다. 당시 서울에도 비빔밥이 흔했는데 진주비빔밥이 특히 유명했다. 1929년 12월 1일자 잡지 '별건곤'에는 진주 비봉산을 내세운 비봉산인이란 사람이 쓴 비빔밥에 관한 기사가 등장한다.

당시 진주비빔밥 예찬 기사에 등장한 비빔밥과 지금 '천황식당' 비빔

천황식당

밥은 크게 다르지 않다.

 '하얀 쌀밥 위에 색을 조화시켜 나를 듯한 새파란 야채 옆에는 고사리나물 또 옆에는 노르스름한 숙주나물 이러한 방법으로 가지각색 나물을 둘러놓은 다음에 고기를 잘게 이겨 끓인 장국을 부어 비비기에 적당할 만큼 그 위에는 유리 조각 같은 황청포 서너 사슬을 놓은 다음 옆에 육회를 곱게 썰어놓고 입맛이 깻금한 고추장을 조금 얹습니다. 여기에 일어나는 향취는 사람의 코를 찌를 뿐 아니라 보기에 먹음직합니다. 값도 단돈 10전. 상하계급을 물론하고 쉽게 배고픔을 면할 수 있는 것입니다. 이렇게 소담하고 비위에 맞는 비빔밥으로 길러진 진주 젊은이들은 미술의 재질이 많은 것입니다. 또한 의기의 열렬한 정신을 길러주는 것입니다.' ('별건곤' 기사 중에서)

09

1년 스무 번 제사상 일상으로 외출

안동 제사 음식

신정이 지나고 설이 다가온다. 사람은 저마다 고향을 찾아 부모에게 안부를 전하고 조상에게 제사를 지낸다. 그러나 안동에서 제사는 조금 색다른 일상일 뿐이다. 제사를 지내려고 만든 음식이 세상 밖으로 나와 외지인도 먹을 수 있는 곳이 안동이다.

조선시대 음식사를 얘기할 때 빠지지 않는 조리서 '수운잡방'(1540년경)과 '음식디미방'(1670년경)은 안동지역 요리법을 기록한 책이다. 제사가 많은 안동지역 사람에게 조리법 기록은 필수였다.

안동 제사 음식 가운데 가장 유명해진 것이 칼국수다.

오랫동안 안동에서 칼국수는 외식이 아닌 가정식이었다.

제사 때면 미리 면을 만들어 놓았다가 손님이 오면 국물에 말아 내는 건진 국수는 필요가 낳은 산물이다. 밀에 콩가루를 섞은 부드러운 면발은 안동 국수가 가진 공통된 특징이다. 각 집마다 비율이 다르지만 대개 밀가루와 콩가루를 7대 3 정도로 섞는다.

1974년 창업한 '선미식당'은 안동에서 가장 오래된 칼국수 식당이다. 주문하면 커다란 양은쟁반에 칼국수와 조밥, 김치, 된장, 젓갈, 마늘종 튀김 같은 반찬이 나온다. 우리가 일반적으로 먹는 면 음식이 아닌 가정식 백반에 가까운 상차림이다.

안동 신시가지 옥동에 자리한 '옥동손국수'는 선미식당보다 좀 더 세련된 맛과 분위기를 연출한다. 옥동손국수보다 더 세련된 사골국물에 칼국수를 말아 먹는 문화는 서울에 안동칼국수란 이름으로 진출해 큰 성공을 거뒀다.

안동 칼국수는 계절에 따라 먹는 방식이 조금 달랐다. 여름에는 주로 건진국수를 먹었고, 겨울에는 국물에 애호박과 배추 같은 채소를 넣어 끓여 먹는 누름국수 또는 제물국수를 많이 먹었다.

칼국수와 더불어 안동을 대표하는 음식은 문어(文魚)다. 문어 이름을 '글'과 관련해 해석하는 사람이 많다. 하지만 문어의 '문'은 민머리, 대머리를 뜻하는 '믜다'에서 나왔다. 한자 표기를 문어로 쓰면서 생긴 오해다. 제사에 빠지지 않는 삶은 문어를 이제는 거의 시장에서 사다 먹는다. 안동 중앙시장에는 문어를 삶아 파는 전문점이 14개에 이른다. 전국 생문어의 30%인 400t 정도가 안동에서 소비된다.

중앙시장에서 문어를 삶아 파는 가장 오래된 집 가운데 하나인 '중앙문어'는 안동은 물론 전국에서 주문이 들어오는 곳이다. 강력한 화력과 커다란 솥이 있어야 대문어를 제대로 삶아낼 수 있다.

▲ 선미식당 칼국수　◀ 옥동손국수 칼국수　▶ 문어숙회

　중앙문어의 문어를 안동에서 직접 먹을 수 있는 곳은 중앙시장 주변에 있는 '동털실내포장'이다. 안동에서 문어는 제사를 지낸 후 먹는 음식이기 때문에 많이 숙성된 상태다. 바로 삶은 문어는 물기가 너무 많지만 하루 정도 숙성한 문어는 겉은 부드럽고 속은 쫄깃하다.

　1년에 스무 번이 넘는 제사 때문에 생긴 또 다른 음식 문화가 헛제삿밥이다. 비빔밥의 가장 강력한 기원설은 제사상에 올렸던 음식을 한데 모아 비벼먹은 것에서 시작됐다는 것이다. 헛제삿밥의 먹는 방법과 유래도 같다.

제사상에 올렸던 나물과 탕채를 간장에 비벼먹는 문화가 선비들의 야참이 됐다가 외식으로 발전했다.

최영년의 '해동죽지'(1925)에는 "평상시에는 제삿밥을 먹을 수 없으므로 제사 음식과 같은 재료를 마련해 비빔밥을 해먹은 데서 헛제삿밥이 생겨났다"는 구절이 나온다.

'까치구멍집'은 세련된 헛제삿밥으로 유명하다. 헛제삿밥 후식으로 먹는 안동식혜도 빼놓을 수 없다. 찹쌀 고두밥에 엿기름, 무, 생강, 고춧가루를 넣어 삭히는 달고 매운 식혜는 겨울이 제철이다.

겨울에도 안동에는 먹을거리가 넘쳐난다.

10
겨울 '대구 맑은 탕'… 아 시원해!
진해와 거제의 진객, 대구

경남 진해만을 가운데 두고 뭍 진해와 섬 거제는 마주보고 있다. 찬바람이 불면 진해만에는 겨울 진객 대구가 몰려온다.

대구는 겨울 내내 진해만을 들락거리며 그 커다란 몸을 사람들에게 자랑한다.

진해 사람들은 진해만에서 잡히는 대구를 '가덕대구'라 부른다. 거제 사람들은 '거제대구'로 칭한다. 나는 '진해만 대구'라 부르고 싶다. 경남 창원시로 통합되면서 진해는 진해구가 됐다. 진해구 용원항에는 겨울이면 대구를 먹거나 사려는 사람으로 넘쳐난다.

가장 비싸게 팔리는 살아 있는 수컷 대구와 그 반 정도 가격에 거래되는 암컷, 그리고 그보다 더 싼 죽은 대구가 작은 항구에 지천으로 널렸다.

오랫동안 대구는 암컷이 비쌌다. 10년 전쯤 치어 방류로 대구가 다시

▲ 용원항 대구   ◀ 용원항 대구탕   ▶ 거제 외포식당

늘어나면서 대구를 먹는 문화도 바뀌었다. 수컷 '정소'인 '이리'가 최고 식재료가 된 것이다. 그래서 겨울이면 이리가 가득한 수컷을 맑게 끓여서 먹는 탕이 대구를 먹는 최고 조리법이 됐다. 부드럽고 고소한 이리와 맑은 대구 살로 우려낸 대구 맑은 탕은 대도시에서 먹는 탁하고 딱딱한 대구탕과는 이름만 같지 완전히 다른 음식이다.

암컷 대구에는 알인 '곤이'가 있다.

최근 들어 용원항 횟집에선 대구회를 판다. 상인들에게는 미안한 말이지만, 대구는 회로 먹기엔 살이 너무 무른 생선이다. 맑은 탕으로 먹어야 제맛이 난다.

용원항 주변에 있는 횟집도 좋지만 시장 안에서 먹는 게 저렴하다. 대구를 사면 회를 떠주고 탕도 끓여준다.

대구는 몸집이 큰 생선이다. 보통 3kg 이상, 60cm는 넘어야 풍미가 제대로 난다. 사라져가던 대구가 다시 돌아온 것은 치어 방류 덕분이다. 진해와 마주보는 거제 외포항이 방류사업의 진원지다. 1970년대 초반까지 거제에서만 연간 60만 마리가 잡혔지만, 70년대 중반 이후 대구는 남획과 해수온도 상승으로 급속히 사라졌다. 81년부터 2011년 사이 치어 251억9400마리를 방류했다. 요즘은 연간 30만 마리의 대구가 잡힌다. 1월에는 대구를 잡지 못하는 금어기다.

요즘 외포항은 주말이면 아침부터 경상도 일대 도시에서 온 관광버스가 넘쳐난다. 갓 잡힌 대구와 말려지는 대구에 사람까지 얽혀 난장을 이룬다. 1m 정도 큰 대구도 가끔 보인다.

외포항에도 식당이 몇 개 있지만 외포항 입구에 있는 식당에 사람이 가장 많다. 대구 맑은 탕을 잘 끓이는 집이다.

외포항 방파제 부근에서는 대구 말리는 풍경을 볼 수 있다. 대구는 5~7일 정도 말려 먹는다. 반건조해 먹는 건대구탕은 오래전부터 먹어온 음식이다. 술집에서 파는 안주 대구포는 대구를 말린 것이다. 말린 대구를 칼로 잘라 먹으면 술안주로 좋다.

대구는 1424년 '조선왕조실록'에 기록이 나올 정도로 오래전부터 한민족이 먹어온 생선이다. 오래된 조리서에서도 대구 요리법이 빠진 법이 없다. 대구를 부르는 일본어 '다라', 중국어 '다더우위'는 모두 우리말 대구에서 파생한 말이다. 대구와 명태처럼 살이 하얗고 맑은 생선은 한민족의 고유 식재료였다. 알이 꽉 찬 대구를 소금에 절여 말리면 '약대구', 배를 갈라 소금에 절여 말리면 '에미', 배를 갈라 소금을 치지 않고 그대로 말리면 '열작', 내장을 빼내고 원형 그대로 말리면 '통대구'라 부른다.

아가미만 따로 모아 소금과 고추로 담근 '아가미젓'은 물론, 알로 담근 '곤이젓'까지 대구는 모든 부위를 먹는 일물전식(一物全食)의 전형이다.

11

쇠고기 육수에 암퇘지살코기 듬뿍
밀양 무안면 돼지국밥

경상도에는 돼지국밥이 널리 퍼져 있다. 부산, 대구, 창원 같은 대도시는 물론 밀양 같은 소도시까지 퍼진 돼지국밥은 경상도 서민이 가장 즐겨 먹는 국밥 음식 문화다. 돼지국밥이 가장 성행한 곳은 부산이다. 6·25전쟁 이후 북한 출신 실향민의 영향으로 부산에서 시작됐다는 이야기가 여러 돼지국밥 기원설 가운데 가장 큰 지지를 받는다.

1950년대 초반 시작됐다는 돼지국밥의 부산 기원설과 더불어 또 하나의 유력한 기원설이 전해지는 곳은 밀양이다. 경상도 전 지역에서 '밀양돼지국밥'이란 브랜드를 단 돼지국밥집은 흔히 볼 수 있다.

밀양시내에도 전통시장과 시외버스터미널 주변으로 돼지국밥집 19개가 성업하지만 돼지국밥이 시작된 곳은 밀양시내가 아니라 시에서 버스로 20분 정도 떨어진 무안면이다.

무안면사무소로 가는 뒷길 앞쪽에 '제일식육식당'이 있다. 식당에 붙은 가게 한쪽에 '제일식육점'이라는 간판과 함께 최고급 한우인 '투 플러스 등심'이 눈을 맞은 듯 하얀 마블링을 자랑하며 진열돼 있다. 메뉴를 보니 소국밥, 소곰탕 같은 쇠고기 메뉴가 상단을 장식한다. 이 집의 유명 메뉴인 돼지국밥은 맨 밑에 적혀 있다. 소국밥과 돼지국밥 가격이 모두 6000원이다. 맑고 진한 국물 안에 비계가 적당히 붙은 돼지살코기가 넉넉히 들었다. 부산에서는 돼지국밥과 한 몸처럼 나오는 부추가 무안면 돼지국밥집에서는 찾아볼 수 없는 점도 특징이다. 파가 부추 구실을 대신한다.

이 집 근처에 자리한 '동부식육식당', 길 건너편 '무안식육식당' 모두 쇠고기 양지로 육수를 만들고 돼지고기를 꾸미로 넣는 독특한 방식의 국밥을 만들어 판다.

제일식육식당에서 골목을 따라 조금만 걸으면 동부식육식당이 나온다. 밀양 돼지국밥을 이야기할 때 항상 먼저 거론되는 집이다. 식당 안으로 들어서니 제일식육식당 같은 정육점식당이다. 돼지국밥을 시키면 맑은 국물 위쪽으로 파가 둥둥 떠다닌다. 조금 많은 듯한 양의 파 밑을 숟가락으로 뜨자 암퇘지살코기가 하얀 속살을 내비친다. 국물은 소 사골과 양지 부위를 우려낸 육수를 사용한다. 진한 육수와 적당한 온도의 밥, 깔끔한 암퇘지살코기에 시원한 파가 잘 어울린다. 부드럽게 씹히는 깍두기의 단맛과 산도도 국물과 제법 어울린다. 제일식육식당의 김치처럼 이 집의 김치 맛도 좋다.

왜 두 식당이 이토록 닮았을까. 이유는 간단하다. 뿌리가 같기 때문이

▲ 제일식육식당　◀ 동부식육식당 돼지국밥　▶ 밀양 돼지국밥

다. 이 두 집과 길 건너편 무안식육식당까지 포함한 무안면 돼지국밥집은 밀양식 돼지국밥을 완성한 최성달 씨 손자들이 운영하는 가게다.

　최씨는 1940년 '양산식당'이란 가게를 시작하면서 지금 같은 돼지국밥을 판 것으로 알려졌다. 쇠고기 육수도 초창기부터 사용했다는 게 직계후손인 식당 주인들의 한결같은 이야기다. 쇠고기로 육수를 만드는 무안면 돼지국밥을 돼지국밥이라고 해야 하는지에 대해서는 조금 논란이 있다.

12
달보드레한 대구탕, 쌉쌀한 멍게비빔밥
거제의 겨울 맛

대구는 명태와 더불어 한민족이 가장 즐겨 먹은 생선이었다. 일본인과 중국인은 대구나 명태 살코기를 거의 먹지 않는다. 예나 지금이나 대구는 경남 진해만이 주산지다. 진해만을 사이에 두고 마주 보는 진해 용원항과 거제도 외포항은 예부터 대구 산지로 유명했다.

1980년대 한때 진해만을 가득 메웠던 대구가 거의 사라진 적이 있다. 어쩌다 잡히는 대구의 가격이 한 마리에 60만 원이 넘는 상황이 이어지면서 명태처럼 대구도 영원히 한반도를 떠날 줄 알았다. 하지만 치어 방류 사업이 성공하면서 2000년대 중반부터 외포항으로 대구가 돌아왔다.

겨울이 제철인 대구 덕에 요즘 거제 외포항은 활기가 넘친다. 작은 대구는 대구탕용으로 주로 팔리고 커다란 대구는 내장과 아가미를 떼어 해풍에 말린다. 소금에 절인 알을 넣은 약대구, 몸을 쫙 편 대구포용 대구,

몸통 그대로 말리는 대구들이 외포항을 차지하고 있다.

외포항 한쪽에 있는 '양지바위횟집'은 국물에 대구 수컷의 정소(이리)를 푼 대구탕으로 유명하다. 뽀얀 게 언뜻 보면 꼭 곰탕 같다. 국물이 진하면서도 개운하다.

'부두횟집'은 '양지바위횟집'보다 맑은 대구탕을 낸다. 하얀 속살과 수컷의 이리는 달보드레하다. 소금으로만 간을 한 대구탕은 깊고 그윽하다. 소금이 조미료의 왕임을 증명하는 순간이자, 좋은 식재료에는 소금만 들어가는 게 최상의 요리라는 것을 보여주는 단순하고 맛있는 대구탕이다.

말린 대구를 콩나물, 채소 등과 함께 쪄 먹는 대구찜도 말린 생선 특유의 감칠맛을 느낄 수 있다. 쫀득한 껍질과 풍성한 살코기를 동시에 씹는 맛이 일품이다. 하지만 역시 대구는 탕으로 먹는 게 가장 맛있다. 살이 무르기 때문에 회로 먹기에는 부적합하다.

거제면에는 겨울이 제철인 굴구이를 파는 '원조거제굴구이' 같은 식당이 몇 군데 몰려 있다. 거제 굴구이는 구우면서 동시에 찌는 방식이다. 굴 자체의 간이 짭짤해 그냥 먹어도 맛있다.

거제포로수용소 앞에 있는 '백만석'은 멍게비빔밥으로 전국적인 명성을 얻은 집이다. 이 집 멍게비빔밥 속 멍게는 생물이 아니다. 멍게를 직사각형 모양의 과자처럼 얼려 보관했다 꺼내 밥과 함께 비벼 낸다. 봄에 나는 멍게를 1년 내내 활용하고자 개발한 방법이다.

따스한 밥에 직사각형 멍게 스틱 세 개가 얹혀 나온다. 이것을 삭삭 비비면 녹으면서 밥과 한 몸이 된다. 멍게 특유의 쌉쌀하고 달달한 맛이 밥

대구탕　　　　　　　　　　백만석비빔밥

과 잘 어울린다. 적당한 쓴맛은 식욕을 자극한다. 비빔밥과 함께 나오는 이 집의 도다리 맑은 탕은 조연이지만 주연보다 맛있다. 마늘과 소금으로 간을 한 국은 개운하면서 달다. 쌉쌀한 멍게비빔밥과 한 몸처럼 궁합이 잘 맞는다.

거제는 아름다운 섬이지만 산업 기지가 많다. 옥포에는 대우조선해양 같은 조선소들이 들어서 있다. 거제의 근로소득은 전국 평균을 상회할 정도로 높다. 아침 6시면 옥포 거리마다 출근하는 사람들 행렬이 길게 이어진다.

옥포 '삼락식당'은 아귀찜과 수육으로 현지인의 사랑을 한 몸에 받는

외포항 대구 말리기

식당이다. 생선은 대부분 가을이나 겨울이 제철이다. 아귀 역시 겨울이 제철이다. 마산식 마른 아귀가 아닌 생아귀는 살이 탱탱하고 단맛이 난다. 살의 탄력이 일반 생선과는 비교가 안 된다. 양념을 하지 않은 생아귀 수육도 좋고 일반 아귀찜처럼 매콤하게 무친 아귀찜도 좋다.

장승포는 '부일횟집'이 유명하다. 음식도 좋지만 '부일횟집'에서 바라보는 바다와 방파제, 도시 풍광도 아름답다. 거제 바다에서 잡히는 자연산 회를 먹을 수 있는 곳이다. 거제 횟집에서는 빠지지 않는 물회도 있다.

푸짐한 물회와 자연산 회를 같이 먹는 문화는 거제 횟집들의 방식이다.

13

해물 육수에 누른국수, 할머니 손맛

대구 칼국수

삼성그룹의 창업자 이병철 회장은 사업 초기 대구에서 제면소를 운영했다. 고(故) 이병철 회장의 작은 제면소는 후에 삼성물산의 밑거름이 된다. 대구는 광복 이후 제분(製粉), 제면(製麵)의 중심지였다. 1980년대 말까지도 건면(乾麵)의 50%가 대구에서 생산됐다. 대구에서 면 산업이 발달한 것은 경공업 중심지였던 이유가 가장 크지만 더운 날씨도 한몫했다. 밀가루와 면이 넘쳐나니 국숫집이 많은 건 당연한 일이다. 그래서일까. 대구에는 공장에서 생산한 면을 쓰는 면집보다 직접 손 반죽을 해 만든 칼국수 명가가 더 많다.

대구에는 3대 할매칼국숫집이라 부르는 할매칼국숫집들이 있다. 대명동 식당 골목에 있는 '명덕할매칼국수'는 깔끔한 국물 맛으로 유명하다. 칼국수와 보리밥이 같이 나오는 형태는 경북 안동의 칼국수 문화와 비슷하다. 9~10월에 잡은 남해안 멸치를 칭하는 오사리 멸치(오사리는 일본말이다. 우리말로는 제철 멸치)로 우린 국물은 '조선백자 같은 담백하고' 깊은 맛이 난다. 숙성이 잘된 납작한 면에 양지머리를 참기름으로 볶은 다진 고기와 대구 칼국수의 기본 고명인 청방배추가 곁들여져 단아하고 정갈한 맛이 난다. 겨울에 뜨거운 칼국수 한 그릇은 할머니 손길처럼 부드럽고 따스하다.

대구시내 중심지에서 버스로 1시간을 가야 나오는 달성군 하빈면 동곡리의 '동곡할매손국수'는 대구 칼국수 여행에서 빼놓을 수 없는 집이다. 동곡리는 1970년대까지 양조장이 있을 정도로 큰 마을이었지만 대구 도심이 발전하면서 인구가 줄어들었다. 하지만 '동곡할매손국수'와 칼국수 전문점몇 곳 덕에 동곡리는 여전히 유명하다. 이 집 칼국수 국물은 지하수 맹물에 국수를 삶은 뒤 국수 삶은 물에 참기름과 간장만 살짝 가미한 일종의 '맹물국수'다.

맹물국수는 육식을 할 수 없는 승려들이 주로 먹는 방식이다. 하안거나 동안거가 끝날 때 승려들은 국수를 별식으로 먹는다. 승려들이

동곡할매 칼국수

경주할매 칼국수

'국수' 소리만 들어도 미소를 짓는다 해서 불가에서는 국수를 승소(僧笑)라고 부른다.

육수 대신 약수에 간장을 넣고 팔팔 끓인 후 반 정도 졸면 식혀 국수를 말아 먹거나 아예 국수를 찬물에 헹궈 먹었다. 성철 스님이나 법정 스님도 이런 방식으로 국수를 드셨다 한다. 면을 따로 삶아 찬물에 헹군 뒤 국물에 넣어 먹는 방식은 건진국수 스타일도 가미돼 있다. 맑은 약수같이 담백한 국물에 가게 뒤쪽 텃밭에서 재배한 재료로 만든 김치를 곁들이면 자연의 맛 그대로를 느낄 수 있다.

대구백화점 뒷골목에 있는 '경주할매국수'는 오래된 한옥을 개조한 실내에 십장생이 새겨진 자개장이 놓여 있다. 고향 시골집 분위기가 그대로 묻어나는 곳이다. 충무산 멸치를 삼베 보자기에 넣고 끓인 국물에 청방배추를 얹어 내다 보니 국물은 진하면서도 시원한 맛이 난다.

대구 서문시장에는 원조집이던 '왕근이집'이 대구 외곽으로 자리를 옮겼지만 안동의 건진국수 스타일의 국수를 파는 집이 가득하다.

대구 약전골목에는 '원조국수'란 작은 간판을 단 '이름 없는 칼국수'집이 유명하다. 이 집은 주문과 동시에 숙성된 밀가루 반죽을 떼어내 홍두깨로 밀고 칼로 잘라 면을 만든다. 이 집 육수는 대구는 물론 다른 지역과도 확연히 다르다. '빵게'(암컷 대게)라는 작은 게와 대파, 다시마, 무, 민물새우로 우린 국물은 해산물 특유의 감칠맛에 무와 대파에서 나는 개운함이 결합돼 독특한 맛을 낸다.

대구의 칼국수 문화는 다양하지만, 해산물 육수를 기본으로 넓적한 면발을 많이 사용한다.

14
과메기… 돌문어… 겨울 찬바람에 제맛이 난다
포항시 구룡포항

동해안에 삐죽 튀어나온 경북 포항의 호미곶은 천혜 어장이다. 구룡포항은 전국 대게의 50% 이상이 잡히고 오징어도 20%에 이른다. 꽁치와 청어도 오랫동안 구룡포항이 주산지였다. 호미곶 주변 대보항은 돌문어 산지로 유명하다. 겨울은 바다 것들이 가장 맛있는 계절이다.

명태, 조기와 더불어 조선의 3대 생선이던 청어를 구덕구덕하게 말린 관목청어(貫目靑魚)에 관한 기록이 17세기에 등장할 정도로 오래된 먹을거리였다.

1950년대 이후 청어가 한반도에서 사라지자 청어와 비슷한 꽁치가 그 자리를 대신한다. 국내산 꽁치도 귀해진 80년대 원양꽁치가 대량으로 들어오면서 꽁치과메기의 대중화가 시작된다.

예전에는 과메기를 김치에 얹어 먹었지만 포항 시내에 있는 '해구식

까꾸네 모리국수

대보항 등대횟집 문어요리

당'에서 본격적으로 과메기를 팔면서 다시마와 김, 쪽파 등을 함께 먹는 방식이 생겨났다. 과메기는 거의 구룡포에서 생산된다.

구룡포 해안도로 뒤쪽에는 꽁치 전문점 '실내식당'이 있다. 1980년대 꽁치과메기가 본격화하면서 꽁치는 구룡포 사람들이 가장 즐겨 먹는 생선 가운데 하나가 됐다. 쫀득하고 고소한 과메기를 다시마, 김 같은 감칠맛이 많은 재료와 함께 먹는 것은 겨울철 최고의 미식이다. 꽁치추어탕도 유명하다.

고래 고기로 유명한 '모모식당'도 있다. 바다에 사는 포유류 고래는 고기 맛이 쇠고기와 비슷하다. 재료 질이 곧 맛으로 직결된다. 고래를 직접 구매해 식당에서 사용하고 나머지는 도매로 전국에 유통하는 '모모식당'의 고래 고기는 다양하고 신선하다. 고래 특유의 향을 느낄 수 있는 목덜미 부분 우네와 가슴살, 옆구리살, 아가미살, 껍질, 내장, 꼬리, 간 등을 수육과 육회, 전골 등으로 다양하게 맛볼 수 있다.

지금은 사라졌지만 구룡포항 앞 복골목은 함흥 피난민들이 시작한 복집으로 가득했으며, 여전히 복식당 5곳이 남아 있다. '함흥식당'과 '동림식당'이 유명하다. 이곳에선 근처에서 잡히는 싱싱한 밀복을 주로 쓴다. 콩나물만 넣고 끓여낸 맑은 밀복탕은 해장으로 제격이다. 시원한 국물과 쫄깃한 복어의 살 맛을 동시에 즐길 수 있다.

'까꾸네 모리국수'도 빼놓을 수 없는 구룡포 맛집이다. 음식은 무조건 2인분 이상만 판다. 양이 엄청 많기 때문이다.

커다란 양은냄비에 홍합과 아귀 같은 해물을 넣고 면과 고춧가루를 넣어 얼큰하게 끓여낸다. 얼큰한 모리국수에는 시원한 구룡포 막걸리가 제격이다. 뱃사람들이 즐겨 먹던 음식이 외식으로 탄생한 것이다.

주변의 '철규분식'도 유명하다. 찐빵과 단팥죽은 물론, 근처 수제 국수공장 제일국수에서 만든 고소한 면발로 시원한 국수를 말아낸다.

구룡포 과메기가 유명해진 것은 겨울에 부는 돌개바람 덕분이다. 적당히 차갑고 강한 돌개바람은 반건조 과메기를 말리는 데 일등공신이다. 그 바람으로 말리는 제일국수의 면도 좋다.

구룡포항에서 호미곶으로 가는 길에 자리한 대보항은 전국 돌문어의 12%가 잡히는 곳이다. 대보항에서 처음 돌문어를 음식으로 팔기 시작한 '등대횟집'은 경매인이 직접 운영한다. 2~3kg의 돌문어는 부드러우면서도 특유의 탄력이 있다. 입구 수족관에는 문어가 가득하다. 주문하면 살아 있는 문어의 내장을 제거하고 소금으로만 간을 한 물에 삶아낸다.

대보항 문어 요리는 문어가 해안으로 몰려드는 12월부터 제철이다. 대보항 근처 암초들은 돌문어가 가장 좋아하는 서식지다.

15

허기를 달래는 든든한 한 끼 이맘때가 제격

부산의 돼지국밥집들

　돼지국밥집은 2013년 4월 기준으로 부산 710개, 대구 324개, 경남 795개, 경북 281개 등 경상도에 압도적으로 많고 질적으로도 빼어나다 (차철욱 부산대 교수 논문 '돼지국밥의 탄생과 소비').

　돼지국밥이 외식으로 팔리기 시작한 건 1930년대 후반부터다. 돼지고기 문화가 성행한 이북 출신 실향민이 이남에 전했다는 설부터·경상도 자생설, 일제강점기 수출하고 남은 잔육(殘肉) 기원설, 6·25전쟁 이후 미군부대 꿀꿀이죽 기원설까지 다양하지만 정설은 없다.

　부산 영도에 있는 '소문난돼지국밥'(1938년 개업)은 가장 오래된 국밥집으로 알려져 있다. 그곳 주변 남항시장 먹자골목에 있는 '제주할매국밥'과 '재기식당'은 돼지 내장을 많이 이용한 국밥을 판다.

　부산 돼지국밥은 기원이 명확진 않지만 실향민에 의해 대중화한 것만은 확실하다.

범일동 '할매국밥'은 부산에서 가장 인기 있다. 맑은 국물이 중심인 북한식 돼지국밥으로 명성이 자자하다. 돼지국밥집에서 빠지지 않는 수백(수육백반)도 맛있다. 피난민과 버스기사, 신발공장 노동자들이 모여 있던 공단 담벼락에서 돼지머리를 삶아낸 돼지국밥을 팔아 인기를 얻었다.

현재 주인은 돼지 등뼈와 다리뼈를 넣고 끓인 뒤 삼겹살 덩어리를 넣고 한 번 더 끓여낸 육수를 사용한다.

국물은 균형이 잘 맞는다.

연한 갈색을 띠는 맑은 국물로 유명한 토성동 '신창국밥'도 부산 돼지국밥 이야기를 할 때 빼놓을 수 없다. 돼지앞다리와 뼈를 넣고 우린 육수에 순대를 넣어 만든 국물에 밥을 토렴해서 준다. 차갑거나 뜨거운 것이 아닌 따스한 한국인의 밥과 국에 대한 수준을 맛볼 수 있는 곳이다.

'신창국밥'도 실향민들에게서 영향을 받았다. 서면에는 돼지국밥거리가 형성돼 있다. 돼지국밥거리에서 가장 오래된 '송정3대국밥'은 돼지뼈로 끓여낸 탁한 국물에 삼겹살, 항정살 같은 비싼 부위로 우려된 국물을 섞어 내놓는다. 튀지 않는 순한 맛으로 부산 토박이는 물론 외국인도 자주 찾는다.

범일동 평화시장 주변에는 '마산식당' '합천식당' '하동식당' 등 부산 주변 도시들 이름을 따온 국밥집이 모여 있다. 국밥을 시키면 뚝배기에 식힌 밥과 잘라 놓은 고기를 넣고 솥에서 국물을 퍼 '뚝배기에 담았다 뺏다'를 반복한다. '송정3대국밥'과 마찬가지로 탁한 뼈 국물을 중심으

송정3대국밥 토렴 　　　　　　　　　　　　　　송정3대국밥

로 한 경상도식 돼지국밥집들이다.

　설렁탕을 연상케 하는 모양과 맛은 경쾌하면서도 구수한 맛을 낸다.

　공업단지가 자리 잡은 부산 사상구에는 북한식과 경상도식의 중간쯤 되는 국밥을 파는 '사상원조합천국밥'이 있다. 국물에 다진 마늘과 양념장을 올려주는 것이 특징인데, 단일 가게로는 부산에서 매출이 가장 높은 곳으로 알려져 있다.

　부산 돼지국밥은 1940~50년대에는 돼지머리를 이용한 국밥을 주로 팔았다. 60년대에는 앞다리 살과 내장, 간, 허파 등이 주로 사용됐고, 80년대 이후에는 삼겹살을 이용하는 집이 늘어나는 추세다.

범일동 할매국밥

대연동 '쌍둥이돼지국밥'은 삼겹살을 넘어 항정살을 이용한 수육과 돼지국밥을 파는 집이다. 돼지국밥=아저씨라는 공식과는 거리가 먼 이곳은 아가씨는 물론 아이들을 데려온 아줌마가 유독 많다.

연산동 '경주박가국밥'도 깨끗한 외관과 깔끔한 돼지국밥으로 돼지국밥=시장통 서민음식이란 등식을 비켜가 성공했다.

관광객이 거의 찾지 않는 안락동 '또랑돼지국밥'은 부산 토박이가 즐겨 찾는 곳이다.

16
'다이아몬드 커팅'이 살아 있네
부산의 갈비 맛

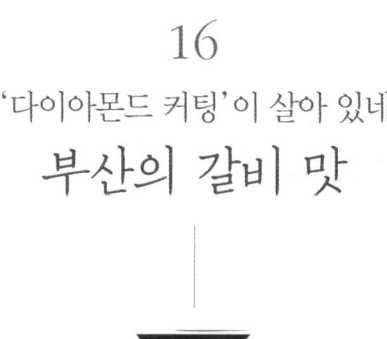

 다른 지방 사람은 부산 하면 회를 떠올리지만 정작 부산에 가보면 회는 관광객이 먹고, 부산 사람은 육고기를 먹는 경우가 많다. 부산 육고기 문화는 최근 생긴 것이 아니다. 부산 돼지국수와 국제시장 주변 냉채족발이 유명하지만, 해운대와 국제시장의 갈비 문화도 오래됐다.
 1945년 일제가 물러갈 때부터 형성된 국제시장은 6·25전쟁 때 부산이 임시수도가 되면서 더욱 번성한다. 국제시장 주변은 전쟁 중에도 술집과 고깃집이 사회문제가 될 정도로 성업을 이뤘다. 술집 이름도 피난 수도답게 원산옥, 평양집, 서울집, 함흥집부터 불고기집, 돗고기집(돼지고기집) 등 가지각색이다.
 '구수한 불고기 전골 내음세가 코를 찌른다. 비록 외양은 허름한 하꼬방 술집이나 한 걸음 안에 들어서면 어느 고급 요정 부럽지 않게 불고기

암소갈비 편육 덴뿌라 사시미로부터 신설로 수정과에 이르기까지 돈만 있으면 얼마든지'(1952년 3월 2일자 '동아일보') 먹을 수 있었다. 시장에는 1952년부터 '암소갈비전문'이라는 현수막이 걸릴 정도였다. 국제시장은 그때나 지금이나 큰 틀은 변하지 않았다.

국제시장 안쪽 신창동 3가 주변에는 소갈비를 전문으로 하는 식당이 네다섯 곳 몰려 있다.

1950년대 중·후반 시작한 '평양갈비'는 여전히 인기다. 간장을 기본양념으로 해 석쇠에 구운 소갈비를 서울에 비해 저렴한 가격에 판다. 당시 국제시장 주변에는 실향민이 많았고, 그들을 대상으로 한 식당도 잘됐다. 40년 전 식당을 인수한 지금 주인 말에 따르면 '평양갈비'란 이름은 국제시장 주변 실향민을 대상으로 해 붙인 이름이라고 한다. 석쇠에 소갈비를 구워먹는 방식은 오랫동안 먹어온 고기구이 문화의 전형을 보여준다. 고기에 칼집을 내는 방식은 50년대부터 이어져온 전통이라는 것이 주인의 설명이다.

국제시장과 더불어 부산 소갈비 문화를 '쌍끌이'하는 지역은 해운대다. 해운대 암소갈비는 부산을 넘어 전국적인 브랜드가 됐다.

1970년대 해운대 암소갈비는 서울에서도 상당히 인기를 끌었다. 76년 부산의 쇠고기 소비량은 서울(1인당 3.22kg)보다 많은 3.38kg으로 전국 최고였다. '서울에 진출한 부산식 불고기니 해운대식 갈비니 하는 집이 고기나 갈비를 진짜 부산에서 가져오기 때문에'(1976년 3월 13일자 '경향신문') 당시 서울에 진출해 인기를 얻은 해운대 암소갈비는 지금도 해운대에서 영업하는 '해운대 소문난 암소갈비'의 친척이 운영하던 집이다.

국제시장 평양갈비   해운대 암소갈비

'해운대 소문난 암소갈비'는 1964년 지금 자리에서 창업했다. 창업 당시 자리를 지금까지 지키는 것은 물론, 만드는 방식도 변하지 않았다. 이 집 양념갈비는 간장을 기본양념으로 했지만 얼핏 보면 생갈비처럼 보일 정도로 살짝만 간을 했다.

갈빗살에는 지그재그로 칼집이 들어가 있다. '다이아몬드 커팅'이라 부르는 이 칼집 방식도 64년 처음 시작한 것이다. 해운대에 갈빗집을 창업하기 전 동래 요정에서 일본인들에게 칼집 내는 방법을 배운 창업자의 기술이 깃든 조리법이다.

창업 당시 여물을 먹고 일하던 소는 곡물을 먹고 자란 지금의 소보다 육질이 훨씬 질겼다. 질긴 소는 힘줄을 발라내고 칼집을 내야 졸깃한 식감과 함께 씹기에도 편하다. 이렇게 칼집을 낸 갈비를 하루 정도 숙성한 뒤 숯불 위 오목한 철판에 구워먹는 것이 이 집만의 특징이다.

국물을 중심으로 한 서울식 불고기의 불판과 무척 닮았는데, 창업 당시부터 사용하던 것이다. 갈비를 다 구워 먹고 난 뒤 불판 끝에 육수를 부어 감자국수를 넣어 익혀 먹는 방식은 북한의 어복쟁반과 비슷하다.

서울에서 소갈비 문화가 본격화하던 1980년대 이전 부산에는 이미 소갈비 문화가 깊게 뿌리내리고 있었다.

불판 형식과 간장 기본양념, 다이아몬드 커팅 등 서울에서 유행하는 다양한 소갈비와 불고기 문화의 기본형이 부산 소갈빗집에 고스란히 남아 있다.

17
지글지글 소리마저 죽여줍니다
자갈치시장의 곰장어와 양곱창

갈매기 조형물이 크게 걸린 자갈치시장은 부산의 부엌이다. 자갈치시장에서 길 하나를 건너면 남포동 부산국제영화제 광장이 나온다. 그 너머로는 거대한 국제시장이 펼쳐져 있다.

부산국제영화제가 열리는 기간에는 자갈치시장에서 국제시장으로 이어지는 넓은 공간에 사람이 가득하다. 자갈치란 자갈이 많은 곳이란 의미에서 유래한 이름으로 알려졌다. 일제강점기에 형성된 자갈치시장은 광복 이후 경남 거제, 충무, 남해와 전남 여수의 고깃배가 드나들며 수산물 집산지가 됐다. 이곳에서 어부와 아줌마들이 장사를 시작하면서 자연스럽게 시장이 형성돼 오늘에 이른다.

자갈치시장에 정식으로 건물이 들어선 것은 1967년이고, 지금의 현대식 건물은 2006년 지어졌다. 비린내 나는 '바닷것'들의 난장 속에서도

백화양곱창

자갈치시장을 대표하는 음식이 곰장어라는 데 이의를 제기할 사람은 별로 없을 것이다. 뜨거운 해가 넘어가고 시장이 파장할 무렵이면 자갈치시장 주변 곰장어집에 불이 켜지고, 사람이 모여들어 고소한 냄새가 진동하는 곰장어를 굽는다. 껍질을 벗겨도 10시간 이상을 산다는 곰장어가 석쇠 위에서 먹음직스럽게 익어간다.

  부산의 곰장어 식문화는 50년대 이후 만들어진 것으로 추정된다. 기장곰장어가 생겨난 것이 일제강점기라는 설이 있으나 상업적인 곰장어 식문화와는 거리가 먼 개별적인 증언이다. 1950년대 자갈치시장 포장마차촌에서 곰장어 양념구이는 빠지지 않는 메뉴였다. 곰장어 껍질은 고급 피혁제품의 원료였다. 껍질을 제거한 곰장어의 공포스러운 몸통을 먹는

나라는 한국이 거의 유일하다. 장어 식문화가 오랜 일본에서도 곰장어만은 극히 일부 지역에서만 먹을 정도로 곰장어 식문화는 희귀하다.

자갈치시장 끝자락에 있는 성일집은 1950년대 장사를 시작한 노포다. 양념한 곰장어를 파는 가장 오래된 가게답게 노인부터 20대 여성까지 다양한 나이대 사람이 모여 머리를 맞댄 채 곰장어를 먹는다. 부산 끝자락인 기장에선 무쇠도 태운다는 짚불로 구운 짚불 곰장어가 유행이다.

자갈치시장 하면 외지인은 어물을 떠올리지만, 이곳에는 부산사람들이 사랑하는 소 내장 전문점도 많다. 1960년대부터 시작된 소 내장 전문점에서는 대개 양곱창이란 메뉴를 판다.

지금처럼 타운이 만들어진 것은 20년 전부터다. 양의 곱창이 아닌, 소의 위인 양과 곱창, 대창 같은 내장 전부를 판다. 그중 가장 오래된 백화양곱창에 들어서면 작은 테이블들이 옹기종기 모여 있다. 스탠드바를 연상시키는 공간에 자리를 잡고 앉으면 주인이 손님들 앞에서 주문을 받고 내장을 구워준다. 자신이 감당할 수 있을 만큼의 손님만 받고 그 손님들과 소통하면서 만들어내는 백화양곱창의 내장 요리들은 질이 좋고 저렴하다. 서울의 대형 내장 전문점에 비해 가격은 절반이지만 양과 질은 결코 떨어지지 않는다. 작은 테이블마다 독립된 주인이 운영하는 만큼 재료와 주인의 요리 솜씨에 따라 맛이 조금씩 다르다.

연탄불에 구워내는 것도 자갈치시장 내장 전문점들의 공통된 특징이다. 내장을 다 먹은 뒤 밥을 볶아먹는 것도 이곳의 문화다. 곰장어와 양곱창 같은 독특한 음식 문화 덕에 자갈치시장 아지매들과 그들이 키운 억센 부산 사나이들이 먹고살아 왔다.

18

벌써 당긴다, 달달 시원한 그 맛
전쟁 딛고 진화, 부산 밀면

클리퍼드 L. 스트로버스(Clifford L. Strovers)는 1953년 11월부터 54년 11월까지 미군 공병부대원으로 근무하면서 부산을 사진기에 담았다. 54년 국제시장을 찍은 사진 가운데 '함흥냉면옥'이 있다.

국제시장이 있던 신창동 4가에는 일제강점기 일본인이 많이 살았다. 제2차 세계대전 막바지 미군 폭격에 대비해 신창동 4가 지역은 소개됐다. 전쟁이 끝나자 일본인들은 귀국 직전까지 공터에서 물건을 팔았다.

일본인들이 떠나자 일본에서 돌아온 귀한(歸韓) 동포들이 그 자리를 채웠다. 이들은 미군정에서 나오는 미군물자나 구호물자를 팔았다. 이때부터 이곳은 '돗데기(도떼기)시장'으로 불렸다.

1948년에는 '자유시장'으로, 49년에는 '국제시장'이란 지금의 명칭이 붙었다.

▲ 내호냉면　◀ 수영소문난밀면　▶ 개금밀면

　50년 6·25전쟁이 일어나고 피난민이 몰려들면서 전국에서 온 피난민과 증명서를 받은 월남 실향민들이 국제시장 주변에 터를 잡고 장사를 시작했다. 국제시장은 더욱 비대해졌다.
　상인 중에는 광복 이후 서울 남대문과 동대문에서 장사를 해온 북한 실향민 출신도 많았다. 북한 실향민은 생존을 위해 강한 유대를 이뤘다.
　서울에서나 부산에서나 그들 연대의 중심 공간은 냉면집이었다. 고향 음식을 먹으며 정보를 교환하고 정체성을 확인했다.
　1951년부터 54년 사이 부산을 찍은 사진에는 냉면집이 다섯 군데나 등장한다. 국제시장 '함흥냉면옥'을 비롯해 신창동 '고려정냉면', 시청 옆 '평양서부면옥', 동아극장 옆 '황금냉면옥', 동광동 '광락냉면' 같이 냉면은 어느 특정 지역이 아니라 부산 전 지역에서 고르게 발견된다.

53년 전쟁이 끝나자 남한 출신 실향민은 고향으로 돌아갔지만 북한 출신은 부산에 대거 정착했다. 이들을 위해 대규모 정착촌이 만들어졌는데 지금의 남구 우암동과 부산진구 당감동이다. 그들 중 상당수가 흥남 철수와 1·4후퇴 때 넘어온 함경도 출신이었다.

우암동 입구에는 함경도 흥남 내호 출신 실향민이 세운 '내호냉면'이 들어서고 당감동에는 '본정냉면' '함흥회냉면' 같은 식당이 장사를 시작했다. 당시 부산 사람들은 우동이나 소면 같은 밀가루 국수 문화에 익숙해 있었다. 피난 기간이 길어지면서 북한에서 먹던 음식을 그대로 만드는 데 여러 가지 문제가 생겼다. 감자나 고구마 전분 같은 재료를 구하기가 힘들었기 때문이다. 그렇다고 그동안 북한식 냉면을 아꼈던 부산 토박이 손님들을 무시할 수도 없었다.

'내호냉면'은 창업 후부터 북한 실향민에게는 회국수 같은 함경도식 냉면을, 부산 토박이에게는 일반 국수를 팔았다.

몇 년이 흐른 1959년 냉면과 국수의 이 불편한 동거를 끝맺을 새로운 면이 '내호냉면'에서 만들어진다. 밀가루 70%와 고구마 전분 30%를 섞은 밀냉면이 만들어진 것. 실향민과 부산 토박이 모두가 좋아하는 냉면의 탄생이었다.

밀냉면이 한동안 경상도 냉면, 부산 냉면이라 불린 이유도 그 때문이다. 1970년대 초반 '가야밀면'에서 100% 밀가루를 이용한 면이 만들어지면서 밀면은 확고한 정체성을 갖게 된다. 다양하던 명칭도 이때부터 밀면으로 통일된다.

한약재로 우려낸 달달한 국물로 최고 인기를 얻고 있는 '개금밀면'과 시원한 육수가 일품인 '국제밀면' 등 밀면은 새로운 진화를 거듭하고 있다.

봄인가 했더니 기온이 20도를 넘나든다. 시원한 밀면 한 그릇이 그리워지는 계절이 다시 돌아왔다.

19
바다의 깨소금 맛있게 살 오른 그놈들 왔다
남해안 가을 전어

가을이 오면 사람들은 입에 전어를 달고 다닌다. 전어만큼 양식과 자연산의 차이가 극명한 생선도 별로 없다. 전어의 다양한 맛은 지역적으로도 차이가 제법 난다. 전어는 6년까지 자라는 여러해살이 생선으로, 일본에서는 1년산을 최고로 치고 한국에서는 15cm 전후로 자란 2년산을 즐겨 먹는다. 어린 전어나 9월 전어는 회로 좋고, 이후에는 뼈와 살이 억세져 구이가 적당하다.

전남 광양 망덕포구에는 횟집이 많다. 이곳에는 전국 유일하게 전어조형물이 있을 정도로 가을이면 전어를 찾는 사람들이 몰려든다. 망덕포구에서는 주로 광양과 멀지 않은 경남 하동 철교 밑 섬진강 하구에서 잡은 전어를 먹는다.

망덕포구 '바다횟집'의 전어회는 유명하다. 전어를 다루는 방법이 특이하기 때문이다. 이곳에서는 생선 손질에서 제일 중요한 피 뽑기를 단박에 하는 것이 아니라 서서히 한다. 이렇게 서서히 피를 제거한 전어는 비린내가 나지 않는다. 이 전어를 바닷물이 섞인 지하수로 씻는다. 살짝 간이 되는 것이다. 전어회는 짭조름하고 부드러우면서 고소한 맛이 난다.

경남 사천에는 유명 전어구이집이 있다. 사천 대포포구는 관광지가 아니다. 사천 토박이들이 주로 찾는 '미룡자연산횟집'은 전어구이로 유명하다. 많은 사람이 전어구이를 즐기지만, 전어구이를 잘하는 집은 드물다. 작은 생선이라 시간이 많이 걸리고 제대로 굽기도 쉽지 않기 때문이다.

대도시에 있는 전어구이집은 꼬리나 머리를 검게 태우고 속은 제대로 익히지 않은 채 내놓기 일쑤다. 뼈가 억세진 전어를 구이로 먹긴 하지만 뼈가 딱딱하게 씹힐 정도가 돼선 안 된다. 통조림용 꽁치처럼 뼈는 있지만 살처럼 느껴져야 제대로 된 전어구이라 할 수 있다. 1년산 작은 초가을 전어라야 이런 상태가 된다.

이곳에서는 작은 전어를 골라 구이로 판다. 껍질은 바삭하고 속은 촉촉하다. 뼈는 살과 함께 소멸한다. 머리도 살처럼 바삭거린다. 내장은 쌉쌀하면서도 고소하다.

'미룡자연산횟집'은 회를 네 가지 방법으로 썰어준다. '세꼬시'(뼈째 썰기)나 뼈를 제거하고 살을 발라주는 방법은 다른 전어횟집과 다를 바 없지만 머리와 내장, 꼬리를 제거하고 몸통을 통째 먹는 '통마리'는 이 집에서만 맛볼 수 있다. 선원들이 먹던 방식 그대로다. 낙동강 하구의 부산 명지시장도 전어 하면 빼놓을 수 없는 곳이다. 명지시장은 부산 사람들의 전어 순례지다.

식당 수십여 곳이 몰려 있는 전국 최대 전어 거리로, 명지시장 '산수갑산'의 전어회는 일식처럼 정교하고 세련된 맛을 낸다. 일본인은 11cm 정도의 작은 전어를 봄철 스시 네타(밥 위에 얹는 재료)로 주로 먹는다. 이곳에서는 전어회를 일본 회 뜨듯이 잘 발라낸다. 원하는 사람에게는 숙성된 전어회를 내놓기도 한다.

전어회는 30분만 숙성해도 감칠맛과 기름기가 훨씬 강해진다. 깔끔하고 깊은 전어회 맛을 느낄 수 있는 곳이다. 경상도에서는 전어를 회나 구이로 먹지만 전라도에서는 전어무침이 빠지지 않는다.

전남 보성 율포는 작은 그물로 잡아 손으로 떼어내는 '따닥발이' 전어로 유명하다. 이곳 전어는 다른 지역보다 살이 차지고 몸통도 두툼하다. 이 전어를 초고추장과 각종 채소를 넣어 버무리면 전어 특유의 기름기에 매콤하고 달콤한 양념이 섞여 먹음직스러운 무침이 된다.

가을철에는 전어도 맛있지만, 전어 명산지 치고 평범한 경치가 없다. 절경에 제철 전어, 가을에만 누릴 수 있는 한국인만의 특권이다.

전남 보성 전어회

부산 명지시장 전어

20

탱탱한 생고기의 고소함 vs 극단의 매운 찜
대구 갈비

갈비 하면 무엇이 떠오르는가. 경기 수원의 왕갈비, 포천 이동의 쪽갈비, 부산의 해운대갈비, 아니면 경남 함양 안의의 갈비찜이 생각나는가.

하지만 대구 또한 갈비 이야기에서 빼놓을 수 없는 긴 역사를 지닌 '고기의 도시'다.

대구 사람들은 부드러운 꽃갈비보다 쫄깃한 참갈빗살을 더 좋아한다.

소는 갈빗대 13개를 가지고 있다. 위에서 아래쪽으로 내려가면서 갈빗대에 붙은 살점 부위가 얇아진다. 1~5번 부위에서 발라진 살점은 본갈빗살로 두툼하지만 기름기가 없어 조금 퍽퍽하다. 갈비찜이나 탕용으로 많이 먹는다. 등심과 붙은 6~8번 부위 꽃갈빗살은 마블링이 가득하다. 서울과 전라도 사람들이 선호하는 부위로 부드러운 맛이 일품이다. 나머지 9~13번 부위는 참갈빗살이라 부르는데 살점이 적다. 대구와 경상도 음식에 독보적 식견을 가진 이춘호 전 영남일보 기자에 의하면 대구지역 갈비의 역사는 1961년 중구 대신동 '진갈비식당'에서 시작됐다. 80년대 초반에는 서울에서 시작된 가든형 갈빗집이 대구에서도 유행했다.

'제주가든'이 선두주자였다. 90년대 중반이 되면서 값비싼 가든형 갈빗집의 인기는 시들해졌고, 수입육을 이용한 저가 갈빗집들이 경쟁에 뛰어들었다. 대구 갈비는 크게 생갈비와 매운 찜갈비, 그리고 최근 들어 각광받는 안동식 갈비로 대별할 수 있다.

부창생갈비

1970년대 초반 영업을 시작한 '부창생갈비'는 생갈비 하나만 취급한다. 갈비 부근의 살점은 내장을 보호하려고 지방 성분이 많은 편이다. 이를 발골하는 과정이 까다롭고 지루하지만 바로 이것이 갈빗집의 성쇠를 가름하는 첫 번째 작업이다.

'부창생갈비'는 갈비뼈에서 살만 분리한 갈비색임과 살이 아주 조금 붙은 갈비뼈를 같이 내놓는다. 칼질과 숙성만으로 갈비는 새로운 음식으로 탄생한다. '고기는 씹는 맛에 먹는다'는 옛말을 이 집에서 확인할 수 있다. 탄력감 있는 갈비는 씹을수록 고소한 육향을 만들어내기 때문에 소금에 찍어 먹는 게 가장 맛있게 먹는 방법이다. 된장국이나 콩비지 같은 국과 반찬들도 일정 수준을 유지하고 있다.

'국일생갈비'는 대구 생갈비 문화의 구심점이 된 곳이다. 실제 대구의

소백축산 생갈비

청담동이라 부르는 수성구 들안길 주변에는 한우숯불 갈빗집이 10곳이 넘는다. 들안길의 '소백축산'은 다른 대구 생갈빗집들과 달리 갈비색임만 준다. 가격이 조금 비싼 편인데 가장 비싼 부위인 꽃갈비가 많이 섞여 있기 때문이다.

수성구 범어동 '원조맛집 안동갈비'는 요즘 대구에서 유행하는 안동식 갈비를 한다. 안동식 갈비는 생갈비를 손님상에 내가기 직전 마늘, 간장, 참기름으로 간을 약하게 해 구워 먹는 독특한 문화다. 갈비에 칼집을 내고, 남은 갈비는 다시 가져가 된장에 넣어 찌개를 끓여 내온다. 하지만 대구에서 가장 유명하던 갈비문화는 중구 동인동의 찜갈비다. 매운 찜갈비 골목까지 생겼지만 영화는 옛날만 못하다.

대구의 매운 찜갈비 문화는 1968년 '실비 찜갈비' 식당이 양재기에 갈비와 고춧가루, 마늘을 넣고 매콤하게 버무려 판 게 시작이라고 한다. 이 밖에 대구 곱창 고기도 유명하다.

남구 안지랑 곱창골목엔 곱창을 파는 식당만 50곳이 넘어 거리 전체에 고기 굽는 냄새가 진동한다. 하지만 맛의 섬세함에선 곱창이 갈비 맛을 따라오지 못한다.

21

깊고 진한 국물에 알싸한 그 맛
부산 인근 구포국수

한국인 중 국수를 싫어하는 이가 과연 얼마나 될까.

매끈하고 날렵한 면발과 깊고 구수한 국물이 한데 어우러진 그 맛은 사시사철 때와 사람을 가리지 않고 사랑을 받아왔다.

멸치 국물에 소면을 말아 먹는 가락국수는 1970년대 최고 인기 외식 메뉴 가운데 하나였다. 전국 어디를 가도 소면을 만드는 소규모 국수공장들이 있었다. 동네 사람들은 그 국수를 사다 잔칫날에 끓여 먹거나 장날에 해 먹었다. 잔치국수나 장터국수는 그렇게 탄생했다.

경상도 사람들은 멸치 육수에 국수를 말아 먹었다. 소화 흡수력이 좋은 국수는 양껏 먹을 수 있는 만복(滿腹) 음식이었다. 세월이 흘러 대기업이 지역의 작은 공장을 인수하면서 레시피가 획일화되고 다양성을 잃은 아쉬움은 있지만 국수의 인기는 여전하다. 그러나 대구와 부산처럼 예로부터 국수로 유명했던 고장에는 작은 공장들이 남아 있다. 부산 구포는 조선시대부터 물산이 모여드는 중요한 요충지였다.

1920년 경부선 구포역이 개통되자 부산지역 곡물은 물론, 북한지역 곡물까지 이곳으로 모여들었다. 30년대에는 한반도 최대 밀 산지인 북한 사리원에서 기차를 타고 건너온 밀들이 구포역을 가득 채웠다는 기록도 남아 있다. 그때부터 구포역 주변으로 제분공장과 제면공장이 들어서기 시작했다. 부산은 해방 후 일본에서 귀국한 사람들과 6·25전쟁 후 밀려든 피난민으로 인구가 급증했다. 싸고 저렴한 데다 보관과 조리가 쉬운 구포 소면은 가난한 이들에게 큰 인기를 얻었다. 구포 주변 제면공장이 수십여 개로 불어났다. 아낙네들은 구포국수를 머리에 인 채 기차를 타고 부산에 가서 팔았다.

1960년대 본격화된 혼분식장려운동과 70년대 공업화 여파로 인근 농촌에서 몰려든 젊은 노동자들 덕분에 구포국수는 일대 전성기를 맞는다. 1980년대 이후 먹거리가 다양해지면서 구포국수는 침체기를 맞지만 구포 등 부산지역에서는 아직까지 국수 전문점들이 명맥을 잇고 있다.

구포시장 입구에 있는 '이원화 구포국시'는 구포국수를 만들던 공장 사람들이 운영하는 곳이다. 좀 더 세련된 구포식 국수를 만들면서 한창 인기몰이 중이다.

구포와 멀지 않은 부산 금정구 남산동의 '구포촌국수'는 구포국수의 전통을 이어온 집으로 인기가 많다. 메뉴는 물국수 하나지만 양으로 보통과 곱빼기, 왕으로 나뉜다. 일반 소면보다 좀 두꺼운 면을 사용하는 게 특징이다. 멸치 국물은 멸치 내장을 제거해 경쾌하고 깊은 맛을 낸다. 구포에서 낙동강을 건너면 바로 김해 대동마을이 나온다. 행정구역으론 김해지만 생활권은 구포와 한 몸이다. 대동마을은 국수의 마을이라 해도 과언이 아니다.

원조이자 터줏대감 격인 '대동할매국수'를 중심으로 작은 마을에 국수 전문점 대여섯 곳이 들어서 있다. 이곳에서는 국수를 육수에 넣어서 내지 않는다. 국수와 육수를 따로 준다. 구포 바람에 말린 졸깃한 국수 위에 부추(정구지), 검은 김, 채 썬 노

이원화 구포국시의 구포국수

란 단무지와 붉은 양념장이 올려져 있다. 국물을 부으면 이내 국수와 한 몸이 된다.

'대동할매국수'는 멸치 내장을 제거하지 않은 통멸치를 사용해 강하고 구수하며 쌉싸래한 맛이 동시에 난다. 이 지역 사람들은 대개 국수에 알싸한 땡추(아주 맵고 작은 고추)를 넣어 먹는다. 깊고 진한 국물에 알싸한 맛이 더해지면 봄날 노곤해진 몸과 마음이 생기를 얻는다. 그 어떤 맛도 이보다 좋을 순 없다.

승려들은 국수 생각만 하면 웃음이 난다 해서 승소(僧笑)라고 불렀다. 봄날 승려들의 환한 미소를 닮은 것이 구포의 국수 맛이다.

22
흉내 낼 수 없는 진한 국물맛 뼛속까지 시원
부산 대연동 어묵과 돼지국밥

    부산은 일제강점기 일본과 가깝다는 지리적 이유 때문에 급성장한 도시다. 일본 문화가 개방되기 전 부산은 일본 문화를 가장 손쉽게 접할 수 있는 곳이었다. 일제강점기가 끝나고 6·25전쟁이 발발하자 부산은 대한민국 임시수도로서 한 번 더 폭발적인 성장을 한다. 일본 음식뿐 아니라 우리나라 팔도 음식이 부산에 모여 꽃을 피웠다.

    대연동은 부산의 대학로로, 부경대, 동명대, 부산외대, 부산예술대 등 주변에 대학이 몰려 있다. 대연동에는 일제강점기를 상징하는 음식인 어묵을 파는 '미소오뎅'이 있다. 부산의 음식 마니아 가운데 이 집을 모르는 사람은 거의 없다. 작은 가게는 언제 가도 사람이 붐빈다. 부산 최고 어묵을 선별해 파는 독특한 가게다.

    일제가 물러간 후 한국인이 최초로 운영한 어묵 회사는 1945년 창립

한 동광식품이었고, 현재까지 남은 곳은 50년에 시작한 삼진식품이다.

삼진식품 어묵은 생선살 함유량이 80%를 넘는 명품 어묵이다. 일제강점기 어묵은 당연히 '오뎅'으로 불렸고, 부산은 물론 전국에 유명한 오뎅집이 많았다. 하지만 요즘에는 제대로 된 어묵을 만나는 일이 쉽지 않다. 부산에서만 30여 개 어묵 회사에서 수백 종의 어묵이 생산된다.

'미소오뎅' 대표는 이 중 20여 종의 명품을 선별, 남해산 멸치로 우리고 소금으로 간한 국물에 끓여낸다. 어묵은 종류가 다양한 만큼 익히는 시간도 다르다. '미소오뎅' 주인이 직접 골라 손님들에게 준다.

어묵과 함께 이 집에서 빠지면 안 되는 음식이 스지(힘줄)다. 한우 스지는 졸깃한 맛으로 먹는 음식이다. 이 집에서는 더치소주에 벨기에 고급맥주까지 보통 오뎅집과는 다른 음식들을 판다. 어묵과 맥주의 기이하고 멋진 만남을 '미소오뎅'에서 경험할 수 있다.

'미소오뎅' 건너편에는 '쌍둥이 돼지국밥' 집이 있다. '미소오뎅'과 더불어 대연동을 대표하는 최강 맛집이다. 북한 출신 실향민의 영향을 크게 받은 일반 돼지국밥과 달리 쌍둥이 돼지국밥은 현대적이다. 돼지 부위 가운데 가장 비싸고 살코기 안에 기름기가 촘촘하게 박혀 천겹살이라 부르는 항정살 돼지국밥과 수육으로 돼지국밥 수요층을 여성과 아이로까지 확장한 집이다. 저녁 8시 30분이 넘은 시간에도 실내는 만원이다.

한쪽에 자리 잡고 실내를 돌아보니 혼자 늦은 저녁을 먹는 노인, 아이들을 한둘 데려온 아주머니들, 연인들, 50대 아저씨들과 젊은 여자와 더 젊은 남자까지 혼자거나 여럿이거나 돼지국밥을 먹고 수육을 먹는다. 장터같이 소란한 분위기지만 사람들 입가에서는 미소가 떠나질 않는다.

쌍둥이 돼지국밥 외경   쌍둥이 돼지국밥

    항정살 수육은 기름기가 많아 부드럽다. 목살 등을 이용한 정통 수육을 좋아하는 사람은 이 집 항정살 수육을 비판하지만 부드러운 맛을 좋아하는 사람들은 많은 지지를 보낸다.

    이 집 돼지국밥은 밥과 국이 따로 나오는 따로국밥 형태다. 반찬은 평범하다. 하지만 돼지국밥은 완전히 차원이 다르다. 12시간 이상 고아낸 국물은 뽀얀 설렁탕 스타일이다. 뽀얀 국물 위로 노란 참기름이 떠다닌다. 국물을 한 숟가락 떠먹자 깊고 진한 고기향과 진득한 식감이 느껴진다. 고깃국물의 원초적 맛과 향이 나지만 튀지 않는다. 국물 속에 제법 가득한 고기는 은근한 뒷맛을 낸다.

    먹을수록 육수와 고기가 맛 속으로 더욱 깊게 끌어들인다.

23
궁극의 불맛 돼지불고기, 맵고 저렴한 떡볶이
대구의 서민 먹을거리

내륙 도시 대구에는 서민적 먹을거리가 많고, 맛도 좋다.

최근 모 방송에서 대구 맛집을 여러 곳 소개하면서 소탈한 음식들이 각광받고 있다.

대구 북구 칠성동에 자리한 칠성시장은 족발과 돼지불고기로 유명하지만 오래전부터 서민적 먹을거리의 집합소였다.

1945년 해방 후 귀국한 동포들이 움막을 짓고 가게를 내면서 자연스럽게 형성된 칠성시장은 6·25전쟁 이후 피난민이 대거 모여들면서 번성기를 맞는다. 지금도 칠성시장은 오래된 시장 모습을 간직하고 있으며 규모도 상당히 크다. 시장 안에 족발골목이 따로 있고, 돼지불고기로 유명한 집이 두 군데 있다.

이춘호 '영남일보' 기자에 따르면 대구 불고기 문화는 1957년 중구 계산동 '계산땅집'에서 시작돼 70년대까지 크게 번성했다고 한다. 칠성시장의 돼지불고기 문화는 60년대 초 시작돼 10여 곳으로 늘어났지만, 지금은 '단골식당'과 '함남식당'만 그 명맥을 잇고 있다. '단골식당'은 칠성시장의 족발골목 안에 있다. 식당 입구에선 '불쇼'가 펼쳐진다. 양념한 돼지고기를 석쇠에 올려 연탄불에 굽는다. 기름이 떨어지면서 번지는 불길이 고기를 감싼다. 소위 말하는 궁극의 불맛은 그렇게 탄생한다.

얇게 썬 돼지고기는 금방 익는다. 한 점 먹어보면 기름 덕에 고기가 매끈하다. 단맛이 나지만 과하지 않다. 고기와 함께 나오는 상추재래기(겉절이)도 훌륭하고 밥이나 김치도 잘 만들었다. 소박한 차림이지만 맛은 화려하다. 칠성시장의 족발골목 안에는 식당 20여 곳이 성업 중인데, 특히 '평화육남매'와 '영화사'가 유명하다.

대구는 분식 문화도 발달했는데 떡볶이는 중구 중앙로 2·28기념중앙공원 앞에 자리한 '중앙떡볶이'를 최고로 꼽는다. 1980년대 중반 문을 연 뒤 지금까지 줄 서서 먹는 떡볶이식당으로 널리 알려졌다. 번호를 뽑고 앉아 있으면 순서대로 주문을 받는다. 그만큼 사람이 많다. 최고 인기 메뉴는 '쌀떡볶이와 만두'다. 떡볶이와 납작만두가 함께 나온다. 납작만두는 60년대 등장한 대구만의 명물이다. 떡볶이에 들어가는 떡은 가래떡만큼 두꺼운 중떡이다. 차진 떡볶이를 감칠맛과 식감이 좋은 납작만두에 싸서 먹는 게 토박이들이 즐기는 방식이다. 고춧가루, 물엿, 설탕에 카레를 넣은 소스 맛도 남다르다.

'윤옥연할매떡볶이'는 매운맛으로 사람들을 사로잡았다. 어묵과 튀김 같은 사이드 메뉴는 일반인에게 매운 떡볶이를 먹을 수 있는 용기를 준다.

떡볶이, 어묵, 튀김은 각각 1000원으로 이 3개 메뉴를 함께 주문할 때는 '천천천'이라고 말하면 된다. 맵고 짜고 기름진 음식이지만 가격이 일단 저렴하다. 다른 떡볶이집과 다르게 아저씨들도 제법 눈에 띈다. 서민들의 가벼운 주머니 사정과 이 집의 특색이 만나 성공을 거둔 경우다.

달서구 두류동 신내당시장 인근의 '달고떡볶이'는 아파트 상가 앞에 있는데, 주변에 학교가 많아 늘 중고교생으로 북적인다. 여기서는 떡볶이와 만두를 함께 주문하는 게 상식. 이를 '달떡'이라 부른다. 만두는 당면을 넣은 튀김만두다. 한동안 전국 분식집 베스트셀러 메뉴였지만 요즘 서울에서는 보기 드문 만두다. 달달하고 순한 맛의 떡볶이는 청소년들이 좋아한다. 맛으로도 먹지만 양으로 먼저 먹는 음식들이다.

대구의 서민 음식은 오랜 세월을 버티다 먹을거리 전성시대에 전국적인 맛집이 됐다. 새옹지마다.

단골식당 돼지불고기

중앙떡볶이

7장

푸드 인 제주

  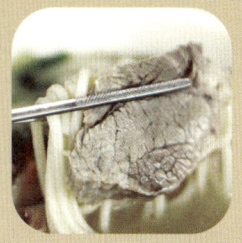

제주에서 가장 작은 골목시장의 좁은 골목에 '골목식당'이 있다. 겨울에 제맛을 내는 꿩메밀국수가 이 집 간판 메뉴다. 현지인과 외지인이 뻔질나게 드나들지만, 테이블은 6개뿐인 작고 수수한 식당이다. 꿩으로 우린 진하고 고소한 국물과 덤덤한 메밀로 만든 면을 숟가락으로 퍼먹는 이 집의 수제비 같은 꿩메밀국수는 제주 겨울 음식의 진수를 보여준다.

01
풍성한 술안주 속풀이 해장 묘한 매력 한 그릇
제주 돼지국수

잔칫날 돼지를 통째 넣고 끓인 국물에 모자반을 넣은 몸국은 제주에서 오랫동안 잔칫상의 전채 같은 음식이었다. 돼지뼈를 주재료로 한 국물은 보통 사골국물이라 부르는 뽀얗고 탁한 국물이 되고 머리나 몸통, 다리 같은 살코기 부위가 많이 들어가면 상대적으로 맑은 국물이 된다.

서양 수프는 낮은 온도에서 천천히 끓인 맑은 국물을 원칙으로 하지만, 한국 사람은 펄펄 오래 끓인 진하고 탁한 국물을 더 좋아한다. 한반도에서 돼지고기 문화가 가장 발달한 곳 가운데 하나인 제주에서 돼지국물은 두 가지 방식이 결합했고 거기에 멸치 육수까지 더해진 다양성을 지닌다. 따라서 제주 면요리 핵심은 면발이 아닌 국물에 있다. 제주에서 돼지육수는 잔칫날이면 어김없이 등장하는 국물이지만 밀가루를 이용한 국수는 그다지 흔한 음식이 아니었다. 쌀과 밀 같은 작물은 제주에선 거의 재배되지 않기 때문이다.

한말 개화사상가 김윤식(金允植 · 1835~1922)의 한문일기 '속음청사(續陰晴史)' 중 제주 유배기간에 쓴 일기(1898년 2월 21일자)에 국수가 등장하지만 관리나 지주가 먹던 극히 예외적인 음식이었다. 일제강점기에 우리보다 달한 면 문화를 가진 일본인이 제주에 거주하면서 제주에도 면 문화가 들어온 것이 증언으로 확인된다. 하지만 제주도민을 상대로 한 대중적인 면 문화는 1950년대 후반 한성국수공장이 생기면서 시작된다. 지금까지 영업하는 한성국수공장의 주요 거래처는 제주 돼지국숫집과 멸치국숫집들이다. 특이하게도 제주 사람은 소면보다 우동 면발 같은 두툼한 중면을 즐겨 먹는다.

제주에서 돼지국수를 처음 상업화한 집은 제주 이도2동에 있는 '골막식당'이다. 1958년 창업한 것으로 알려진 '골막식당'의 돼지국수는 돼지 사골 30%와 멸치 육수 70%를 섞어 사용한다. 시원한 멸치 육수 맛과 진한 돼지 사골 맛이 잘 조화된 국물이다. 두툼한 돼지고기 꾸미도 인상적이다. 탄력 있는 식감에 단맛이 난다. 제주 술꾼은 2차나 3차로 돼지국수를 먹는 경우가 많다. 돼지국수 국물은 해장용으로 적당하고 풍성한 돼지고기 꾸미는 술안주로 제격이다.

이도2동에서 삼성혈 방면으로 걸어가면 돼지국수 거리가 나온다. 돼지국숫집 예닐곱 곳에서 관광객과 현지인이 섞여 돼지국수를 먹는 모습이 인상적이다. 중국인 관광객이 연일 몰려드는 쇼핑의 거리 신제주 연동에도 유명한 돼지국숫집이 많다. 그 중 '올래국수'를 빼놓을 수 없다. '골막식당'과 달리 살코기를 기본 육수로 해 맑은 국물이 특징이다. 맑

▲ 골막식당 돼지국수　◀ 올래국수　▶ 삼대전통국수의 돼지국수

은 육수는 상대적으로 제주 전통 방식의 돼지국물 내기에 더 가깝다. 면발은 대부분 돼지국숫집처럼 한성국수공장에서 만드는 중면을 사용한다. 된장으로 삶은 돼지고기 꾸미에서는 고소한 향이 난다. 이 집 돼지국수를 먹다 보면 내 마음속에 별이 몇 개 그려진다.

　근처 '탁이국수'는 돼지 사골을 이용한 탁한 국물을 내놓지만 역시 인기가 높다.

02
거친 겨울을 뜨겁게 살아낸 한 그릇
제주 꿩메밀국수

온도와 습도는 사람과 음식에 엄청난 영향을 미친다. 요리할 때도 그렇다. 초보 요리사는 대개 온도와 습도를 고려치 않고 정해진 양과 재료만 사용하다 요리를 그르친다. 찬바람이 불면 따듯한 음식을 찾는 건 인간 본능이다. 겨울 제주는 스산하다.

제주에서 가장 작은 골목시장의 좁은 골목에 '골목식당'이 있다. 겨울에 제맛을 내는 꿩메밀국수가 이 집 간판 메뉴다. 현지인과 외지인이 뻔질나게 드나들지만, 테이블은 6개뿐인 작고 수수한 식당이다. 꿩으로 우린 진하고 고소한 국물과 덤덤한 메밀로 만든 면을 숟가락으로 퍼먹는 이 집의 수제비 같은 꿩메밀국수는 제주 겨울 음식의 진수를 보여준다.

논이 거의 없고 밭이 땅의 중심을 이루는 제주에서는 오랫동안 감자, 보리, 조, 메밀이 주식이었다. 제주의 메밀 생산량은 전국 최고 수준을 자랑한다. 꿩메밀국수 같은 음식은 물론 메밀전병과 메밀범벅, 전통 제주 순대인 '수애'에도 메밀이 빠지지 않는다. 태풍이 잦고 바람이 많은 제주에는 여름 태풍이 지나간 후 8월 말경 메밀을 심고 10월이면 수확을 시작한다. 유채꽃이 제주 봄을 노랗게 물들인다면 메밀꽃은 제주의 초가을을 하얗게 뒤덮는다. 하얀 속살을 검고 단단한 껍질로 감춘 메밀은 가을에 수확하는데, 껍질을 벗기면 뽀얀 속살을 드러낸다. 이 가을걷이 메밀과 가을에서 초봄까지만 제맛이 나고 먹을 수 있는 꿩고기가 만나야 제주의 꿩메밀국수가 만들어진다.

1980년대 제주 관광 붐이 일면서 꿩고기는 제주의 새로운 특산품으로 등장했다. 제주는 꿩 사육지로도 좋은 조건을 갖춘 곳이다. 그런데 이 사육 꿩도 날이 더우면 제맛을 내지 못한다. 그래서 제주의 많은 꿩 전문점이 가을 이후 본격적으로 영업을 시작한다. 꿩 가슴살과 다리 살은 얇게 저며 샤브샤브로 먹고, 뼈에 붙은 살과 다른 부위는 육수로 끓여 메밀칼국수와 함께 먹는다. 토종닭 마을로 유명한 제주 조천읍 교래리에는 닭고기 전문점이 많고 대부분 맛있게 잘한다.

'교래손칼국수'는 칼국수로 유명한 집이다. 이 집에서 가장 맛있는 꿩메밀칼국수는 겨울에만 맛볼 수 있다. 봄부터 가을에는 토종닭칼국수와 바지락칼국수가 대신 메뉴판을 차지한다. 꿩 대신 닭은 이 집을 두고 하는 말이다. 살점은 적지만 깊고 그윽한 꿩 고기 맛과 구수한 메밀의 조화는 차가운 메밀면인 냉면이나 막국수와는 또 다른 맛의 세계를 보여준다.

제주 이도2동에 있는 '비자림 꿩메밀손칼국수'도 유명하다. 1981년 시작한 뒤 오랫동안 메밀 산지 주변인 비자림에서 장사하다 몇 년 전 제

▲ 골목식당의 꿩메밀국수   ◀ ▶ 교래손칼국수 꿩메밀칼국수

주 시내로 자리를 옮겼다. 몇십 년 전만 해도 제주 중산간(中山間) 지역이 메밀 주산지자 소비처였다. 꿩 뼈로 우린 이 집 육수는 맑고 곱다. 하얀 메밀은 순하고 달다. 순하고 고운 것들이 만나 만들어진 국수 한 그릇은 강하고 거칠며 센 양념으로 범벅된 대도시 국수와 본질부터 다르다.

  제주에선 강원도와 달리 껍질을 벗기지 않은 겉메밀을 거의 사용하지 않는다. 겨울 꿩과 메밀로 만든 따스한 음식을 먹으며 제주 사람은 거칠고 추운 겨울을 버티고 살아왔다. 임부는 해산을 잘하려고, 감기 걸린 사람은 보양식으로 메밀을 먹었다.

  겨울에 제주를 찾는 외지인에게도 꿩메밀국수 한 그릇은 속을 채워주고 위로가 된다. 제주에 가면 제주법을 따라야 한다.

03

특선의 식재료, 속이 확~
제주 해장국

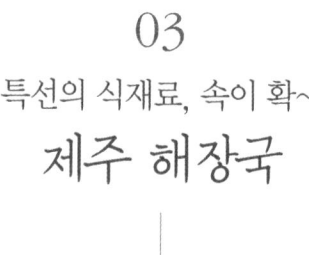

　식재료 천국, 제주에 가면 과음하는 이가 많다. 그래서일까. 제주에는 해장국으로 유명한 식당도 많다. '모이세해장국'처럼 전국 체인으로 성공한 식당도 있다. 이곳 해장국은 선지와 내장이 들어간 얼큰한 국물에 날달걀을 풀어 먹는다. 개운하고 시원한 맛은 속을 푸는 데 제격이다.
　제주시청 근처 '한라식당'은 옥돔뭇국과 각재깃국으로 명성이 자자하다. 겨울이면 단맛이 도는 무와 옥돔 또는 각재기(전갱이)만 넣는데도 맛은 명품이다. 이 집 주인은 재료 본연의 맛을 살리는 특별한 재주가 있다. 각재기는 전갱이의 제주 방언으로, 등 푸른 생선답게 조금 비린 맛이 있다. 이 집은 그 비린 맛을 감칠맛으로 승화시켰다. 처음엔 심심한 듯 느껴지지만 먹을수록 깊이 빠져드는 마성의 맛이다. 무와 국, 생선이 빚어낸 삼위일체의 맛은 속을 온전히 회복게 한다. 삼성혈 주변 제주돼지국수 골목에서 조금 떨어진 곳엔 '파도식당'이 자리 잡고 있다. 제주 토박이들이 한결같이 '제주에 국수 외식문화를 굳건히 뿌리내린 주인공'이라고 증언하는 곳이다. 1980년대 초반 간판도 없이 문을 열었지만 크게 성공해 지금 자리로 옮겼다. 제주 국수의 포인트는 육수다. 면은 대부분 공장에서 사다 쓴다. 육수에 대한 집중이 제주의 육수문화를 뿌리내리게 했다는 설도 있다. '파도식당' 육수는 멸치를 이용한다. 맑은 국물이지만 한 모금 들이키면 그렇게 고소하고 진할 수 없다. 제주에 둥지를 튼 조풍류 화백 부자와 이 식당을 찾았는데, 그의 초등학생 아들도 이 집 국수에 푹 빠져버렸다. 제주 돼지국수도 해장용으로 빼놓을 수 없는 음식이다. 그 진수라고 일컬어지는 골막국수는 예나 지금이나 인기다.

특히 '골막식당'의 골막국수가 유명한데, 멸치와 고깃국물을 섞은 국물은 깊고 풍부한 향을 낸다. 두툼한 제주 돼지 꾸미의 맛도 일품이다.

제주에서 해장국 하면 '은희네해장국'을 빼고 말할 수 없다. 좁은 골목에 위치한 본점에는 언제 가도 사람이 많다. '은희네해장국'에선 쇠고기 해장국 한 가지만 판다. 구수하고 개운한 국물에는 선지와 양, 콩나물, 시래기, 당면이 푸짐하게 들어가 있다. 고추기름이 들어가 매운맛도 난다. 해장국 전문집답게 새벽 6시부터 오후 3시까지만 장사를 한다.

제주의 특선 식재료 중엔 고사리가 있다. 제주 고사리는 육지 고사리에 비해 몸통이 크지만 속이 비어 부드럽고 쇠고기 맛이 난다. 이 고사리와 돼지고기를 넣어 끓인 것이 제주육개장이다.

가장 유명한 '우진해장국'의 육개장은 돼지고기와 고사리가 육수에 푹 고아져 걸쭉하다. 걸쭉한 제주육개장을 먹으면 속이 다 풀린다. 겨울

◀ 우진해장국　▶ 가품해장국 돼지육개장

　제주의 별미로 꿩과 메밀을 빼놓을 수 없다. 제주는 국내에서 메밀을 가장 많이 생산하는 곳으로 제주 음식에서 돼지고기와 메밀은 핵심적 기능을 하는 주재료다.

　제주에서 가장 작은 골목시장 입구에 위치한 '골목식당'은 겨울이면 꿩메밀국수를 판다. 꿩 국물은 '꿩 대신 닭'이란 말에서 알 수 있듯 진한 국물을 낸다. 이 진한 국물에 투박하고 끈기 없는 메밀국수를 넣어 먹는다. 국수를 숟가락으로 떠먹어야 한다. 메밀국수는 심심하고 덤덤한 맛을 내지만 은근하고 따스하게 속을 위로해준다. 먹다 보면 멈추기 어렵다. 마치 강하지 않은 어머니의 음식을 연상케 한다. 보드랍고 섬세한 맛이 속을 따스하게 하고, 마음을 포근하게 한다.

04
돼지 냄새 살짝 전통 순대 '수애' 씹는 맛이 최고
제주 순대

　돼지는 제주인 잔치의 필수품이다. 옛날부터 잔칫날이면 제주인들은 돼지를 잡았고 털이나 뼈처럼 먹을 수 없는 것을 제외한 모든 것을 상에 올렸다. 돼지 피와 내장도 알뜰하게 활용했다. 피는 메밀과 보릿가루, 마늘 같은 약간의 양념과 함께 제주식 전통 순대 '수애'로 만들었다. 수애와 삶은 돼지 살코기 한 점, 말린 두부 둔비를 담은 접시 '반'을 아이에서 노인까지 골고루 나눠 먹었다. 거기에 몸(모자반)과 수애, 돼지 뼈, 살코기, 내장 등을 넣고 끓인 몸국을 곁들였다. 메밀과 돼지 피로 만든 전통 순대 수애는 거의 사라졌다.
　재래 돼지 사육으로 유명했던 서귀포시 표선면 가시리에는 아직까지 수애를 맛볼 수 있는 '가시식당'이 있다. 돼지 냄새가 살짝 나긴 하지만 밀도 있는 초콜릿 같은 수애는 먹을 만하다. 제주 토박이는 돼지에서 나는 냄새에 육지 사람만큼 민감하지 않다. 바닷가 사람들이 생선 비린내를 당연히 여기는 것과 같은 이유라고 볼 수 있다. '가시식당' 근처에 3년 전 둥지를 튼 로컬푸드 요리사 박소연 씨는 아플 때 몸국 한 그릇을 먹으면 몸이 좋아진다고 했다. 제주에서 가장 큰 동문시장에는 육지식 제주 순대의 터줏대감 '광명식당'이 있다. 제주에는 해방과 6·25전쟁을 거치면서 군인, 피난민이 몰려들었다. 피난민은 주로 호남 사람이었다. 그리고 1970년대 초 호남에 기근이 발생해 또 한 차례 육지 사람들이 대거 유입됐다. 육지 사람들은 동문시장에서 장사로 생계를 이어갔다. 자체적으로 순대를 만들고 내장을 다듬는 순대 전문점이 많이 남아 있지 않은 상황에서 제주 광명식당은 토박이에게도 순대와 내장을 맛볼 수 있는 소중한 공간이다. 찹쌀을 넣은 순대도 판다.

　보성시장 순대골목은 허영만 만화 '식객'에 등장하면서 현지인은 물론 관광객도 즐겨 찾는 명소가 됐다. 보성시장에 있는 작은 상가 대부분이 순대 전문점이다. 시장에 들어서면 보성시장 순대골목의 특징인 소창 순대를 말리는 모습을 흔히 볼 수 있다. 선지와 당면 등이 들어간 육지식 순대의 전형을 이곳에서 볼 수 있다. 수애는 오랫동안 잔칫날 먹는 음식이었다. 하지만 제주 서문시장에는 수애와 다르고 육지식 순대도 아닌 외식용 순대가 있다. 이곳은 관광객이 거의 찾지 않는 작은 시장으로, 제주 전역 식당에 순대를 공급하는 소형 순대 제조업체 몇 곳이 영업하고 있다. '할머니순대집'은 제주에서 가장 오래된 순댓집으로 일제강점기 때 장사를 시작했다.

　그다음으로 역사가 오래된 '할머니 몽실순대'는 길 앞쪽에 있다. 이곳에서 한 가지 아쉬운 점은 순대를 사 갈 수는 있지만 앉아서 먹을 수 있는 공간은 없다는 것이다. '할머니 몽실순대'에서 파는 순대는 선지, 멥쌀, 양배추와 함께 당면을 넣는 것이 특징이다.

대중적인 당면 순대는 서울 신림동에서 1970년대 이후 본격화됐다. 일제강점기 제주에는 당면공장이 있었고, 당면을 넣은 순대가 서문시장에 아직도 남아 있다. 잔칫날 먹는 수애와 외식용 순대는 좀 다르다. 방금 만들어낸 것임을 감안해도 '할머니 몽실순대'의 내장과 순대는 돼지 냄새가 없고 기품이 있다.

'할머니 몽실순대' 주인의 여동생은 제주 건입동 용진교 부근에서 이 집 순대와 내장을 파는 '하나로국밥'을 운영한다. 서문시장식 순대를 맛볼 수 있는 공간이다. 제주의 순대는 다양하고 맛 편차도 상당한 편이다.

가시식당 수애

가시식당 모듬 수육

05
고소한 자리돔물회 걸쭉한 보말국수 모슬포는 맛있다
제주 모슬포

아름답기로 유명한 모슬포 앞바다는 제주에서도 가장 거칠다. 이곳을 터전으로 삼은 생선은 거센 파도와 싸워 제주 다른 바다의 생선보다 맛이 좋다. 겨울이면 방어가 전국 미식가를 불러 모으고 더위가 시작되는 6월부터는 손바닥만한 자리돔이 지천으로 난다.

도토리 키 재기 같지만 자리돔 중 제일 큰 놈은 구이로, 중간 놈은 자리회로, 더 작은 것은 젓갈로 먹는다.

자리돔은 여름 제주의 상징이다. 온도가 올라가면 사람들은 이 자리돔을 썰어 된장을 풀고 채소와 얼음을 넣은 뒤 개제피(산초)가루를 뿌려 자리돔물회를 만든다. 구수한 된장과 고소한 자리돔이 어우러진 자리돔물회 한 그릇이면 더위가 물러난다.

다른 지역 물회가 선원 음식에서 출발했다면, 제주 자리돔물회는 제주

주민의 여름 음식이다. 여름 모슬포 부두의 식당들은 거의 자리돔물회를 취급하고 대부분 잘한다.

제철 요리와 생선찜으로 유명한 '부두식당'은 사람들이 몰려들어 하루 종일 북적인다. '부두식당'에서 수협 공판장 방향으로 걷다 보면 '만선식당'이 나오는데 한때 서울에서 유행했던 제주도산 활고등어회의 고향이다. 살아 있는 고등어라도 물이 다르다. 이곳에서는 겨울 모슬포 주변에서 잡은 고등어를 바다 가두리 양식장에 가둬놓고 하루나 이틀 전 수족관으로 옮긴 것만 사용한다. 수족관에 이틀 이상 머문 고등어는 몸에서 기름이 올라오고 쫄깃한 맛이 적게 난다. 좁은 공간에서 스트레스를 받아 고등어 상태가 정상이 아니기 때문이다.

모슬포에는 전국구 맛집이 두 군데 있다. 제주 고둥인 보말을 넣어 만든 보말칼국수로 유명한 '옥돔식당'과 제주 밀면으로 유명한 '산방식당'이다. '옥돔식당'의 보말칼국수는 다시마가 들어간 깊고 진한 국물에 손으로 반죽한 칼국수 위로 유부와 김가루, 고추와 콩나물이 고명으로 올라간다. 부들부들한 면발과 아삭한 콩나물이 깊은 국물과 잘 어울린다. 깊은 국물 맛의 근원은 바로 보말이다.

우리가 보통 고둥이라 부르는 보말은 제주도 말이지만 육지에서 먹는 '먹보말'이 아닌 '수두리보말'이다. 수두리보말은 여름이 제철이다. 여름 보말은 속이 알차고 진한 맛이 난다. 보말은 그다지 맛있진 않지만 보말에서 나오는 육수는 깊고 진한 맛을 선사한다.

모슬포항의 행정 중심지인 대정읍에 자리 잡은 '산방식당'의 밀면과 돼지수육은 왜 제주가 돼지의 고향인지 깨닫게 해준다. 제주 돼지의 품

만선식당 고등어회

방어회

종은 육지와 같은 랜드레이스, 요크셔, 듀록의 삼원교배종이다. 삼원교배를 통해 깊은 맛은 듀록, 쫄깃함은 랜드레이스, 크기는 요크셔 종의 특성을 극대화한다. 제주의 물로 키운 제주 돼지는 육지와는 다르게 살이 단단하고 냄새가 거의 나지 않는다.

'산방식당'의 단단하고 단맛 나는 돼지수육은 제주에서 먹어야 제격이다. 달콤하면서도 신맛과 매운맛이 적절히 어우러진 시원한 국물에 꾸미로 들어간 돼지수육과 면이 만들어내는 제주식 밀면의 맛은 제주 토박이는 물론, 관광객의 발길을 사로잡기에도 부족함이 없다.

사람들은 복작이는 식당에서 약속이나 한 듯 돼지수육과 밀면을 동시에 주문한다. 여름철 서울 유명 냉면집 모습을 모슬포에서 그대로 재현한다.

06

두루치기 돔베고기 그곳에 있었네
서귀포 돼지고기

제주의 두루치기 원조집 '용이식당'은 서귀포시 옛 시외버스터미널 뒤쪽에 있다. 오전 10시 40분 식당 안에는 혼자 식탁을 차지한 사람이 제법 많다. 1인분에 6000원짜리 두루치기를 시키면 고추장으로 간을 맞춘 냉동 돼지 목살을 불판에 올려준다. 얼음이 녹고 고기 익는 소리가 테이블마다 요란하다.

비계가 붙은 목살이 다 익으면 무채김치, 콩나물무침, 파무침을 푸짐하게 고봉으로 올려 같이 익혀 먹는다. 여기다 된장국을 곁들여 밥을 먹는다. 냉동 돼지 목살이지만 맛이 좋다. 푸짐한 채소는 고기와 함께 잘 넘어간다. 이 지역 토박이는 고기의 냉동 여부에 크게 개의치 않는다.

'용이식당'과 더불어 서귀포시를 대표하는 두루치기 집으로 '동성식당'을 빼놓을 수 없다. 냉동 목살을 쓰는 '용이식당'과 달리 이곳은 두루치기 고기로 냉장 목살을 내놓는다. 두루치기를 시키면 넓고 움푹한 불판에 버섯, 고추, 마늘, 고춧가루가 들어간 육수에 생돼지 목살 대여섯 점이 오른다. 자박한 국물이 끓어오르면서 고기를 익힌다.

육수 덕에 고기는 타지 않는데 마치 김치찌개와 비슷한 느낌을 준다. 국물이 완전히 졸아붙으면 고기가 다 익은 것이다. 여기에 다시 파채와 콩나물, 무채를 얹어 익히면 두루치기가 완성된다. 이때쯤 제주 사람에게 기본 국인 배추된장국과 조밥이 나온다. 두루치기가 냉면같이 담백하고 순수하고 개운하다.

두루치기는 제주에서 생긴 음식은 아니다. 원조집인 '용이식당'이 개업한 지도 40년을 넘지 않는다. 제주의 돼지 두루치기는 술안주가 아니라 밥반찬이라는 점이 다른 지역과 가장 다르다.

대전의 두부 두루치기와 두루치기 발상지로 알려진 안동에서도 두루치기는 술안주다. 1962년 '여원' 2월호에는 두루치기가 안동의 향토음식이라고 나온다. 안동에서는 두루치기를 술안주로 즐겨 먹었다.

두루치기는 안동을 중심으로 한 경상도에서 묵은 김치를 먹는 하나의 요리법이다. 제주에서 돼지는 잔칫날에만 먹는 별식이었다. 제주의 두루치기는 70년대 이후 돼지고기가 외식화해 세상 밖으로 나오면서 만들어진 음식 문화임을 어렵지 않게 추정할 수 있다.

제주 수육을 돔베고기라고 부른다. 최근 서귀포 시내 '천짓골식당'은 돔베고기로 유명해졌다. 돔베는 음식이름이 아니라 도마를 부르는 제주말이다. 수육을 나무도마에 올려 썰어먹는 방식에서 돔베고기란 이름이 붙었다. 고기 한 점을 소금에 찍어 먹는다. 육즙이 가득하지만 단단한 질

용이식당 두루치기   동성식당 두루치기

감이 인상적이다. 이 집의 오겹 돔베고기는 익힌 정도에 따라 질감이 달라진다. 고기를 부드럽게 먹을지 졸깃하거나 단단하게 먹을지를 주인이 고기를 삶기 전 말해야 한다. 미리 말하지 않은 필자 같은 사람에겐 약간 졸깃한 정도로 삶은 오겹 수육을 준다.

  기름기가 거의 없는 맑은 고기를 소금에 찍거나 신김치에 말아 먹다 보면 고기 한 덩어리가 금방 사라진다. 진한 몸국이 중간 중간 고기 맛을 정리해준다.

07

감칠맛의 끝판왕
재래 흑돼지와 '멜국'

　제주 음식의 맛은 파고들수록 깊고 정교해진다. 제주 음식 하면 떠오르는 흑돼지. 하지만 현재 팔리는 제주 흑돼지는 대부분 외래종인 버크셔 품종을 기본으로 한 교잡종이다. 오래전부터 있던 제주 재래 흑돼지는 몸집이 30kg 정도로 작고 성장이 느린 게 가장 큰 단점이었다. 고기 맛이 진하고 병에 잘 걸리지 않는다는 장점에도 사육문화가 본격화하면서 단점이 더 중요한 고려 요소가 돼버렸다. 20세기 초 일제에 의해 버크셔종이 유입됐고, 재래종과의 교배가 권장되면서 제주 재래 흑돼지는 멸종되다시피 했다.

　1980년대 이후 종자에 대한 관심이 커지면서 제주 재래 흑돼지는 겨우 명맥을 유지할 수 있었다. 제주 한림읍 협재해수욕장 앞에 있는 '상록가든'은 제주에서 유일하게 제주 재래 흑돼지고기를 맛볼 수 있는 식당이다. 직접 기른 재래 흑돼지를 도축해 고기로 쓴다. 재래 흑돼지의 살코기는 겉모습만 보면 멧돼지와 비슷하다. 맑은 갈색을 띠는 일반 돼지고기와 달리 붉은 기운이 많이 돈다. 맛을 보면 밀도가 강하고 감칠맛도 좋다. 지방은 기름지지 않고 달콤하다. 세계적으로 그 맛을 인정받는 전남 남원의 흑돼지 버크셔와 견줘도 밀도와 맛에서 손색이 없다. 문제는 사육기간이 길어 여전히 상업성이 떨어진다는 점. 최근 제주에서는 재래종의 강점을 살리고 비육기간이 짧으며 몸집이 큰 '난축맛돈'을 특산품으로 육성 중이다.

제주 애월읍에 있는 '부두식당'도 생긴 지 60년 돼가는 재래식당이다. 여든 살이 넘은 노부부가 여전히 음식을 만들고 있다. 어부 출신 할아버지는 이제 셰프가 됐다. 이 집의 시그니처 메뉴는 옥돔지리로, 애월읍에서 멀지 않은 한림항에서 가져온 옥돔으로 끓인다. 특징은 날것이 아닌 살짝 말린 옥돔을 넣는다는 점. 말리면 수분이 빠져나가 생선 맛이 진해지고 살의 물성이 강해진다. 제주 옥돔국에는 무가 많이 들어가는 편인데, 이 집은 다른 곳에 비해 적은 편이다. 별다른 기교를 부리지 않았는데도 국물 맛이 시원하고 깊다. 심심한 듯 깊은 맛은 사람을 빨아들이는 매력이 있다. 반찬으로 나온 작은 도미 양념찜은 짭조름하고 맛이 제법 강하다. 건건하고 깊은 맛을 내는 국과 강한 맛의 생선찜이 앞서거니 뒤서거니 하면서 제주의 맛있고 소박한 밥상을 완성한다. 제주의 옛 일상식을 상상할 수 있는 맛이다. 제주 식당들을 돌아다니다 보면 자연스럽게 제주 방언을 접하게 된다.

각재기(전갱이)국과 멜(멸치)국으로 유명한 '앞뱅디(넓고 평평한 마당)식

▲ 상록가든 재래 흑돼지　◀ 멜(멸치)국　▶ 옥돔지리

당'도 그중 하나다. 멸치나 전갱이는 작지만 기름이 많은 생선이다. 내륙에선 이런 생선으로 맑은 국을 끓인다는 것은 상상조차 불가능하지만, 제주에선 아주 자연스럽다. 재료가 워낙 좋은 데다 그들에겐 생선 비린내를 다루는 빼어난 기술이 있다. 맑은 국에는 제법 굵은 멸치가 생으로 들어간다. 그 주변을 청방배추가 둘러싸듯 자리 잡고 있다. 청방배추는 경상도에서 즐겨 먹는 채소인데, 제주 청방배추는 모양이 조금 길고 단맛도 더 난다. 생멸치의 감칠맛과 은근한 비린내가 청방배추의 단맛과 어울려 달고 감칠맛 나는 맑은 생선국을 완성한다. 국물의 농도와 맛의 강도가 어떤 국물에 뒤지지 않는다.

　제주 사람들의 식재료에 대한 깊은 이해는 돼지고기에서 멸치에 이르기까지 변함없이 굳건하다. 재료가 귀한 환경이 만들어낸 산물로 여겨진다.

08
새콤달콤함에 더워야 물러나라
제주 물회

갑작스러운 '봄 실종 사건'으로 당황하는 이가 적잖다. 5월 더위가 한여름을 방불케 한다. 열로써 더위를 다스리는 이열치열(以熱治熱)을 택하는 이도 많지만 필자는 시원한 것으로 열기를 식히는 이냉치열(以冷治熱)이 더 좋다. 날이 더워지면 서울에선 냉면집을 주로 찾고, 부산에 가면 밀면을 즐겨 먹으며, 제주에 가면 물회를 빼놓지 않는다.

제주 물회는 다양성에서 다른 지역을 압도한다. 자리물회가 중심에 있지만 살의 밀도가 높고 단맛이 강한 한치물회도 인기가 많다. 황놀래기의 제주 방언인 어렝이로 만든 어렝이물회는 달달한 맛이 나고, 구젱기(소라)물회는 쫀득한 식감이 일품이다. 고소한 맛이 좋은 군부물회도 있고 제주 특산물인 옥돔물회부터 오징어물회까지 골라 먹는 재미가 쏠쏠하다. 물론 제주 물회의 대표주자는 자리물회다. 자리돔은 잉어처럼 생겼지만 크기가 작다. 같은 제주라도 모슬포 자리돔은 아이 손바닥만하고 보목항 자리돔은 그보다 몸통이 두세 배 더 작다. 그래서 모슬포 자리돔은 주로 구이로, 보목 자리돔은 물회로 많이 먹는다.

1970년 12월호 '제주도'란 잡지에 실린 자리물회에 관한 내용을 보면, 당시 제주 토박이들은 바닷가에 모여 앉아 양재기에 잘게 다진 자리돔과 바위 틈으로 솟아오른 차디찬 물을 넣고 식초와 된장, 채소를 곁들여 넣은 뒤 소주 안주로 먹었다고 한다.

원래 자리물회는 술안주용으로 더 많이 먹었지만 식욕이 떨어지는 여름에는 밥과 함께 먹기도 했다. 자리돔은 5~6월 가장 살이 많이 오르고 맛도 좋다. 지금이 바로 자리물회 제철인 것이다.

제주 한림읍 근처 바닷가에 자리 잡은 물회 전문점 '톤대섬'은 현지인의 사랑을 한몸에 받고 있는 식당이다. 이 집에선 자리물회와 한치물회, 옥돔물회를 모두 맛볼 수 있다. 옥돔 살을 발라 얇게 썰어 내고 머리와 뼈는 곱게 갈아 국물에 넣는 것이 이 집 옥돔물회의 가장 큰 특징.

제주 전통 방식을 고수하는 집답게 옥돔은 썰어서 식초에 잠시 담가 살을 부드럽게 하고 혹시 모를 세균 오염도 막는다. 국물이 걸쭉하고 개운하며 감칠맛이 강하다.

옥돔 살은 부드럽지만 질감이 있다. 마치 젤리를 씹는 듯하다. 국물 점도와 온도, 간이 다 좋다. 여기에 오이 같은 아삭한 채소까지 옥돔물회와 한몸처럼 잘 어울린다. 자리물회도 좋다.

요즘은 빙초산이나 식초를 이용하지만 원래는 날된장과 보리밥을 발효시킨 제주 전통 쉰다리식초를 이용해 생선 균을 잡고 식감도 부드럽게

▲ 보목해녀 자리물회 ◀ 톤대섬 옥돔물회 ▶ 보목해녀의집

해서 먹었다. 모슬포 반대쪽에 있는 서귀포 보목항에는 유명 물횟집이 몰려 있다. 보목 사람들의 자리돔 자부심은 대단하다. 보목에서 잡히는 작은 자리돔은 물회로 적당하다.

1994년 생긴 '어진이네횟집'은 보목 자리물회의 원조로 꼽히고 있다. 양이 많아 주머니 가벼운 손님들의 발길이 가장 많이 이어지는 집이다. '보목해녀의집'은 관광객보다 현지인이 더 많이 찾는 집이다.

자리돔 머리나 뼈로 우린 국물에 된장을 풀고 깨와 고춧가루를 살짝 올려 낸다. 제주 토박이들이 즐겨 먹는 제피 잎을 넣으면 생선 비린내는 쉽게 잡을 수 있다. 구수한 된장국물과 식초에 절여 신맛이 살짝 나는 졸깃한 회, 아삭거리는 오이채가 별 무리 없이 잘 어울린다.

채소와 생선에 된장까지 자연의 음식으로 이만한 것이 없다. 한 그릇 먹다 보면 더위를 느낄 틈이 없다.

시원하다.